Alejandro ROSAS

Julio PATÁN

El país que NO quieres recordar

MÉXICO BIZARRO 2

Planeta

Diseño de portada: Music for Chameleones / Jorge Garnica
Set de íconos: The Noun Project
Fotografía de contraportada tomada en Gimnasio Lupita: el ring de box
más antiguo de la Ciudad de México. © Blanca Charolet
Diseño de interiores: Oliver Barrón/Revilox Studio

© 2019, Alejandro Rosas
© 2019, Julio Patán

Derechos reservados

© 2019, Editorial Planeta Mexicana, S.A. de C.V.
Bajo el sello editorial PLANETA M.R.
Avenida Presidente Masarik núm. 111, Piso 2
Colonia Polanco V Sección
Delegación Miguel Hidalgo
C.P. 11560, Ciudad de México
www.planetadelibros.com.mx

Primera edición en formato epub: mayo de 2019
ISBN: 978-607-07-5261-2

Primera edición impresa en México: mayo de 2019
ISBN: 978-607-07-5260-5

Impreso en los talleres de Litográfica Ingramex, S.A. de C.V.
Centeno núm. 162-1, colonia Granjas Esmeralda, Ciudad de México
Impreso y hecho en México – *Printed and made in Mexico*

ÍNDICE

INTRODUCCIÓN

S uperada la bizarra discusión de lo que significa bizarro, regresamos por nuestros fueros a narrar otro cúmulo de historias tan absurdas e inverosímiles como las anteriores. Porque México es el país donde todo puede suceder, y lo más extraño, excéntrico o raro es parte de la vida cotidiana; un país donde la imaginación de cualquier novelista se queda corta frente a la realidad y donde las cosas no son lo que parecen.

Somos un país donde la selección de futbol puede dar un juegazo y derrotar a Alemania en el Mundial para luego jugar el peor partido de los últimos años; donde los ídolos nunca mueren, como Juan Gabriel, del que se rumora que está vivo y pronto volverá; donde las actas de nacimiento tienen vigencia de tres meses; donde un mono capuchino resulta ser más inteligente para evadirse que las autoridades para capturarlo; donde una película como *Roma* incendia las redes sociales; donde el expresidente más corrupto de los últimos tiempos puede dejar el poder tranquilamente y se va perdonado por el nuevo presidente, que se presenta como incorruptible; donde los grandes orquestadores de los viejos fraudes electorales del siglo xx, como Manuel Bartlett, se convierten en paladines de la democracia; donde los mexicanos están dispuestos a hacer fila durante horas para ver al «pandita del amor»; donde los presidentes pueden ser espiritistas —como Madero y Calles—, estar convencidos de ser la reencarnación de Quetzalcóatl —como José López Portillo—, o creerse un nuevo Juárez, como Carranza, Echeverría o López Obrador.

México es una república, pero existen monarcas como el rey de la basura; es un país donde a un portero como el Gato Ortiz lo sorprenden en un contragolpe siendo secuestrador; donde un asesino serial recibe el ostentoso apodo del «Jack el Destripador mexicano»; donde la insolencia del mal gusto triunfa en el paisaje urbano y existe algo apocalíptico como la Cabeza de Juárez; donde el clásico «lo hago porque puedo» lleva a nuestros compatriotas a orinarse en la llama eterna de Francia, detener el tren bala en Japón o ponerle un sombrero charro a una estatua de Nelson Mandela en Sudáfrica.

Al igual que el primer volumen de *México bizarro*, esta segunda entrega no es coyuntural, no obstante que la 4T, la oposición derrotada, las redes sociales, los chairos y fifís, el pueblo bueno y la sociedad civil nos han entregado páginas verdaderamente gloriosas como para construir incluso una enciclopedia de lo bizarro. Esto es *México bizarro 2,* otro viaje alucinante por distintas épocas de nuestra historia. Porque lo bizarro no respeta nada: ni personajes, ni hechos, ni banderas políticas, ni clases sociales, ni ideologías, ni partidos políticos, ni gobernantes. No respeta nada.

Es un hecho: lo bizarro es lo más democrático que tiene México hoy.

Alejandro Rosas y Julio Patán
Marzo de 2019

¿CÓMO LEER ESTE LIBRO?

POLÍTICA

El universo alterno de México
en el que gobierna lo
verdaderamente inverosímil.

ENTRETENIMIENTO

Para nuestra histórica desgracia,
el mayor entretenimiento es el
humor involuntario.

LEYENDAS URBANAS

Aterradores episodios que
habitan el imaginario
colectivo de los mexicanos.

SANTORAL BIZARRO

A estos personajes sería ideal
prenderles una veladora muy de
cerca, muy.

EL PANDITA DEL AMOR

El presidente López Portillo lo pudo haber anunciado como si fuera uno de los grandes logros de su sexenio, sin ningún pudor, pero a todas luces habría sido un exceso: nada tenía que ver su gobierno con el primer nacimiento de un panda en cautiverio.

El 21 de julio de 1981 una noticia recorrió el país y el mundo: la pareja de osos panda Pe Pe y Ying Ying, del Zoológico de Chapultepec, que habían sido regalados por China a México en 1975 —a cambio, Echeverría les regaló una pareja de xoloitzcuintles—, había tenido una cría, algo nunca antes visto en ninguna parte del mundo, por lo cual se convirtió en la noticia del momento.

Por razones obvias, el gobierno quiso subirse en el milagro de la naturaleza, por lo que propuso llamarlo Cancún, ya que en el mes de octubre de ese año el gran desarrollo turístico del sexenio sería la sede de la Cumbre Norte-Sur, así que la promoción le caía como anillo al dedo. Sin embargo, parecía muy forzado ponerle ese nombre, y más cuando alguien le dijo al presidente que Cancún significa «nido de serpientes», así que lo dejaron para mejor ocasión.

A los pocos días, todo se desbordó. La euforia pandística alcanzó límites insospechados. «Todos somos pandas», decían unos; «Panda, hermano, ya eres mexicano», decían otros. Las cámaras de televisión monitorearon minuto a minuto a la cría, porque existía la posibilidad de que no sobreviviera. Las malas lenguas decían que era un gato o una rata, porque al nacer la cría del panda tiene la piel rosa. A un mes de nacido, el panda adquirió forma de panda y la gente enloqueció.

El gobierno regresó a las andadas a través de la Primera Dama, Carmen Romano de López Portillo. La esposa del presidente pidió que se hiciera una canción en honor al panda, y se le hizo fácil ordenar que la producción del disco fuera patrocinada por el Sistema Nacional para el Desarrollo Integral de la Familia (DIF), organismo que había fundado en 1977.

Así llegó el primer gran éxito musical sobre el panda en la voz de Yuri, que iniciaba su carrera. El tema, titulado *Pequeño panda de Chapultepec* —porque todavía no tenía nombre—, se escuchó hasta la saciedad en todas las estaciones de radio, pero además se filmó un video en el Zoológico que ningún mexicano dejó de ver. La canción fue un éxito; Yuri volvió a grabar el tema en uno de sus LP y vendió más de un millón de copias.

Pero la pandamanía apenas comenzaba. Los fines de semana, hasta un millón de personas acudía al Zoológico de Chapultepec y durante horas hacía filas que llegaban hasta el Monumento a los Niños Héroes, con la esperanza de verlo jugar unos segundos al pasar frente al espacio habilitado para él.

Durante algunos meses se vendió cualquier cantidad de productos con el panda estampado, o un panda patrocinaba algo, o un panda anunciaba lo que fuera. Camisetas, calcomanías, fotos, máscaras, peluches, tiras cómicas, globos, carteles, estampas, dulces; no faltaron los vivales de siempre que ofrecían boletos para verlo en primera fila sin tener que esperar tanto tiempo.

Por entonces, los productores del programa *La carabina de Ambrosio* aprovecharon la euforia del momento para crear una sección llamada «Los panditas», donde César Costa y Javier López *Chabelo*, disfrazados de pandas, retozaban y luchaban en escena. Y cómo decirle que no al cine; por esos días, Carlos Amador estrenó *El osito panda*, que duró 30 semanas en cartelera. Por si fuera poco, y ya pasada la euforia, con motivo de los cinco años del nacimiento del panda, el Banco de México acuñó una onza conmemorativa en la que Tohuí —el que sería su nombre— aparecía con su madre, Ying Ying.

Finalmente, se lanzó un concurso para encontrarle nombre al panda de Chapultepec. El 30 de abril de 1982 eligieron al ganador entre más de cien mil propuestas de nombres muy cursis. El ganador fue un niño de Guachochi, Chihuahua, cuyo nombre era mucho más interesante que el que propuso para el panda: Parménides Orpinel García.

Tohuí fue el nombre de origen tarahumara que recibió la cría, y cuyo significado es «niño», aunque poco después las autoridades del Zoológico se dieron cuenta de que habían hecho un gran oso: resultó que la cría no era oso, sino osa. Nadie quiso cambiarle el nombre y Tohuí quedó para la historia.

Parménides y su familia viajaron a la ciudad de México con todos los gastos pagados. El niño recibió su premio de manos de Jacobo Zabludovsky en su programa *24 Horas*, que consistía en un automóvil Atlantic de la vw, modelo 1982, rojo, y en cuyo cofre estaba pintado el rostro del pandita del amor. El premio también incluía una beca de estudios que nunca recibió, según el propio Parménides.

Como corolario de la pandamanía que se desató desde mediados de julio de 1981 llegó una segunda canción, lanzada por la artista infantil Ginny Hoffman en el programa *Chiquilladas*, que ya incluía su nombre y decía: «Tohuí Panda le pusieron, al pandita del amor. Tohuí Panda ya lo llaman sus papitos desde hoy [...]».

Al año siguiente estalló la crisis económica y el futuro del país se puso tan negro como el panda de Chapultepec.

INSTRUCCIONES PARA QUEMAR UN ESTADIO

Jugador, entrenador y cronista de futbol que agotó décadas en radio, TV y periódicos, don Fernando Marcos, dueño de una vida única en la que también fue árbitro, protagonizó el incendio del Parque Asturias. Y eso que sí fue penal.

El hombre era trabajador y versátil, eso nadie puede regateárselo. Si ustedes son de los que llegaron a la etapa del Viagra o la rebasaron ya, probablemente lo recuerden con cierta edad, lentes, calvo, desglosando con voz parsimoniosa y lenguaje culto los partidos de la Primera División, desglose que siempre coronaba con un resumen en cuatro palabras. Pero no solo se dedicó a la televisión don Fernando Marcos, chilango nacido en 1913. Maestro normalista, productor de películas, entre ellas varias del *Indio* Fernández, estudió Derecho y gustó de ese deporte sereno y tenso a la vez que es el beisbol. Pero su vocación definitiva fue el futbol. Prematuro, Marcos jugó con 13 años en el Germania de la Segunda División, luego defendió al España de la primera, donde ganó los campeonatos de los años 33-34 y 35-36, y aterrizó por fin en el poderoso Asturias, el 36. El club cuyo parque fue incendiado con responsabilidad directa de don Fernando, o al menos así lo entendió la prensa de la época.

Retirado como jugador, Fernando Marcos nunca se retiró del futbol. El 39 empezó a narrar partidos por radio y en los 60 por televisión, una tarea en la que se desempeñó hasta el Mundial del 94. Escribió en varios periódicos, entre ellos *El Universal* y *El Nacional*, una columna breve, diaria, durante sus últimos años, aparte de que fundó *Ovaciones* y fue director de deportes de *La Prensa*. Desde luego, fue un entrenador empeñoso y versátil que a partir del 48 se hizo cargo del propio Asturias, el Marte, Toluca, Necaxa y América, e incluso, en el 59, de la selección nacional. Antes, sin embargo, fue árbitro, profesión ingrata donde las haya. Y fue como árbitro que vio convertirse en cenizas el parque de sus amores.

Fundado en 1918 (en efecto, cumple o más bien hubiera cumplido el siglo a la hora de escribir estas líneas), el Asturias tiene varios récords, incluido el de ser el primer campeón mexicano, el año 22, cuando acababa de fundarse la Federación Mexicana de Futbol, y el de haberse embolsado ocho copas. Tanto éxito demandaba instalaciones a la altura, y los miembros del Asturias, visionarios, buenos hombres de negocios, se las dieron... efímeramente. En el 36 también se inauguró, por todo lo alto, el Campo Asturias, que era en realidad mucho más que eso: era lo que llamaríamos un club deportivo, con alberca, tres canchas de futbol, otras de volibol y básquet, squash, restaurantes, etcétera. Hubo un juego para dar el pitazo de salida al nuevo estadio: el Asturias contra el Botafogo —el equipo del intimidante Leónidas da Silva—, que ganaron los locales cuatro a dos, frente a un récord de asistencia: 25 000 personas. Decíamos que los miembros del Asturias eran visionarios. Sí. Construir un estadio con esas dimensiones era sensato. El futbol, en México, había conquistado ya muchos públicos y los campos solían estar atestados. Tocaba invertir.

El año 39, sin embargo, apareció por esos andurriales el Necaxa, que iba a jugarse el campeonato de liga contra los asturianos. Manuel Seyde, institución del diario *Excélsior*, dijo que el árbitro no había tenido la energía suficiente para interrumpir los «hachazos» que, sigue, dejaron particularmente maltrecho al muy joven Horacio Casarín, estrella necaxista que al minuto 20 estaba ya con la rodilla hecha pedazos (pasaría un año sin jugar, luego de ese partido). Finalmente, con los necaxistas arriba en el marcador, Marcos decidió pitar un penalti en favor del Asturias. ¿Lo fue? Seyde asegura que sí. Pero no le quita la mira de encima a don Fernando.

Al parecer, hubo otra gran cantidad de penaltis que no marcó y, según los aficionados al Necaxa, varios hachazos inmediatamente anteriores que tendría que haber concedido a los suyos como tiros libres. Y se encendieron las tribunas. También, literalmente. Primero fueron las botellas arrojadas a la cancha. Enseguida, las tablas arrancadas en las gradas, los anuncios destruidos, la lluvia de quién sabe qué contra el portero. Finalmente, las fogatas, en tribunas construidas, a la usanza de la época, con tablas de madera. En el espacio de Avenida Chabacano donde estaba el parque se levanta hoy un supermercado. «Sucursal Asturias», se llama.

Hay cosas que no cambian. El juego, que terminó empatado a dos con ese penalti, estaba vigilado por una cantidad importante de policías. ¿Qué hicieron? Según todos los testimonios, nada. Observar, pasmados. «De piedra», en palabras, otra vez, de Seyde. Sin embargo, la prensa cargó sobre todo contra don Fernando, que se defendió con un argumento complotista —en serio: hay cosas que no cambian—. Que los españoles partidarios de la República, llegados por cientos entre el 36 y el 39 por la persecución cruel de Francisco Franco durante y después de la Guerra Civil, pretendían sabotear a los clubes partidarios de la corona. Así dijo.

El Club Asturias desapareció en 1950. Fernando Marcos le sobrevivió cinco décadas. Murió a los 87, con el siglo. Lo dicho: trabajó siempre, ya no en la televisión, pero sí aporreando el teclado. Fue fiel a su frase más conocida: «El último minuto también tiene sesenta segundos».

¡AYÚDAME, VIRGENCITA!

Donde se asienta que en México te puedes meter con todo mundo, menos con la Virgen de Guadalupe.

No podía desestimar las recomendaciones del Espíritu Santo, no al menos en la delicada situación en que se encontraba fray Servando Teresa de Mier en diciembre de 1794; ni rezándole a toda la corte celestial la tenía fácil.

«Pero como el Espíritu Santo nos aconseja —escribió—: "No hay que entrar en litigio con un hombre poderoso, no sea que caigamos en sus manos", y como el espíritu de venganza de aquel prelado era tan grande como su prepotencia, devoré en silencio mi descrédito, el odio y las imprecaciones del pueblo».

Y es que el intelectual dominico y futuro insurgente —quien probaría la hiel del destierro varias veces— había hecho enfurecer al arzobispo de México, Alonso Núñez de Haro y Peralta, y a buena parte de la jerarquía católica «porque se había metido con la Virgen de Guadalupe».

Desde su aparición en 1531, la historia guadalupana giraba alrededor de su festividad, sus milagros y procesiones. Pero en 1794 a sus páginas se agregó este curioso pasaje que en su momento escandalizó a todos. En su sermón guadalupano correspondiente a ese año, fray Servando contó una historia nada ortodoxa sobre las apariciones de la Virgen de Guadalupe. Pero en su descargo, hay que decirlo, nunca negó su aparición.

Cuatro fueron las tesis que presentó el fraile dominico. En la primera estableció que la Virgen no estaba pintada en la tilma de Juan Diego, sino en la capa de santo Tomás Apóstol. En la segunda refirió que, en el año 44 de nuestra era, es decir, once años después de la muerte de Cristo, la imagen de la madre de Dios ya era «célebre y adorada» por los indios, ya cristianos, en Tenayuca, donde el mismísimo santo Tomás había dirigido la construcción de un templo para ella —aunque en su sermón no explicó la forma en que santo Tomás le había hecho para llegar a tierras americanas.

En su tercera tesis afirmó que de pronto los indios, apóstatas, maltrataron la imagen, que «seguramente no pudieron borrar»; entonces, santo Tomás la escondió. Pasaron los siglos y diez años después de la conquista (1531) se apareció la «Reina de los cielos a Juan Diego», pidió que le hicieran su templo y le entregó su imagen escondida para que se la llevara a Juan de Zumárraga.

En su cuarta tesis, fray Servando estableció que la imagen era una pintura del siglo primero de la Iglesia, «pero, así como su conservación, su pincel es superior a toda humana industria, como que la Virgen María se estampó naturalmente en el lienzo viviendo en carne mortal». Palabras más, palabras menos, la pintura tenía prácticamente un origen celestial.

Para justificar su interpretación, fray Servando fue muy lejos: sostuvo que los indios mexicanos eran la décima generación de los que habían trabajado en la Torre de Babel y la decimotercera que puso sus brazos al servicio de Noé y su arca; que originalmente eran gigantes, por eso habían podido esculpir monolitos como la Coatlicue y la Piedra del Sol —descubiertos en 1790—, pero «como Isaías había predicho que la muerte del Señor sería la ruina de la tierra de los gigantes», gran parte del continente se había inundado y solo doce se salvaron al encontrarse en la sierra de Tenayuca.

Además, afirmó que santo Tomás era Quetzalcóatl, pues la descripción que había del dios sabio era «puntualmente la fisonomía de santo Tomás»: un hombre blanco, crecido de cuerpo, frente ancha, ojos grandes, cabellos negros, barba grande y redonda, que además hacía penitencia, se levantaba a medianoche, era castísimo, no admitía sacrificios sangrientos de hombres ni animales sino solo pan, flores y perfumes, y prohibía guerras, o sea, aplicaba todas las enseñanzas de Jesucristo.

El sermón fue un escándalo; el arzobispo montó en cólera; fray Servando fue arrestado por veinte días, tuvo que retractarse, y aunque dijo que no lo había hecho con mala intención sino con el objeto de «mover y despertar a los literatos» para que tomaran sus plumas y así defender la historia guadalupana, tuvo que confesar que actuó mal y pidió perdón.

Sin embargo, el arzobispo era su enemigo, por lo que fue acusado de herejía y blasfemia, le confiscaron sus libros y fue exiliado a España en junio de 1795, no sin antes pasar dos meses en la prisión de San Juan de Ulúa.

Pero fray Servando no era un ingenuo, y desde luego su sermón tenía un trasfondo político: si la conquista y la dominación españolas se habían justificado en nombre de la evangelización, al aceptarse la explicación de fray Servando de que tiempo antes de la llegada de los conquistadores los indios ya conocían el cristianismo, la conquista quedaba sin legitimación moral, legal y espiritual.

El famoso sermón era el reflejo de lo que sucedía en los últimos años del siglo XVIII en la capital de la Nueva España. Los criollos, que por generaciones habían nacido en territorio americano, comenzaban a reivindicar elementos que podían constituir a la patria mexicana criolla: territorio común, historia compartida desde 1521, cultura y religión.

Por sobre todos aquellos elementos se levantaba la devoción por la Virgen de Guadalupe, «aparecida» en tierras mexicanas y a los propios mexicanos —«con ninguna otra nación hizo nada igual»—. A partir de entonces, y solo por algunos años, a los ojos de los criollos que iniciarían la independencia la Guadalupana sería la virgen de los nacidos en el territorio de la Nueva España y, por tanto, bandera de los insurgentes. Era la reivindicación de una patria por nacer. Y seguramente, al partir al destierro, fray Servando sonrió con malicia.

EL LEGIONARIO PEDERASTA

Se creía destinado a la santidad y actuó en congruencia: fundó una congregación y numerosas escuelas religiosas. Pero el padre Maciel era dos. El otro, el que recordaremos, fue el que abusó sexualmente de decenas de niños.

Juguemos un poco a las adivinanzas, muy queridos lectores. Si les hablamos de una agrupación religiosa herméticamente cerrada al exterior, en la que el líder y fundador comete reiterados abusos sexuales contra los hijos de sus seguidores, en la que el libro sagrado que todos tienen que leer es justamente el del líder y fundador, ¿de qué estamos hablando? «De una secta», responderán con toda probabilidad y con buenas razones. Pero no. Hablamos de la que alguna vez fue una de las congregaciones más respetadas e influyentes de la Iglesia católica. Hablamos de los Legionarios de Cristo y del que fue su líder indiscutido durante años y años, Marcial Maciel.

En 2005, el hasta entonces cardenal Ratzinger alcanzó el estatus de papa como Benedicto XVI. La Iglesia estaba en una crisis de consideración: se multiplicaban, por decenas, por cientos, los casos de niñas y niños que habían sufrido abusos sexuales a manos de sacerdotes católicos en varias partes del mundo. No era posible hacerse el sueco por más tiempo. Como primera medida, el pontífice le comunicó al padre Maciel que debía abandonar Roma y volver a México para «una vida de oración y penitencia». Un retiro francamente lujoso, con abundante servicio, buena comida y pajaritos que cantan entre los árboles frondosos del Michoacán rural no es un castigo que digamos excesivo para un abusador sexual en serie, pero a Maciel le habrá caído como una patada. Y es que desde muy joven, Marcial Maciel de veras, de veras se creía enrutado hacia la consagración como santo.

Marcial Maciel Degollado nació en Guadalajara en 1920 de una familia de prosapia católica, como indica su segundo apellido. Su madre, Maura Degollado (*Mamá Maurita*), era hermana de Jesús Degollado, uno de los generales cristeros más importantes. En 1936, Marcial estaba ya en la ciudad de México apuntando hacia el sacerdocio, y de la mano, nada menos, que de su tío Rafael Guízar, obispo de Xalapa. Fue precoz y rápido. En 1941 fundó la Legión, llamada en principio Misioneros del Sagrado Corazón y la Virgen de los Dolores. En 1946 contaba con el espaldarazo de Pío XII. Y es que el joven Maciel ya tenía plenamente desarrollada esa habilidad que tan popular lo haría entre la aristocracia católica: conchabarse a los dueños del dinero, hacerse de recursos y donar una parte significativa de ellos entre los altos mandos del Vaticano. Se rodeó, pues, de protectores importantes dentro y fuera de la Iglesia.

Y el consorcio de Maciel se fue a la estratósfera. Mientras acompañaba a Juan Pablo II en sus viajes por México entre finales de los 70 y principios de los 90, mientras las donaciones de sus protectores fluían felizmente, la Legión abría y compraba centros educativos a mansalva en México y varios países más, desde el Colegio Oxford o el Instituto Cumbres hasta las varias sedes de la Universidad Anáhuac. En 2010, según el periodista Raymundo Rivapalacio, las escuelas legionarias sumarían 150, y el capital de la congregación unos veintiocho mil millones de dólares. Pero no era eso lo único que ocupaba al impetuoso sacerdote.

En 1997, ocho antiguos integrantes de la Legión acusaron a Maciel de abuso sexual en una carta abierta a Juan Pablo II. Y no era lo único que decía la carta. Las víctimas denunciaban también a la congregación y a otros sectores de la Iglesia por su plena indiferencia cuando denunciaron los abusos. Había una red de complicidades, vaya. En México, la red no bastó para detener el escándalo.

El escándalo empezó en Connecticut, con un reportaje del diario *Hartford Courant*. Le seguirían, ya en nuestro país, el periódico *La Jornada,* y en la televisión CNI Canal 40, que enfrentó el boicot de varios altos empresarios cercanos a ese santo hombre. Pero los hechos se impusieron. Según se multiplicaron los testimonios de abusos a manos de sacerdotes católicos, especialmente en Estados Unidos, y sobre todo conforme se multiplicaban los que señalaban a Maciel, el apoyo de Juan Pablo II flaqueó y el dique contra la información en México empezó a resquebrajarse. Lejos quedaban los tiempos del derecho de picaporte, esos tiempos en los que, por ejemplo, doña Marta Sahagún le pedía la anulación de su primer matrimonio para casarse conforme a las buenas costumbres católicas con Vicente Fox, todo un presidente de México.

Con el tiempo, incluso su congregación terminaría por darle la espalda. Bueno, mucho tiempo... En 2010 la Legión reconoció por fin que su fundador era un delincuente sexual. Tendría que reconocer eso y algunas cositas más. Básicamente, que Marcial Maciel era en esencia polimorfo. Amén (nunca mejor dicho) de los reiterados casos de abuso, en 2009 nos enteramos de que era padre de una niña, Norma Hilda Rivas. Al año siguiente, la periodista Carmen Aristegui dio voz a Blanca Estela Lara y a sus dos hijos procreados, lo adivinaron, con el padre Maciel. Nos enteramos también de que más o menos ocho décimas partes de ese libro que era de texto en el mundo legionario, *El salterio de mis días: 98 meditaciones*, eran un plagio de *El salterio de mis horas*, publicado el 56 por Luis Lucía. Finalmente, también supimos que toda esa actividad, esa hiperactividad, era posible a pesar de su adicción al Demerol, un tranquilizante delicioso, potente, como todos los derivados de la morfina.

Marcial Maciel murió a los 87 años, en 2008, desacreditado pero libre, es decir, como vivió: entre privilegios. Ventajas de la fe, que, al parecer, mueve montañas.

LA INCONDICIONAL

Nunca un corte de pelo desató tanta controversia entre tantos mexicanos al mismo tiempo, al grado de convertirse en el tema del momento.

A mediados de 2018, en medio de la estepa pública incendiada por las campañas electorales, buena parte de los mexicanos vivimos meses de gran expectación generada por el estreno de la serie biográfica sobre Luis Miguel. «Pobre Luisito Rey, tan lejos de Dios y tan cerca de Catalina Creel», pudo ser la frase que definió esos meses.

La primera temporada estuvo en boca de todos. Se convirtió en el tema de conversación del café de los lunes; hizo arder las redes sociales —como si no ardieran a la menor provocación—; fue vilipendiada por algunos esnobs que preferían anunciar en sus redes que reflexionaban sobre el combate a la pobreza o la lucha contra la corrupción exactamente a la misma hora en que se estrenaba un nuevo episodio los domingos por la noche. La serie fue aplaudida y defendida por las fans de Luis Miguel, principalmente, «porque al Sol no se le toca», y porque, al fin y al cabo, las fans de antes y las de ahora son «las incondicionales».

La serie causó una expectación similar a la que provocó en la sociedad mexicana el nacimiento del pandita del amor en 1981; la Chiquitibum en 1986; la liberación de Keiko en 1996, o *Big Brother* y la Academia en 2002. De pronto comenzaron a escucharse nombres que parecían olvidados: Marcela Basteri, *el Negro* Durazo y el malo de malolandia, el mayor villano de la historia de México por encima de Huerta, Santa Anna, Iturbide y Salinas de Gortari: Luisito Rey, papá de Luis Miguel, que hacía palidecer al mismísimo demonio. Tal fue el furor por la serie que hasta Enrique Peña Nieto llegó a decir que el personaje más odiado de México era Luisito Rey —a pesar de los méritos que hizo el presidente a lo largo de su sexenio para quedarse con la presea al primer lugar.

No era la primera vez que Luis Miguel desataba la euforia. En 1989, durante varias semanas las revistas de espectáculos, los espacios informativos, la prensa escrita, anunciaron, comentaron y debatieron la noticia del momento: «¡Luis Miguel se cortó el pelo!». El rumor corrió como reguero de pólvora. Para sus fans era una tragedia de dimensiones griegas.

Todo era un exceso; daba la impresión de que el cantante hubiera realizado una hazaña sin precedentes en la historia de la humanidad: escalar el Everest de puntitas y sin oxígeno; atravesar el Atlántico para ir de América a Europa nadando sin descanso; lanzarse en paracaídas sin paracaídas, o haber descubierto la cura contra el sida en uno de sus conciertos.

Pero no era nada de eso; simple y llanamente se había cortado la melena un poquito por aquí, un poquito por allá y aunque el pelo largo era parte de su imagen, a todas luces resultaba una exageración el «corte de pelo de Luis Miguel» que marcó durante varias semanas el tema de conversación de muchos mexicanos.

El origen de todo era el lanzamiento de la canción *La incondicional,* uno de los sencillos de su álbum *Busca una mujer,* que se escuchó por primera vez en abril de 1989. Luis Miguel estaba de moda y por entonces no había canción que interpretara que no se colocara rápidamente en el gusto del público, pero lo que le dio una dimensión diferente a *La incondicional* fue el videoclip producido y dirigido por Pedro Torres —grabado en las instalaciones del Colegio Militar y la base aérea de Santa Lucía— que contaba la historia de un muchacho que al alistarse como piloto en la Fuerza Aérea Mexicana tenía que separarse del amor de su vida, a pesar de lo cual ella se mantenía como su incondicional.

Pedro Torres logró venderle el proyecto al recién nombrado secretario de la Defensa Nacional, Antonio Riviello Bazán, quien aceptó —pensando que podía ser buena propaganda para el Colegio Militar—

pero puso varias condiciones lógicas porque se trataba de las instalaciones del Ejército mexicano y no de un foro de telenovela.

Para filmar tenían que adaptarse al horario de los cadetes y someterse al orden y a la disciplina del Colegio. «Si queríamos filmar una clase de clavados, teníamos que unirnos al grupo que lo haría a las seis de la mañana», recuerda Pedro Torres. Y aunque en la percepción del público parecía que Luis Miguel se había internado en el Colegio durante varias semanas, lo cierto es que fueron cuatro días de filmación y ya.

Que Luis Miguel se haya lanzado de una plataforma de 10 metros para un clavado o que bajara un edificio a rápel fue considerado por sus fans como la mayor proeza llevada a cabo por un mexicano en la historia. Y, sin embargo, lo que más padeció fue el momento en que tuvo que cortarse el pelo.

Luis Miguel se resistió una y otra vez, casi al grado del berrinche, pero a la mera hora aguantó candela y se sentó en el sillón del peluquero con una expresión tan desencajada que parecía estar a punto de las lágrimas. A pesar del drama, todo fue un show: apenas tocaron su melena en los lados y el resto fue obra de los trucos de cámaras y una excelente edición. La melena había triunfado y las fans respiraron tranquilas.

El videoclip de *La incondicional* fue un éxito; marcó una época, a una generación —se dice que al año siguiente aumentó considerablemente la matrícula del Colegio Militar— y pasó a la historia porque la gente quiso ver en el video la mexicanísima versión de *Top Gun*.

ANTROPOFAGIA ILUSTRADA

Quiso dedicarse a escribir, y escribió. Pasó a la historia, sin embargo, por asesinar a tres mujeres, a una de las cuales, la madre de sus hijos, literalmente devoró. Con ustedes, el Poeta caníbal.

Dicen que somos el pueblo del pozole de carne humana desde aquellos días felices en que los españoles no habían llegado a estas tierras. Que la antropofagia la tenemos en el ADN. Y, sin embargo, la tradición mexicana de canibalismo no es de las más competitivas, sobre todo a partir de la hegemonía española.

Hay tres razones fundamentales para que los seres humanos se decidan a comer carne humana. Una es ritual: apoderarte del espíritu, el alma o la energía de la persona que usas como lunch. Otra es nutricional, aunque no existen casos documentados de culturas que se hayan alimentado de carne humana, solo incidentes aislados producidos por la desesperación: la hambruna que azotó a la Unión Soviética o el accidente aéreo de Los Andes. La tercera, la más común hoy en día, es que seas un asesino serial o algo parecido, y ya hemos comentado que en ese terreno estamos lejos de ser un equipo de clase mundial.

En el canibalismo serial dominan, de nuevo, Estados Unidos e Inglaterra. Hay casos notables en Rusia, como Andrei Chikatilo, *el Carnicero de Rostov,* con no menos de 53 asesinatos en su currículum y una extraña tendencia a sublimar con el consumo de las partes blandas del cuerpo su impotencia sexual. Hay casos inclasificables como el del alemán Armin Meiwes, que no califica como serial porque no pasó de una víctima que tal vez no lo sea: el ingeniero civil que degustó llegó voluntariamente a su casa, tras una convocatoria en internet, e incluso literalmente compartieron el pene del citado ingeniero, luego de mutilarlo. Pero nada como los gringos y los británicos. Entre los primeros está Rudy Eugene, que se comió el rostro de un indigente. Está Albert Fish, *el Vampiro de Brooklyn*, que abusó de al menos cien niños, asesinó a cinco y se comió a una criatura de nueve años. Y está el clásico entre clásicos, Jeffrey Dahmer, con 17 víctimas que le permitieron entregarse a los placeres de la necrofilia y el consumo de carne humana. Entre los ingleses: Peter Bryan, con tres asesinatos, incluido el de un amigo cuyo cerebro cocinó, muy francesamente, en mantequilla; Anthony Morley, que asesinó a su novio y se comió uno de sus muslos luego de cocinarlo a la mediterránea, con hierbas y aceite de oliva; o Stephen Griffiths, que asesinó y devoró a tres prostitutas al tiempo que estudiaba un doctorado en criminología.

No, no hay modo de competir con esas tradiciones y con esos récords. Y, no obstante, México, como tantas veces, tiene algo que decir. Lo que tiene que decir es: José Luis Calva, *el Caníbal de la Guerrero*, también llamado *el Poeta caníbal*.

El 8 de octubre de 2007, en respuesta a una denuncia de la familia de Alejandra Galeana Garavito, empleada en una farmacia de genéricos, la policía entró por sorpresa a la casa de Calva. Alejandra era su esposa y madre de sus dos hijos. En su declaración, Calva dijo que efectivamente la había asesinado, pero que de ninguna manera había practicado el canibalismo con su cuerpo. Que eso era «amarillismo». Mentía. Los agentes encontraron el tronco de Alejandra en un armario, otras partes de su cuerpo en el refrigerador y su antebrazo, frito, en una sartén, con rastros de limón.

Pero el currículum de Calva era más extenso. El sexual, sin duda. Sus vecinos de la colonia Guerrero lo calificaban de tranquilo e incluso de «galán»: se le conoció un novio, pero sobre todo frecuentaba a varias mujeres, al menos una de las cuales, la joven maestra Olga Livia, lo acusó de abusos como obligarla a ver porno zoofílico o tener prácticas sadomasoquistas. Y es que sobre todo era extenso su currículum criminal. Con el tiempo supimos que Calva asesinó también a otra exnovia, Verónica Consuelo, cuyo cuerpo luego descuartizó en un basurero, y a una sexoservidora conocida como la Jarocha.

Pero tenía el Poeta caníbal otras peculiaridades. Una era justamente esa afición por la literatura, lo que lo hace un caso único entre los *serial killers* chilangos, tan reacios a los libros como el resto de la población. En efecto, parece ser que una de sus herramientas de seducción era la poesía, que prodigaba entre sus parejas sexuales al punto de dejar hasta 800 poemas de su puño y letra, pero también fatigó la novela —dejó escritas diez—, la dramaturgia —ocho obras— y hasta el guion cinematográfico —era, poco sorprendentemente, fanático de Hannibal Lecter, el multihomicida caníbal protagonizado por Anthony Hopkins en *El silencio de los inocentes*—. No se le hizo publicar nada: se limitó a vender sus obras en los restaurantes de las colonias Roma y Condesa, en un afán desesperado de pagarse la adicción a la cocaína y el alcohol. Otra rareza suya, según los peritos, era su voluntad de ser madre. ¿Cómo se explica esa estructura psíquica? Probablemente sea imposible. Sabemos en todo caso que Calva perdió a su padre a los dos años, fue maltratado sin piedad por su madre y fue víctima de abuso sexual.

Detenido, el Poeta caníbal murió en prisión, oficialmente suicidado, en diciembre de 2007. Las autoridades dicen que se ahorcó, aunque su hermana dijo que el cuerpo presentaba signos de tortura. Y es que no importa lo cruel y aberrante que sea una vida, siempre será superada en ello por las cárceles mexicanas.

LA LIGA DE LA DECENCIA

No eran prostitutas, eran mujeres de la vida galante; no eran adúlteros sino infieles; no eran homosexuales sino invertidos. De todo se inventaron «las buenas conciencias» para defender la moral y las buenas costumbres de los mexicanos.

N o fue una quema de libros como la que hicieron los nazis en 1933; no fue una pira de las que prendía la Inquisición para ajusticiar a los herejes; era el fuego purificador que un grupo de jóvenes de la Federación Estudiantil Universitaria encendió para quemar, en el mismísimo Zócalo, revistas pornográficas, sucias y cochinotas como las que circulaban en la ciudad de México en marzo de 1955.

Entre 1930 y 1960, la sociedad mexicana padeció una cruzada moralizadora impulsada por los sectores más conservadores, apoyada por la Iglesia y con la vista gorda del gobierno. Todo tipo de organizaciones y asociaciones para defender «la moral y las buenas costumbres» surgieron desde la segunda década del siglo XX: la Unión Nacional de Padres de Familia (1917), La Asociación Nacional de Padres de Familia (1926), la Acción Católica con su brazo golpeador, los Caballeros de Colón (1929), la Legión Mexicana de la Decencia y la Liga de la Decencia, aunque nunca se constituyó formalmente.

Estos grupos la emprendieron contra todo y contra todos: cine, radio, televisión, revistas, libros, arte, deporte. En 1938 impidieron que se estrenara la cinta *Blanca Nieves* porque una mujer y siete hombres bajo el mismo techo se antojaba perversón; la Liga se habría rasgado las vestiduras de saber que después habría una versión *soft porn*: *Enanieves y sus siete blancanos*.

A la Diana Cazadora, que en realidad es la Flechadora de las Estrellas del Norte, no le fue mejor. La escultura fue inaugurada el 10 de octubre de 1942 por el presidente Manuel Ávila Camacho. Por entonces se encontraba en una glorieta que unía el Paseo de la Reforma con las calles de Río Ródano y Lieja —cerca de donde hoy se encuentra la Estela de Luz—. La hermosa escultura no pudo escapar a la estúpida censura.

La Liga de la Decencia se escandalizó cuando sus miembros se dieron cuenta de que la escultura realizada por Juan Olaguíbel estaba desnuda. Se santiguaron, rezaron rosarios, elevaron plegarias y tras verla con deseo confesaron sus pecados. Entonces iniciaron una serie de protestas para pedir que la retiraran. Una mañana, la Diana amaneció vestida con ropa interior de tela —escena que fue reproducida a manera de burla en la película *Los Caifanes* en 1966—. La presión fue tan grande que el gobierno le ordenó al escultor cubrirla con un taparrabos, y así permaneció hasta 1967.

Poco después, a finales de los cuarenta, la Legión Mexicana de la Decencia intervino en la elaboración del Código de Producción Cinematográfica, que definía la semidesnudez en la filmación como «carencia de pantalones en el hombre y faldas en la mujer, incluyéndose, por tanto, escenas en traje de baño», y que debía prohibirse; besos en la cara, cuello, orejas y nuca: prohibidos; si en la cinta había una mujer adúltera o un marido infiel, debían mostrar remordimiento o arrepentimiento. La homosexualidad, obviamente, era impensable, «aun cuando no se muestre al pervertido».

Al comenzar la década de 1950, el gobierno arremetió contra los centros de vicio —salvo los que frecuentaba la gente de alcurnia—: cabarets, centros nocturnos, lupanares y antros —cuando este término se usaba todavía como «lugar de mala muerte»—. Además, la Liga de la Decencia alentó que los grandes almacenes no pusieran maniquíes en sus aparadores porque los jóvenes podían desarrollar pensamientos lujuriosos. Se cuenta, incluso, que en las kermeses públicas se prohibieron los matrimonios y también llegó a prohibirse el juego de la botella.

En sus albores, la televisión también padeció los ataques de los defensores de la moral y las buenas costumbres: «como invento modernísimo de gran difusión, es necesario que se moralice, evitando que pasen películas inmorales en las primeras horas de la tarde, cuando los niños son los únicos que pueden ver los programas por las ocupaciones normales de sus padres».

Así comenzaba un documento firmado por la Federación de Asociaciones de Padres de Familia de las Escuelas Secundarias del Distrito Federal dirigido al presidente de la República, Adolfo Ruiz Cortines, en el que solicitaban, además, su apoyo para «suprimir las exhibiciones de lucha libre por televisión», porque el ejemplo que daban los «magnates de la fuerza bruta» afectaba a los niños y jóvenes, que se aplicaban llaves y saltos a diestra y siniestra.

Pero el temor de tan insigne Federación iba más lejos y temían que «también las niñas, las jovencitas y hasta algunas mujeres maduras gustasen de tan vulgar espectáculo, y mañana la mujer mexicana no sería la abnegada y buena madre, sino la brutal golpeadora».

Para estos grupos, la televisión no era una diversión, representaba «el peligroso abismo que tienden los eternos enemigos» contra la moral y las buenas costumbres. Desgraciadamente, aún existen quienes pretenden tutelar la moral pública.

CARNITAS DE MANATÍ

Alguien, alguna vez, decidió que el problema del lirio acuático en Xochimilco podía solucionarse con un puñado de manatíes con buen apetito herbívoro. Ciertas versiones quieren que hayan sido víctimas de nuestro buen apetito carnívoro.

En México se nos dan las leyendas urbanas, y las bastante raritas: desde la del Chupacabras, que importamos de Puerto Rico, pasando por la de los pitufos asesinos —que de veras cuesta trabajo entender de dónde salió—, hasta la de las calcomanías japonesas para la piel que filtraban una droga en el sistema de los niños (para convertirlos en yonquis, claro), y la de que Lucero soltó una flatulencia retumbona ante el micro en el programa de Raúl Velasco —que no es cierta y lucharemos hasta la muerte por sostenerlo: *México bizarro* es incondicional de la cantante.

Como también se nos da obsesionarnos con la comida, se entiende que haya asimismo una buena cantidad de leyendas urbanas sobre eso, comida o bebida: desde la de las hamburguesas hechas con carne molida de rata por obra de la malignidad de las grandes empresas —o, en otra versión, unos gusanos repulsivos igualmente molidos—; la del primo del cuñado de un amigo que mordió una pierna de pollo frito y se quedó con una cola de —nuevamente— rata entre los dientes; hasta la uña, el colmillo o incluso el dedo en la Coca-Cola. Súmenle que, por un lado, a nuestros políticos, en efecto, se les dan las ocurrencias tan disparatadas que parecen leyendas urbanas (*México bizarro* es en gran medida posible gracias a ellos; véase, por ejemplo, el apartado que dedicamos a José López Portillo), y que por otro somos, sin duda, capaces de comernos casi cualquier cosa mientras esté cocinada con propiedad, y quedará claro por qué es tan difícil determinar si efectivamente, hace años, la buena gente de Xochimilco se comió unos manatíes a la manera de las carnitas de toda la vida: las de puerco, ese plato sublime que incluye leche y naranja y tequesquite y tal vez ajo y toda la sofisticación del mundo y francamente que viva México.

Es poco lo que sabemos realmente de esta historia en cualquier caso trágica.

Sabemos, sí, que los canales de Xochimilco tienen un grave y añoso problema con el lirio acuático, una plaga muy difícil de combatir que pone en riesgo la subsistencia de ese ecosistema, dañado además por la desecación de los canales y la hipertrofia del suelo lodoso que los sostiene. ¿Qué pasó? Que los peces que se alimentaban de ellos fueron o pescados sin control o liquidados por la vía de la contaminación, con lo que los lirios se convirtieron en algo así como los zombis del reino vegetal: pueden duplicar su población en cinco días y comerse, aunque figuradamente, todo lo que se les atraviesa. Y entonces vinieron las varias soluciones, que nunca dieron resultados tangibles. Se ha intentado con herbicidas, pero esos, sabemos, arrasan también con otras especies. Se ha intentado con trituradoras, pero al ser desmenuzados de ese modo los lirios pierden la capacidad de flotar, se hunden y provocan un crecimiento del fondo de los canales. ¿Otros depredadores naturales? Resulta que esta planta es brasileña, y ya se comprobó que introducir especies ajenas a un hábitat tiene consecuencias desastrosas. Hoy existen proyectos para usar el lirio como materia prima de biocombustibles (aunque a veces parece difícil de creer, no todo es bizarro en México), pero eso, en los remotos años 70, no era ni el primer vislumbre de una vaga posibilidad.

Consecuentemente, al delegado de Xochimilco, Mariano Velasco, se le ocurrió traer unos cuantos manatíes, unas bestias dulces y obesas que, decía aquel visionario, podían comerse hasta una tonelada de lirio por cráneo. Eso también lo sabemos.

Lo demás es confuso.

No sabemos, de entrada, cuándo pusieron a chapotear a esas bestias en las aguas de Xochimilco. Varían las versiones entre el 75 y el 81, es decir, en pleno lopezportillismo. Pues sí. Bizarro llama a bizarro.

Tampoco sabemos cuántos manatíes fueron importados a tierras chilangas ni desde dónde. La versión más extendida es que cuatro y desde Chiapas, concretamente de la Laguna de Catazajá, y que llegaron en préstamo en el avión del gobernador, pero hay quien habla incluso de veintiocho.

Si quieren meterle más leyenda urbana a la historia, podemos decir que ni siquiera estamos cien por ciento seguros de que todos los manatíes hayan muerto, porque en Xochimilco hoy, como en las crónicas de los primeros españoles que pasaron por ahí, se habla de seres enormes y misteriosos que hacen bailar con energía a los lirios, amparados en la triste opacidad de los canales. México, donde los monstruos marinos se convierten en fritanga.

Con todo, lo razonable es pensar que esas vacas marinas, que no han sido vistas en cuarenta o cuarenta y pico años, entregaron el alma al creador. Y aquí se abren dos hipótesis.

La primera y más aceptada es que murieron por el frío de las aguas, al que no pudieron adaptarse, como aparentemente quedó demostrado en la necropsia que les practicaron a dos de esos cuerpos inabarcables de tan chonchos. Pulmonía.

La más bizarra es la otra: que los xochimilcas, que ya habían dado cuenta de gran parte de la fauna autóctona a punta de anzuelos y polución, vieron en esos sirenios pachorrudos una ventana de oportunidad. Ningún mexicano que se precie de serlo se niega unos cientos de kilos de carnitas. El primo de un amigo dice que estuvo ahí para probarlas.

LA HORA DEL RECREO

El mayor delito perseguido por el Tribunal del Santo Oficio en México no fue la herejía, la idolatría, la hechicería, la blasfemia o la bigamia; el delito más común no lo cometían los fieles, sino los sacerdotes, y era la solicitación, o sea, pasarse de lanza a la hora de confesar.

Durante el México virreinal, la hora de la confesión para muchos sacerdotes era algo así como la hora del recreo. Sobre todo para aquellos que tenían la encomienda de ir a los conventos para suministrar el sagrado sacramento a las novicias, a las monjas y a las mujeres del servicio.

Cristo nunca se preocupó por instituir la confesión, pero «viene el Diablo y sopla», así que la Iglesia decidió establecerla en el año 1215 y la declaró dogma en el Concilio de Trento de 1551 —los confesionarios como los que se conocen en la actualidad, en los cuales existe una barrera física entre el confesor y el pecador, se instauraron a mediados del siglo XVI—. Quien tiene la información tiene el control.

Pero en México, y particularmente en los conventos, los confesionarios eran aposentos, o incluso celdas, que el confesor podía cerrar por dentro mientras confesaba de una manera poco ortodoxa. Desde que la Inquisición fue establecida en la Nueva España en 1571, los miembros del tribunal recibían decenas de denuncias en contra de sacerdotes acusados de haber seducido a mujeres que acudían a confesarse, e incluso de haber abusado sexualmente de ellas.

El delito de «solicitación» fue uno de los más perseguidos en la Colonia, y recibía ese nombre porque a la hora de confesar el sacerdote «solicitaba» favores sexuales a cambio de la absolución, lo cual incluía incitación, provocación y seducción. Un tío del célebre Antonio López de Santa Anna fue denunciado por este delito.

La Inquisición tenía al menos 75 formas de nombrar el acto sexual —según refiere el historiador Jorge René González Marmolejo—: «acceso carnal, acto completo, sodomía, vía natura, vía trasera, afición impura, comercio ilícito, condescender carnalmente, cópula carnal, deslices deshonrosos, fornicar, forzar y gozar, ilícita comunicación, impuros deseos, incontinencia, pecado torpe, relaciones, retozar, solicitar para pecar, torpezas e insolutos tratos, usar y pecar y llegar al último acto».

A finales del siglo XVIII, el Convento de Santa Clara, en Puebla, fue escenario de un gran escándalo. María de Paula de la Santísima Trinidad era novicia y estaba pronta a tomar los hábitos cuando conoció el amor y otras cosas en el confesionario; tenía apenas 16 años de edad.

Había entrado al convento muy pequeña. Nunca conoció los claroscuros de la vida mundana, nunca supo de sus placeres, de sus vicios y sus virtudes, de lo amargo y lo dulce de la cotidianidad fuera del convento, y hecha al ánimo de que su destino no era otro más que entregarse a Dios, no puso reparos, y en 1796 tomó el hábito de novicia. Pero su profesión como monja se vino abajo, pues entre Dios y ella se atravesó su confesor.

El sacerdote franciscano José Ignacio Troncoso ya tenía camino recorrido: había hecho de la confesión su hora del recreo; se las sabía de todas, todas. Su comportamiento había sido tan escandaloso que la Inquisición le había echado el guante por haber tenido relaciones con treinta y cinco mujeres durante cinco años en Tulancingo.

Pero como los castigos no eran tan severos —aunque ser sometido a pública humillación no era cosa menor—, fue encerrado por su propia orden y marginado; escapó, volvió a las andadas y llegó a Puebla, donde se las ingenió para entrar al Convento de Santa Clara.

Ahí conoció a María de Paula y, al parecer, de manera increíble se enamoró de ella. Eso sí, previa seducción, caricias, besos, arrumacos y toqueteos en la tranquilidad del confesionario. Con el paso de los días ya no solo se veían en la celda-confesionario, también en la huerta y en los jardines; siempre con el permiso de la madre superiora, pues la novicia argumentaba que necesitaba ver al sacerdote por razones espirituales. El sacerdote finalmente le propuso a María de Paula huir juntos, pero fueron descubiertos y se acabaron el romance, la pasión, el amor y, desde luego, la confesión.

Gritos y sombrerazos, escándalo en Puebla durante algunos días, chisme de sociedad, pero nada más. La novicia fue reprendida y se desconoce si recuperó el amor de Dios o definitivamente dejó el convento. Para el Tribunal del Santo Oficio fue una denuncia más por solicitación, el delito más común desde el siglo XVI.

Y aunque el abogado del franciscano intentó culpar a la joven novicia de ser un instrumento del diablo, de ser ella quien había provocado al pobre religioso, el Tribunal del Santo Oficio fue implacable: lo condenaron, ordenaron su reclusión en el Convento de San Cosme, lo privaron a perpetuidad de confesar hombres y mujeres, y fue desterrado de las ciudades de México, Puebla y los lugares donde cometió sus delitos por espacio de diez años.

La Inquisición llegó a tomar ciertas medidas para evitar la solicitación: prohibió confesar en celdas, en las sacristías o en los domicilios de los sacerdotes; también prohibió las confesiones con el feligrés hincado frente al confesor, y si era mujer, debía mediar una rejilla; fieles y sacerdotes no podían hablar antes ni después de la confesión. El delito no desapareció por completo, pero cada quien cargó con sus pecados.

EL POZOLERO

*Fue un humilde albañil. Lo conmueve el sufrimiento animal. Es buen
padre y buen esposo, a treinta y pico años de su boda. Y se dedicó
a disolver cuerpos humanos en sosa cáustica, a sueldo del narco.*

S egún algunos testimonios, el suelo crujía bajo los zapatos de los
uniformados cuando tomaron el predio. Era culpa de los dientes y
las uñas desperdigados por ahí, por los terrenos de trabajo de
Santiago Meza. Y es que ese 2009, los ciudadanos, con todo y que
llevábamos tres años de decapitaciones, cuerpos mutilados o col-
gados en los puentes y «encajuelamientos», con todo y los antecedentes
de las muertas de Juárez o los narcosatánicos y sus sacrificios humanos,
aprendimos cosas que nunca pensamos aprender. Por ejemplo, que hervir cadáveres humanos en sosa cáustica disuelta en agua —dos costales
en unos cien litros— es un buen método para hacerlos desaparecer, pero
en modo alguno un método perfecto. El cuerpo humano es paradójico: terriblemente vulnerable pero también llamativamente resistente. Se
niega a irse, como la historia del Pozolero. Las uñas y los dientes resisten.
La fama de Santiago Meza López, también.

Sinaloense de Guamúchil, Santiago disolvió a más de trescientas
personas como empleado de los cárteles de Sinaloa y de los Arellano
Félix, que se disputaban Tijuana a sangre y fuego en los años de Felipe
Calderón como presidente, de 2006 en adelante. Su valedor, su con-
tratante, fue Teodoro García Simental, *el Teo*, también llamado *el Tres
Letras*, que saltó del grupo de los Arellano al de sus viejos rivales y nunca quiso prescindir de las habilidades de su empleado (el Teo, al que

también llamaban el Escrúpulos, suponemos que con ironía o cinismo del feo, fue detenido un año después que Meza en La Paz, al sur de la península).

No fue esa la primera chamba de Santiago, sin embargo, ni su única vocación. Nacido en la miseria, antes de hervir cuerpos en ácido —un oficio por el que le pagaban 600 dólares a la semana y para el que, cuenta, se entrenó usando «piernas de res»—, se dedicó a la albañilería, y antes y después de consagrarse como el Pozolero, nombre que hizo viral el Ejército cuando compareció ante los medios por su detención tras una fiesta interminable con armas y sexoservidoras a mansalva —luego de días de música norteña a tope, los vecinos decidieron hacer una llamada a ver si dormían media horita—, fue esposo y padre amoro-sísimo, si hemos de creer lo que dice su mujer Irma en una crónica-entre-vista que publicó Marcela Turati en la revista *Proceso*. «Mi viejito», le dice, justo antes de recordar que una vez se enojó muchísimo porque, todo sensibilidad, ella había decidido abandonar a unos gatos recién nacidos en el basurero. Categórico, humanista, hizo que fueran a recuperarlos. Pero no solo en el amor a los animales radica su bondad: lo que hizo lo hizo, cuenta, para sacar a su familia de la postración.

Tan cerca como en 2017, el estatus jurídico del Pozolero, antes co-nocido como el Chago, seguía hasta cierto punto en el limbo, con esa manera única que tienen de estar en el limbo los asuntos jurídicos mexi-canos. Esa manera bizarra. Santiago está encerrado en el penal de alta seguridad de Almoloya, en el Estado de México, luego de que confesó haber dado cuenta de esos trescientos y pico cadáveres. Pero hasta hoy es imposible saber a ciencia cierta cuántos cuerpos pasaron realmente por sus manos, no digamos ya a quién corresponde cada uno. Luego de hervir los cadáveres durante unas quince horas, cadáveres que —ase-gura como para matizar sus culpas— «No sé quiénes eran. Solo me los daban», Santiago juntaba los restos que no se habían deshecho —esas uñas, esos dientes, algunos pedazos rejegos de hueso—, los quemaba con gasolina y los enterraba o simplemente los tiraba en el drenaje. En 2011 fue localizada la primera fosa de La Gallera, en el ejido Maclovio Rojas, con unos quince mil fragmentos que no pudieron ser identificados. Pero los hallazgos no paran. En agosto de 2017, en la misma Gallera aparecieron otras tres fosas con unos siete mil fragmentos y unos dos mil dientes, y queda aún mucho terreno sin explorar en ese predio. Y es que el Pozolero trabajaba meticulosamente. No hay prueba de ADN que pueda hacer frente a un protocolo tan estricto como el suyo.

Como tantas veces, las investigaciones no se han detenido por gracia de los familiares de las víctimas, que han hecho trabajo de policías, activistas, abogados y peritos, todo al mismo tiempo, en una lucha constante, indesmayable, porque las autoridades encuentren e identifiquen a sus muertos. Es justamente uno de esos familiares el que hace la pregunta que nadie quiere hacer. En un país que en 2017 superó los veinticinco mil homicidios, de los cuales casi diecinueve mil son imputables a la delincuencia organizada, ¿cuántos pozoleros habrá? Una posible, atroz respuesta llegó con la muerte de tres estudiantes en Jalisco, cuyos cuerpos fueron disueltos en ácido.

En el penal, Santiago probablemente no se hace esa pregunta. Con la parsimonia de las cárceles mexicanas, esa que solo rompen los motines y las fiestas de los grandes capos, se esfuerza en reinventarse. Ahora quiere ser carpintero.

UNA PROPUESTA INDECOROSA

¿Un beso es suficiente para que un gobernante decida erigir un nuevo estado de la federación? Al parecer, en México sí.

Una ocurrencia del exjefe de gobierno Miguel Ángel Mancera (2012-2018) acabó de un plumazo con el Distrito Federal en 2016. El DF se quedó a ocho años de cumplir su bicentenario y dejó de existir para dar paso a la Ciudad de México como nombre de la capital del país en donde se encuentran asentados los poderes de la federación. Por más que lo hayan querido justificar, al final, como siempre, fue el triunfo de la forma hueca y vacía sobre el fondo.

Pero Mancera tampoco fue muy original: a caprichos y ocurrencias se ha construido la división política del país. En 1824, uno de los estados de la federación era Coahuila y Texas; los texanos decidieron que no querían formar parte de la república —y no les gustaba el gentilicio de coahuiltexanos— y en 1836 se levantaron en armas y alcanzaron su independencia apoyados por filibusteros gringos.

De la noche a la mañana Coahuila despertó más delgado, pero en 1856 el gobernador y cacique de Nuevo León, Santiago Vidaurri, por sus pistolas se agenció Coahuila y creó el estado de Nuevo León y Coahuila, que existió hasta 1864 cuando, en plena guerra contra la intervención francesa y el imperio de Maximiliano, Vidaurri se le quiso poner al brinco a don Benito. Pero fracasó, por lo que el oaxaqueño le devolvió su soberanía a Coahuila, y todos felices.

Con Yucatán sucedió algo similar. Toda la península era el estado de Yucatán que, en la década de 1840, intentó independizarse sin éxito. En 1863 el desencuentro entre yucatecos llevó a uno de los grupos en pugna a fundar el estado de Campeche, apoyado por Juárez; y en 1893 don Porfirio creó el estado de Quintana Roo para que los mayas de Yucatán ya no pudieran negociar directamente con Belice la compra de armas.

Sin embargo, el caso más insólito, que se desarrolla entre la leyenda y la realidad, es el de Aguascalientes. En los primeros días de mayo de 1835, Santa Anna entró a la ciudad con un ejército de cuatro mil hombres para marchar sobre Zacatecas: sus autoridades se habían levantado en armas para oponerse a la república central.

Por entonces Aguascalientes era parte del estado de Zacatecas y vivía bajo su sombra; los principales negocios, comercios, industrias y recursos se destinaban a la ciudad minera y para Aguascalientes solo había migajas.

Dicen que doña María Luisa Fernández Villa de García Rojas era muy bella. Hija del comerciante don Diego Fernández Villa, se había casado en 1822 con don Pedro José García Rojas, hombre de reconocido abolengo, inmiscuido desde tiempo atrás en la política local de Aguascalientes.

La pareja tenía mucha influencia en la alta sociedad hidrocálida, y cuando recibió la noticia de que el hombre fuerte del país estaría unos días en Aguascalientes urdió un ingenioso plan. Después del desfile, doña María y don Pedro invitaron al caudillo jalapeño a una recepción en su honor. Con la mayor de las discreciones, y sin perder el encanto ni la compostura, doña María le dirigió una mirada sutil a Santa Anna, suficiente para considerarla coqueteo y ganarse la atención del general.

Como era previsible, el primero en llegar a la velada fue el propio caudillo, y pa' pronto le hizo marcaje personal a la señora de la casa. Doña María sabía que lo tenía en sus manos, así que encontró el momento propicio para conversar con él, nada más y nada menos que sobre la situación de Aguascalientes.

Y como para Santa Anna dos tetas jalaban más que dos carretas, poca atención puso a las palabras de la dama, aunque asentía a todo. De pronto, doña María disparó un dardo lleno de provocación: «Señor general, la sociedad de aquí está dispuesta a realizar cualquier sacrificio para separarnos de Zacatecas y constituirnos como un estado libre y soberano. Yo también estoy dispuesta». A Santa Anna se le pelaron los ojos y respondió de inmediato: «¿Cualquier sacrificio?». «Cualquiera», respondió maliciosamente la mujer.

No se sabe qué ocurrió después o cómo ocurrió. Lo que sucedió aquella noche en Aguascalientes se quedó en Aguascalientes. El hecho es que minutos más tarde regresó la mujer al salón principal donde se realizaba la recepción y comunicó a todos los presentes que el general Santa Anna había aceptado que Aguascalientes se separara de Zacatecas y se erigiera como un estado libre y soberano de la República.

La leyenda romántica cuenta que por unos minutos la dama y el general se quedaron solos, en medio de un silencio nada incómodo; entonces él acercó sus labios a los de doña María y se besaron apasionadamente, como si en ello les fuera la vida, y la autonomía de Aguascalientes, desde luego. Y eso fue todo, un inocente beso.

Las malas lenguas dicen que el beso de lengüita solo fue el principio de algo que tuvo un final feliz para todos. Lo cierto es que, sin importar la versión, coincidencia o no, el primer gobernador de Aguascalientes fue don Pedro y la primera dama del estado fue doña María. Por si fuera poco, uno de los símbolos que se encuentran en el escudo del estado son unos labios, labios que lograron romper unas cadenas.

E

EL OTRO CINE MEXICANO

No, no todo han sido óscares y ovaciones en Cannes y la Berlinale. Antes, mucho antes, logramos varios éxitos del cine chatarra. Les ofrecemos aquí una muestra brevísima de nuestra más maravillosa peor filmografía.

Uno pensaría que, si de rarezas se trata, nadie puede derrotar al cine gringo, ese que, después de todo, inventó, por ejemplo, no una película, sino toda una serie protagonizada por jitomates asesinos, literalmente: una mutación los convirtió en depredadores implacables. *El ataque de los tomates asesinos* se llama.

¿Difícil competir con eso? Sin duda. Pero lo que habla ahí realmente es nuestro malinchismo inveterado, esa costumbre nociva de no entender nuestras infinitas posibilidades como cultura, nuestro gran potencial civilizatorio. A ver: de entrada puede parecernos muy normal a estas alturas, pero en México patentamos al superhéroe con obesidad y máscaras estridentes. Al cine de luchadores le debemos una infinidad de momentos surrealistas, aunque tal vez ninguno —y nuestras disculpas por adelantado, porque no tenemos la referencia pertinente— como ese en el que el científico loco en turno, luego de practicar un trasplante de cerebro, observa al beneficiario de su intervención quirúrgica sufrir una convulsión y tranquiliza a sus asistentes con evidencia inapelable: «No se preocupen. Está sufriendo el clásico síndrome de trasplante de cerebro».

Pero no solo de luchadores se alimenta nuestra excentricidad cine-matográfica. Tenemos de todo. Obras sacrílegas, por ejemplo, a menudo torpedeadas por la censura. «¿*El crimen del padre Amaro*?», se pregun-tarán tal vez los amables y educados lectores. Ríanse de eso. Mucho an-tes, en el 75, apareció *Satánico Pandemónium. La Sexorcista*, sobre una monja, María, que desarrolla una llamativa ninfomanía luego de ser po-seída por Satanás, es decir, por Enrique Rocha. Dirige Gilberto Martínez Solares, un *recordman* que tuvo unas 140 películas, incluidas algunas de luchadores (*Santo y Blue Demon contra los monstruos*), incursiones en la comedia de la mano de Capulina (*Dos meseros majaderos, El investiga-dor Capulina*) y, por lo dilatado de su carrera, hasta algún coqueteo con el cine de ficheras (*Los verduleros* y su secuela, como guionista).

Tenemos también advertencias sobre caer en la tentación del vicio. Está, por ejemplo, *Marihuana, el monstruo verde*, del año 36. Empieza con una evidencia que les recomendamos tener en cuenta, finos lectores: «La peyotina mezclada con marihuana tiene efectos desastrosos sobre el sistema nervioso», dice un hombre en bata blanca luego de controlar los alaridos de una mujer intoxicada con semejante mezcla. Dirige José Bohr, años después homenajeado por el régimen de Pinochet. No menos admonitorias son *Los intrépidos punks*, del 80, dirigida por Francisco Guerrero, o *Porros, calles sangrientas*, protagonizada por porros, sí, pero disfrazados de jipis, de Damián Acosta (año 90).

Pero nada como los géneros fantástico y de terror. Elijan ustedes su favorita: ¿*La momia azteca contra el robot humano? ¿Nostradamus y el destructor de monstruos?* Otra vez en el género de los luchadores: ¿*Blue Demon destructor de espías? ¿Las luchadoras contra el médico asesi-no? ¿La horripilante bestia humana*? ¿Qué tal un *crossover* como *Santo contra Capulina*, que contiene, según críticos plenamente confiables, los peores chistes de la carrera de don Gaspar Henaine, lo que ya es decir?

Aunque luego están, claro, las joyas de lo criminal, en sus diferen-tes versiones. El cine de gánsteres, para empezar. El jefe supremo en esta subcategoría es, por supuesto, Juan Orol, el gallego que nos regaló *Gangsters contra charros*. Pero no para ahí su trayectoria incomparable. Les recomendamos a los amables lectores complementar ese clásico con *El reino de los gangsters*, donde aparece también Johnny Carmenta, el mafioso que defiende a los pobres y al que interpreta... Juan Orol. «Es nuestro Ed Wood», dijo alguien de este gallego inmortal, en referencia al que tal vez haya sido el peor cineasta gringo de la historia, ese creador de ciencia ficción de dos dólares que jamás incurrió en el pecado de pudor.

Pero donde somos inigualables es en el arte de introducir el sonrojo en la comedia misma. «Arriésguese a morirse de un susto o de una carcajada de miedo, pero por nada del mundo se arriesgue a perderse *Chabelo y Pepito contra los monstruos*», dice el tráiler de esta pieza notable, del año 73, donde los protagonistas enfrentan a Drácula, la criatura de Frankenstein, la Momia y un monstruo tipo el de la Laguna. Debe haber funcionado en taquilla, porque a este *tour de force* de José Estrada le siguió, un año después, *Capulina contra los monstruos*, con casi el mismo cuadro de seres terroríficos —al de la Laguna lo reemplaza el Hombre Lobo— y Miguel Morayta en la dirección. Chabelo y su par quedan dignificados en retrospectiva, y no era fácil —salen de *boy scouts*, solo para empezar—, cuando al final, perdonen el *spoiler*, Gaspar Henaine, su novia y tres niños derrotan a los seres sobrenaturales coreando reiteradamente «Pastel de chocolate», en el contexto de lo que tal vez sean los Viveros de Coyoacán.

Y es que, a lo mejor, dado lo que vino después, Juan Orol, proporcionalmente, no fue nuestro Ed Wood, sino nuestro Martin Scorsese o nuestro Francis Ford Coppola.

LA ISLA DEL DIABLO

*Algún secreto oculto, un tesoro de valor incalculable, la fuente de
la eterna juventud, las ciudades de oro de Cíbola y Quivira... algo
increíble debía guardar aquella isla, porque de otro modo era inex-
plicable el desmesurado interés de México y de Francia por disputar su soberanía.*

E l gobierno porfirista argumentaba que Clipperton, también llamada
la isla de la Pasión, había sido descubierta por los españoles y era
parte de los territorios que pasaron a manos de México una vez
alcanzada su independencia. Francia estableció que la descubrieron
en 1858, no había nadie, la declararon suya y háganle como quieran. Y como durante cincuenta y un años no se pusieron de acuerdo, en
1909 las dos naciones aceptaron recurrir al arbitraje del rey de Italia,
Víctor Manuel III, para que decidiera quién tenía la razón.

Clipperton era un islote miserable, casi un páramo de arena en medio del océano Pacífico; localizado a unos 1 200 kilómetros del puerto de
Acapulco o a 900 kilómetros de la isla Socorro; con seis kilómetros de largo
por dos de ancho, con algunas variaciones; con una laguna de agua que no
era potable al centro; rodeada en su mayoría por un arrecife de coral que la
hacía casi inexpugnable y donde la fauna se reducía a cangrejos, pelícanos,
pájaros bobo y guano —que fue lo que intentaron explotar algunas compañías a principios del siglo XX, sin éxito—. Ni siquiera había palmeras como
para echarse a su sombra o tomarse el agua de un coco de vez en cuando.

Pero, como la soberanía nacional es lo primero, en tanto se buscaba una solución, hacia 1905 el gobierno porfirista envió a la isla un

destacamento al mando del capitán Ramón Arnaud, que se encargó de fundar una pequeña colonia con algunos extranjeros dedicados a la extracción de guano, soldados mexicanos para salvaguardar el honor nacional y sus familias, porque no les quedaba otra. La población no pasaba de cincuenta o sesenta personas y recibían provisiones con cierta regularidad, lo cual les permitía imaginar que su vida ahí no era tan miserable.

En 1908 el capitán Arnaud regresó a tierra firme para casarse con Alicia Rovira, y a los dos les pareció buena idea volver a Clipperton a vivir felices para siempre, sobre todo porque el capitán estaba al mando. La isla fue propicia para la pasión y tuvieron varios hijos. Pero en 1913 se les apareció el diablo.

Luego de la caída de Madero en ese año, el capitán, su esposa y varias familias que acompañaban a sus hombres quedaron varados en la isla. La revolución contra Victoriano Huerta provocó que los barcos que cumplían su rutina de aprovisionar Clipperton dejaran de hacerlo. El capitán Arnaud y su gente quedaron abandonados a su suerte.

Al cabo de unos meses las provisiones comenzaron a escasear; el escorbuto y otras enfermedades fueron diezmando a los veintisiete mexicanos que compartían la misma pesadilla. Hacia octubre de 1916 sobrevivían solo dieciséis. Cuando las esperanzas se habían perdido, divisaron un barco en el horizonte. El 5 de octubre el capitán Arnaud y tres hombres más se hicieron a la mar en una frágil embarcación, tratando inútilmente de alcanzarlo. Al intentar regresar a la isla, algo golpeó la embarcación, haciéndola naufragar. El capitán Arnaud y sus acompañantes fueron tragados por el océano Pacífico.

Para la viuda de Arnaud y otras sobrevivientes, lo vivido hasta entonces era un día de fiesta ante lo que les esperaba. Para su desgracia, solo quedaban cinco mujeres, nueve niños y un hombre, Victoriano Álvarez, un mulato siniestro que se autoproclamó gobernador de la isla. Sometió a las mujeres, abusó de ellas, las obligó a servirle y a cumplir sus más perversos caprichos; las mantuvo en un estado de postración, aterrorizadas, durante casi un año.

Cansadas de tanto sufrimiento, Alicia y el resto de las mujeres decidieron acabar con su vida. Era julio de 1917 y «el suceso final ocurrió a media mañana —escribió Francisco L. Urquizo—; dos de las mujeres hacían la pobre comida; Victoriano, sentado junto a Alicia, le acariciaba soezmente las piernas y los senos; tras de la futura pareja matrimonial, Ángela, con un mazo de hierro, rompía con singular destreza los cocos destinados al festín [...] Un guiño de ojos entre las dos mujeres y el mazo de Ángela fue a dar, certero, en la cabeza lanuda del negro [...] Alicia descargó con rapidez otro golpe en la nuca y otro golpe de mazo asestado por Ángela hizo rodar al negro, echando sangre por la boca».

Y como si la suerte hubiera tenido algo de misericordia con aquellas mujeres, por esos días apareció el *USS Yorktown*, que se encontraba en esas aguas rastreando submarinos alemanes. La pesadilla llegaba a su fin. No sin ciertas dificultades, la tripulación logró rescatar a las sobrevivientes y llevarlas al puerto oaxaqueño de Salina Cruz.

Nadie volvió a acordarse de Clipperton ni de sus víctimas. En 1931 se anunció que el arbitraje al que había sido sometido la isla en 1909 había favorecido finalmente a Francia, así que desde ese año el pinchurriento islote es posesión francesa.

EL HOMBRE DE LOS 180 HIJOS

Hizo una fortuna, literalmente, desde la basura. Era el rey de los pepenadores en el DF, una figura con creciente influencia política y un violador compulsivo. Murió asesinado.

La noticia llegó a la prensa con un leve retraso: Rafael Gutiérrez Moreno, el llamado *Rey de la Basura*, es decir, el líder supremo de los pepenadores en la ciudad de México, había sido asesinado. Tenía 54 años, y sería injusto decir que esa muerte parecía inverosímil en un personaje que había logrado amasar una fortuna así, haciendo negocio con la basura, y luego de dejar a sus espaldas una larga colección de truculencias. Puede que resultara un poco más difícil de creer que el asesinato había sido complotado nada menos que por su esposa, Martha García, 25 años más joven que él. ¿Cómo llegó a semejante fin un hombre que parecía haber logrado romper el dique de la miseria? La explicación requiere cierta pausa.

Rafael nació y creció en el gran vertedero de basura del Distrito Federal, una fábrica de riquezas impensables para quien, como él, fue amo y señor durante 25 años, un largo cuarto de siglo, de las 300 000 toneladas de basura amontonadas ahí, en la marginalidad de Iztapalapa, pero también de los destinos de los 5 000 pepenadores que, sin nada parecido a un contrato formal, hurgaban en la basura en busca de algo aprovechable. Y vaya que se aprovechaban las cosas en esa forma esclavista del reciclaje: casi todo —el metal, las telas, los aceites quemados, la madera, el cascajo, los aparatos averiados— encontraba un nuevo uso o entre esa gente miserable, que incluso se alimentaba de la comida en descomposición, o en la industria mexicana de los 70 y los 80, que llenó los bolsillos de Rafael a razón de 78 millones de pesos diarios, hasta sumar los 11 000 millones que, según un reportaje de la revista *Proceso*, dejó al morir para que se los disputaran entre sus hijos y amantes. Muchos hijos y amantes. Y es que Rafael no solo era desmesurado para acumular dinero.

Sin salir nunca del basurero, un cosmos no tan micro cerrado al mundo, que podía usar con plena libertad, fue desmesurado, también, para edificar: expulsó a los campesinos de la zona y construyó una mansión en 2 000 metros cuadrados. Fue, asimismo, desmesurado para repartir sobornos, y sobre todo favores, entre la jerarquía priista, de ahí las innumerables fotos con la aristocracia tricolor que adornaban las paredes de su casa, varios expresidentes incluidos, y de ahí también que alcanzara una diputación en el sexenio de José López Portillo. Pero el Rey de la Basura era desmesurado, aberrantemente desmesurado, en relación con las mujeres. Adornados los dientes frontales con brillantes, como para no eludir ni siquiera mínimamente el cliché, Rafa dijo siempre, ante quien quisiera escucharlo, que una de sus metas era procrear 180 hijos. Tuvo que conformarse con algo más de 50, producto de numerosos amoríos, matrimonios y, porque en el universo de la pepena su palabra era la ley, de incontables abusos sexuales y violaciones.

Eso fue lo que llevó a su esposa a pagarle a un asesino a sueldo: no era posible, dijo, soportar un minuto más las atrocidades de esa persona «inmunda» con la que había vivido 11 años. ¿Qué contó Martha de esa persona inmunda? Que violaba mujeres compulsivamente y que obligaba a los trabajadores de su reino a entregarle a sus hijas so pena de ser expulsados, cuando no golpeados o asesinados. Que le pegaba sin tregua. Que la tenía encerrada en el palacete de los 2 000 metros; que no la dejaba salir prácticamente nunca. Que había abusado de varias mujeres de su familia, su madre incluida. Y que cuando esa pulsión violadora se extendió a una sobrina de 16 años, decidió ponerle fin a la historia.

Así, junto con sus hermanos, le ofreció seis millones de pesos a Juan Carlos Roque, un joven que sabría eludir la no poca vigilancia que custodiaba a Rafa, brincar la barda, colarse en su habitación y, mientras dormía junto a Martha, descerrajarle tres disparos. Fue el fin del Rey de la basura, que no obstante dejó escuela.

Años después de su muerte, en 2006, los medios narraban un conflicto en las vecindades del tiradero de Santa Catarina. Al parecer, los pepenadores del feudo gutierrista, hartos de abusos, se habían enfrentado a hombres mandados por los mandamases del basurero: Guillermina de la Torre y su retoño, Cuauhtémoc Gutiérrez, otro militante priista que cumplía además con la particularidad de ser uno de los hijos de Rafa. Un hombre que alcanzaría también sus 15 minutos de fama. Y hasta 20. ¿Lo recuerdan? En 2009, el PRI propuso a Patricia Jiménez Case como diputada plurinominal, un nombramiento que le permitía al partido cumplir con la cuota de equidad de género en la Cámara. Sin embargo, Patricia renunció dos días después de asumir el cargo. ¿Quién tomó la estafeta? Cuauhtémoc, por supuesto. Pero si lo olvidaron no se sientan culpables.

Y es que la fama del nuevo rey de la pepena se disparó realmente cuando la periodista Carmen Aristegui nos informó de que usaba su cargo de dirigente del PRI en el DF para beneficiarse de una red de prostitución comandada por él desde esa posición. El método de reclutamiento era francamente eficaz: vía internet, ofrecía trabajo «en una oficina gubernamental del PRI». Requisitos: ser mujer y tener entre 18 y 32 años. Perdió el puesto, pero el Revolucionario Institucional cuida a sus hijos. En 2017 fue nombrado miembro de la Comisión Política Permanente del Consejo Político.

¡GRACIAS POR LOS ZAPATOS!

Los gases lacrimógenos caían a unos metros de la muchedumbre; ojos llorosos, gritos, mentadas de madre, la corredera entre empujones, el olor a mariguana. No, no era una manifestación estudiantil, era un concierto masivo llevado a cabo en los años ochenta.

esde los acontecimientos del 68 y luego del Halconazo del 71, el gobierno mexicano desarrolló una paranoia por todo aquello que propiciara una reunión multitudinaria de jóvenes. El gobierno autorizó el festival musical en Avándaro en 1971 porque se hizo fuera de ciudades importantes, aunque tomó nota de lo que a su juicio fue un desenfreno de alcohol, drogas, sexo y *rock and roll*.

México nunca se negó a los conciertos, pero a los que no representaban una amenaza juvenil. Así, la ciudad de México presentó durante años una amplia cartelera en centros nocturnos como El Patio, en la calle de Atenas en la colonia Juárez; el conjunto Marrakech de la Zona Rosa, que contaba con cuatro salones: Casablanca, La Madelon, Morocco y Valentinos; el Belvedere del Hotel Continental o el Stelaris del Fiesta Americana; desde luego, también los hubo en el Auditorio Nacional.

Pero los artistas por entonces no convocaban a las grandes multitudes, y eso lo sabían Ray Conniff y su orquesta, Lila Deneken u Olga Breeskin, que tenía una forma muy peculiar de tocar el violín: lo hacía en bikini. La presentación de grandes grupos de rock internacionales o la posibilidad de organizar conciertos masivos en estadios de futbol, como se acostumbraba en Estados Unidos o en Europa, era impensable.

En 1981, después de dar mordidas a diestra y siniestra, el empresario José Rota logró lo que se antojaba como un milagro: trajo a México una serie de conciertos masivos con un grupo que se encontraba en la apoteosis de su carrera: Queen. El grupo de la reina había sido convencido de incluir México en la gira de promoción de su disco *The Game*. El regente de la ciudad de México, Carlos Hank González, dijo: «Aquí pueden hospedarse, pero no hay permiso para ningún concierto», así que las presentaciones se programaron para Monterrey y Puebla, aunque los integrantes de la banda permanecieron en el Distrito Federal unos días.

Estaba por concluir el penúltimo año del sexenio de López Portillo y la corrupción estaba a tope; funcionarios de todos los niveles, en todas las instancias, en todos los poderes, importantes o no, querían llevarse su tajada antes de que el barco se hundiera con la crisis económica que se avecinaba. A José Rota, el promotor, todavía le sacaron una lana más: tuvo que pagar veinticinco mil dólares de moches para que en el último momento no le suspendieran la gira.

Queen se presentó en Monterrey el 9 de octubre con el éxito esperado y algo de desorden, pero nada grave. El acabose fue en Puebla: el día del concierto, 17 de octubre, en el Estadio Ignacio Zaragoza las autoridades y los organizadores fueron completamente rebasados por la multitud. Se sobrevendieron los boletos —muchos de los cuales fueron vendidos por Boletrónico, aquel sistema creado para evitar la reventa—; hubo portazo; la gente llegó en decenas de miles para escuchar el concierto fuera del estadio; hubo fanáticos que con boleto en mano se quedaron fuera y otros que sin boleto lograron entrar; los asistentes se emborracharon fuera y dentro del estadio, y se llegó a decir que «la ciudad de Puebla olió a marihuana esa noche».

A pesar del caos, Queen dio un concierto extraordinario, que además fue transmitido en vivo por la estación Radio Éxitos. Pero el público, que se encontraba en un extraño sopor, mezcla de mariguana, alcohol y quién sabe qué otras sustancias, se ofendió cuando, casi para finalizar la presentación, Freddy Mercury volvió al escenario con un sombrero de esos de paja, que cualquier mexicano se pondría en un juego de la selección, pero que en la cabeza de Mercury fue considerado una burla.

El mexicanísimo sentimiento de inferioridad brotó por todos lados; la mayoría de los asistentes se envolvió en la bandera al más puro estilo Juan Escutia, y para salvar el honor nacional de aquella burla, de aquella humillación, la gente comenzó a arrojar al escenario zapatos, botellas, naranjas, basura y todo lo que había al alcance de la mano. El grupo no dejó de tocar, aguantó candela, y al terminar, Mercury se despidió del público diciendo: *Thank you for the shoes! Adios, amigous; you, mother-fuckers! You, bunch of tacos!*

Semanas más tarde, la revista *Gluttons for Punishment* publicó que, por consenso general, el grupo de ayudantes de Queen designó a México como la parte «más horrenda de la gira debido a las trabas burocráti-cas, corrupción, instalaciones obsoletas, comida rara y agua de dudosa pureza».

Y para acabarla de amolar, Roger Tylor expresó en una entrevista: «Estoy muy contento de haber regresado de México; dificultades has-ta decir basta, autoridades nefastas, policía corrupta, comida venenosa, peligro constante de muerte, pero aparte de eso, ¡todo estuvo maravillo-so!». No regresaron nunca más.

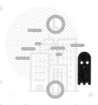

LA BELLA Y LA BESTIA

Una popular actriz mexicana, una estrella de Hollywood y el capo de capos del narco mexicano, es decir, Kate del Castillo, Sean Penn y el Chapo Guzmán, se encuentran en la sierra. Todos pierden.

N o estaban destinados a encontrarse.

Chilanga del año 72, hija de actor, nació diseñada para la pantalla. Debutó a los ocho años en la película *El último escape*, y se hizo famosa a los 19 con la telenovela *Muchachitas*. Un año después se llevaba el protagónico de *Mágica juventud*. Se sucedieron *Imperio de cristal*, *Azul*, *Alguna vez tendremos alas*, entre las telenovelas, y otras 27 películas, desde *Amor que mata* hasta *American Visa*, junto a Demián Bichir, y desde *Reclusorio* hasta *El crimen del Cácaro Gumaro* y *El libro de la vida*, con Diego Luna y Zoe Saldaña.

Hijo de gomero, como se conoce al cultivador de opio sinaloense, tres lustros mayor que ella, él abandonó la escuela para sembrar mariguana a los 15. Siguió una carrera no menos ascendente, aunque en terrenos muy distintos. En los 80 se sumó a la organización de Miguel Ángel Félix Gallardo, llamado *El Padrino*, líder del Cártel de Guadalajara y principal traficante de cocaína del país. Tras la detención de este, el 89, se trasladó de nuevo a su tierra, Sinaloa, para fundar el cártel del mismo nombre, ya como líder del narcotráfico en México no indiscutido —porque la rivalidad con el Cártel de Tijuana, de sus excompañeros los hermanos Arellano, teñía de sangre las calles—, aunque sin duda no derrotado.

No, Kate del Castillo y *el Chapo* Guzmán no parecían destinados a encontrarse. Pero se encontraron.

En 2015 ella estaba en pleno. Había tenido dos matrimonios fallidos, con el exfutbolista y conductor televisivo Luis García, en medio de acusaciones de violencia familiar, y con el actor y cantante Aarón Díaz, del que se divorció en 2011, un par de años después de la boda. Pero lo profesional era caso aparte. Sobre todo, había multiplicado su fama, ya más que notable, gracias a *La Reina del Sur*. Producida por Colombia y México para Telemundo, basada en la muy popular novela de Arturo Pérez-Reverte, la serie con formato de telenovela, o viceversa, narra la historia en varios países de una mexicana que logra convertirse en la jefa de jefas de una organización mafiosa con alcances transnacionales. Tuvo un éxito sin precedentes, y un éxito así: en varios países.

El Chapo, en cambio, no las tenía todas consigo. Se había burlado hasta cansarse del Estado mexicano, sin duda. Detenido en el 93 en Guatemala, se fugó de la cárcel en 2001. Y así, prófugo, gobernando su organización desde quién sabe dónde, pero cruel y eficazmente, con unos tres mil muertos en su equipaje, fue subiendo en diversos *rankings*, como si de un tenista se tratara: el segundo más buscado en la lista del FBI, el número 67 entre las personas más poderosas, el más buscado por el FBI tras la muerte de Bin Laden, entre las fortunas consignadas por *Forbes*... Pero la clandestinidad es dura. En febrero de 2014 volvió a ser capturado, captura que duró hasta 2015, cuando escapó vía ese túnel propio de ingenieros capacitados y custodios de prisión ciegos y sordos. En adelante estuvo a salto de mata, con la administración de Enrique Peña Nieto ansiosa de cobrárselas y caras. Terminó detenido otra vez en enero de 2016 y despachado por avión a Estados Unidos, donde sus abogados dicen que las muy duras condiciones de encierro lo están volviendo loco, y donde vivió un juicio largo, caro y que no será el último. Pero antes cumplió con uno de sus sueños: conocer a la Reina del Sur.

«¿A quién se le ocurre, mijita?», dan ganas de preguntarle a Kate, y por varias razones. En 2012 tuiteó con destino al Chapo, el de los tres mil muertos: «¿No sería maravilloso que usted empezara a traficar con amor?», luego de decir que le tenía más confianza que al gobierno de México. Y recibió contestación. Flores, nada menos. Y se fueron como hilo de media: una avalancha de correos dizque encriptados (realmente no existe tal cosa, como pudimos comprobar: correo significa correo público, potencialmente al menos) y hasta cartas manuscritas con diálogos ya muy bien conocidos gracias a que los popularizó la inteligencia mexicana, que estaba sobre la pista. Ella promete llevarle de su tequila; él le dice que bebe whisky: «Bucana». «Te confieso que me siento protegida por primera vez», le dice ella luego de que el capo, embelesado, asegura que la cuidará «más que a sus ojos».

Pero hubo uno que no la cuidó ni tantito. A Kate se le ocurrió aprovechar la exclusiva que tenía a tiro para hacer algo en la pantalla con la vida del Chapo. Y le salieron novios. El más famoso: Sean Penn. El actor y activista le pidió que lo llevara a conocer al narco. Ella, enamorada, según confesó después, accedió. Penn, que nunca ha sido sospechoso de apreciar a nadie distinto de él mismo, fue congruente con su imagen. Acreditado por la revista *Rolling Stone*, sin avisarle a su enamorada, subió a la sierra no con vistas a producir nada, o no primordialmente, sino para entrevistar al Chapo. Todos, decíamos, perdieron. Ella, a la que agarró por sorpresa lo de la entrevista, y por lo tanto no tuvo la previsión de acreditarse por algún medio, acabó arrinconada por el gobierno mexicano, que le mandó a la PGR. El Chapo acabó recapturado, quién sabe hasta qué punto por la intercepción de esas comunicaciones. La *Rolling Stone* sufrió un severo descrédito por el dudosísimo, llamémosle reportaje, de Penn, verosímilmente señalado como mentiroso por Kate. Y Sean Penn acabó, infructuosamente, por tratar de detener la difusión de una miniserie documental, *El día que conocí al Chapo*, en el que la Reina se deja ir sin rubores con su testimonio. Que ponía en riesgo su vida, argumentaba el actor, uno de los chicos rudos de Hollywood.

Bueno, no, no todos perdieron: ganó Netflix.

«¡SOLIDARIDAD, VENCEREMOS!»

Hay términos que el gobierno manosea tanto que acaba por dejar-los huecos, sin sentido, y les otorga una connotación peyorativa, como logró hacer el expresidente Carlos Salinas de Gortari con la palabra «solidaridad».

Trabajando, Manuel, trabajando»: famosa se hizo esta expresión a partir de 1989, cuando comenzó un bombardeo mediático del gobierno salinista para posicionar el famoso Programa Nacional de Solidaridad que, a la vista, era un proyecto noble por medio del cual el gobierno y la sociedad se unían con un mismo fin: sacar al país del rezago y la pobreza, pero que, viéndolo detenidamente, no era otra cosa que un programa asistencialista, electorero y clientelar para reposicionar al PRI luego de la paliza que había recibido en la elección presidencial de 1988 por parte del Frente Cardenista, pero que gracias a Manuel Bartlett, secretario de Gobernación, había logrado mantener el poder mediante un escandaloso fraude.

Así, de la noche a la mañana, y solo para empezar, la radio, la televisión y el cine se llenaron de una serie de comerciales cursis y sensibleros en los que el espectador veía al campesino Manuel trabajando la tierra y contándole a su compadre que se había unido con otros campesinos en «solidaridad» y les habían otorgado crédito a la palabra; en otro, se veía que el joven Jacinto llegaba a ver a don Beto para decirle «Ya tenemos carretera... la carretera que hemos esperado por tantos años» —con ojo Remi para conmover al espectador—; desde luego, la carretera era gracias al comité de solidaridad que habían formado en la comunidad. «Quiero ser pasante de ingeniero», decía uno más que anunciaba becas a futuros profesionistas para que hicieran su servicio social dentro del programa. Incluso, varios comerciales fueron grabados en lenguas indígenas y se transmitían todo el día, a toda hora.

Por entonces estaban de moda los videoclips musicales con causa, como el famoso *We are the world*, realizado para recaudar fondos a favor de África, por lo que se creó el mexicanísimo clip *Solidaridad*, interpretado por los artistas de moda. En las pantallas aparecían Lucía Méndez, Verónica Castro, Manuel Mijares, Angélica María, Daniela Romo, Rocío Banquells, Vicente Fernández, Lola Beltrán, grupos como Garibaldi y Pandora, Rigo Tovar, entre otros.

La letra de la canción no tenía desperdicio, era chabacana y patriotera; hablaba de la grandeza de México a partir de la solidaridad —pero la del gobierno de Salinas—, y se echaba una que otra perlita como: «Hijos de una misma madre/bien vestida en tres colores» —la virgen de Guadalupe—; «nuestro enemigo la pobreza/hay que acabarla con destreza», o «gobierno y pueblo hacen la fuerza/el campesino y la gran empresa/unidos por naturaleza». Nadie puede negar que el coro era pegajoso «Solidaridad, venceremos...», y el hecho de que el videoclip fuera transmitido por tele abierta todas las noches, durante un año, hizo que la canción se quedara en la memoria colectiva hasta la eternidad.

Pero la apoteosis del programa llegó el 11 de enero de 1990, cuando el presidente Salinas decidió darse un buen baño de pueblo y pasar una noche en Valle de Chalco —sitio donde había lanzado el programa—. Como era previsible, el séquito del presidente le echó su manita de gato a la casa seleccionada, que en lenguaje político significó que la remodelaron de la A a la Z; le pusieron piso, azulejos, colocaron los muebles del baño, quitaron las láminas de cartón, resanaron, pusieron tirol en los techos, piso de cemento, puertas de madera y banqueta a la entrada. Así quedó la casa de Clavelines 116, que fue la residencia oficial del presidente por una noche... y luego algunas más.

Salinas se presentó en Valle de Chalco cuando ya había caído la noche; llegó como si fuera tlatoani en ceremonia del fuego nuevo. Todo el *show* tenía que ver con que a finales de 1989 había prometido a los vecinos que llevaría la luz al Valle, y esa noche, acompañado por cientos de vecinos, literalmente se hizo la luz, cuando accionó la palanca de encendido. Luego, un grupo de personas con 300 antorchas iluminó la palabra Solidaridad como tributo al tlatoani. Acto seguido se fue a la casa que le habían destinado y que era propiedad de doña Cristina Domínguez y Juan Hernández.

La presencia de Salinas en la modesta casa de doña Cristina fue como si la hubiera besado el diablo, porque cuando pasó la solidaria euforia la gente del gobierno obligó a doña Cris a vender su propiedad en contra de su voluntad. Tuvieron que amenazarla porque el gobierno quería abrir ahí el Museo del Pronasol, lo cual nunca ocurrió; el inmueble se utilizó como oficina municipal y fue abandonado en 1994.

Doña Cristina ya no pudo regresar; le ofrecieron una bicoca por ella y un trabajo, los cuales nunca llegó a ver, por lo que tuvo que empezar de nuevo en otro lado, mientras a lo lejos se escuchaba: «Solidaridad, venceremos...».

LA CIRUGÍA PLÁSTICA Y EL GÁNSTER

Fue el rey indiscutido del narco en México entre los 80 y los 90, un hombre famoso a su pesar y socio de Pablo Escobar. Nadie lo podía detener... Hasta que se le atravesó una cirugía plástica. Amado Carrillo, el Señor de los Cielos.

Uno de los personajes recurrentes de la muy exitosa serie *Nip Tuck*, transmitida entre 2003 y 2010, es Escobar Gallardo, un narcotraficante que, entre otras cosas, en la temporada cuatro recibe de los médicos protagonistas una cirugía facial para esconder su identidad. Con eso, aunque sin su nombre, Amado Carrillo, uno de los grandes señores del narcotráfico mexicano durante los años 90, alcanzaba su consagración internacional, y no es que antes anduviera corto de fama.

Amado Carrillo Fuentes perteneció a la larga estirpe de capos del narco nacidos en Sinaloa, gente que va rápido por la vida. Él fue rápido. Nacido en Navolato en 1956, en los años 80 era ya socio de Pablo Escobar Gaviria, el supermafioso colombiano. Una sociedad muy próspera y hasta donde sabemos cordial, en la que el colombiano producía la coca y el mexicano la distribuía, pero orquestada entre personajes muy diferentes. Escobar, como es más que sabido, tendía a la ostentación: ejecutaba a rivales o políticos enemigos sin pudor, acumulaba propiedades, rompía récords de trasiego hacia Estados Unidos con operaciones aventuradísimas, acumulaba especies exóticas —leones, hipopótamos,

jirafas— en su rancho, compadreaba con el Ministerio del Interior cubano y con los sandinistas en Nicaragua, siempre necesitados de dólares
frescos. Carrillo era todo lo opuesto. Vestido a menudo formalmente y
con sobriedad —no era imposible verlo con traje y corbata—, embigo-
tado, a ratos hasta con un cierto aire de burócrata inofensivo, hacía lo
indecible para no aparecer en los medios, lo que incluía una relativa austeridad en las costumbres, bastante dinero gastado en sobornos y una
propensión a negociar que francamente cada vez parece más inusual en
el crimen organizado mexicano —sin que ello lo mantuviera, por supuesto, libre del pecado de violencia.

Se le llamaba, como es sabido, el Señor de los Cielos, por la respe-
table cantidad de aviones que usaba para el contrabando de drogas.
Fue sobrino de otro conocido traficante, Ernesto Fonseca, *Don Neto*, el
socio de Rafael Caro Quintero que acabó tras las rejas por el asesinato
de *Kiki* Camarena, el agente de la DEA, en el año 85. Fue Carrillo, sobre
todo, amo y señor del Cártel de Juárez, que no fundó, pero que heredó
justamente de su tío. Y vaya que aprovechó la herencia. Bajo su mando,
Juárez controló la práctica totalidad del país desde finales de los 80
hasta los últimos 90, cuando a su líder se le atravesó, justamente, una
cirugía. Una cirugía estética.

El 5 de julio del 97 la prensa mexicana, que tantas y tantas páginas
había dedicado al capo de capos —a su eficacia, a su capacidad única
para sortear a la justicia, a sus aviones—, daba la noticia con perplejidad:
la foto que veíamos, esa foto de un hombre muerto, hinchado hasta una
deformidad inexpresable, con algo de momia en la quietud horrible del
rostro, lleno de heridas, era del cuerpo de Amado Carrillo. El Señor de los
Cielos, tan esquivo, tan decidido y tan ocurrente siempre a la hora de
sortear a las autoridades, había llegado a la clínica de Santa Mónica con
una instrucción clara para los cirujanos: quería un rostro nuevo. Como
esa vida que quiso discreta y lo volvió famoso, la foto se hizo icónica.
Intentando desaparecer, otra vez, Amado Carrillo Fuentes se hizo más vi-
sible que nunca. La vocación de olvido lo hizo inolvidable. No sobrevivió
al quirófano. Tenía 41 años. Lo dicho: vivió rápido.

A su muerte, tomó la estafeta su hermano y socio Vicente, en lo que
fue el inicio de una decadencia larga y sostenida para la organización.

Y es que el Cártel de Juárez tenía competencia: le disputaba el negocio el de Sinaloa, dirigido en ese momento por un tal Joaquín *el Chapo* Guzmán, el narco que lograría derrocar a Amado Carrillo no solo en la supremacía en el negocio, sino también en popularidad. Pero la historia no se detiene ahí: mientras Vicente iba a la guerra en varios frentes —no fue el Cártel de Sinaloa su único enemigo—, el cadáver de Amado seguía dando señales de actividad. La familia logró llevárselo de la ciudad de México a Sinaloa para que su madre pudiera despedirse en una ceremonia como él la hubiera querido: discreta, íntima. No lo fue. Justo cuando doña Aurora reconocía el cadáver de Amado, un grupo de hombres con armas y uniformes irrumpieron, cargaron con el féretro y lo pusieron en el camino de regreso hacia la capital. Si la señora quería recuperarlo, tenía que hacer el viaje al Altiplano.

El final de Amado Carrillo invita, por supuesto, al complotismo. ¿Y si el Señor de los Cielos, lejos de haber muerto en el quirófano, fingió su muerte para escapar del país y está en Estados Unidos, en el programa de protección de testigos? ¿Y si, en fin, esa operación que nunca ocurrió fue realmente su última gran estratagema, su pasaporte hacia una jubilación lujosa y apacible en Argentina o en Chile? Tal vez nunca lo sepamos. Sabemos, en cambio, que los médicos que lo operaron aparecieron muertos, previa tortura, en grandes botes llenos de cemento, cuatro meses más tarde. El cadáver del capo seguía pataleando.

TODA UNA DAMA: LOS RESTOS DE VILLA

En México, los héroes difícilmente descansan en paz; hasta el sueño de los justos les da insomnio y ni siquiera en los sepulcros pueden encontrar el descanso eterno. Pancho Villa no fue la excepción.

El 18 de noviembre de 1976, el Monumento a la Revolución —que no fue planeado para ser monumento y menos para ser mausoleo— recibió un nuevo huésped: Pancho Villa o, mejor dicho, lo que quedaba de él. Sus restos habían sido exhumados del panteón de Hidalgo del Parral, donde fue sepultado en 1923 —estaban en muy malas condiciones; «muy deteriorados» según una crónica de *El Sol de México*.

«Con un recogedor sacaron del féretro los restos del esqueleto, los cuales fueron colocados en una urna que se trasladó a Durango y luego al DF», escribió el reportero Óscar W. Ching. Lo único que faltó fue su cráneo, pero a pesar de todo Villa llegó con bien a la capital del país, el Congreso de la Unión le dedicó una sesión solemne y luego fue depositado en el Monumento a la Revolución.

Aunque todo el proceso se hizo «oficialmente», al parecer los restos a los que se le brindaron honores y que hoy se encuentran en la Plaza de la República, en una de las columnas del que debía ser el palacio legislativo porfirista, no son los de Francisco Villa; lo más probable es que sean de «Francisca».

El 20 de julio de 1923 Pancho Villa fue asesinado en Hidalgo del Parral, Chihuahua, en una emboscada al más puro estilo revolucionario. Desde tiempo atrás, el Centauro tenía dispuesta su tumba en la ciudad de Chihuahua, pero el gobernador se negó a que trasladaran su cuerpo a la capital del estado para evitar tumultos y zafarranchos. A la familia de Villa no le quedó más remedio que sepultarlo en el panteón de Dolores de Parral, el 21 de julio, en la fosa con el número 632.

Pero Villa estaba lejos de descansar en paz. La noche del 5 al 6 de febrero de 1926 su cuerpo fue profanado: le cortaron la cabeza y se la llevaron. Según algunos indicios, el responsable fue un militar llamado Francisco Durazo Ruiz, quien para acabarla de amolar era un ancestro del corruptísimo Arturo *el Negro* Durazo —herencia de familia—. Hombre de no muchas luces, al parecer a sus manos llegó un cartelón que decía: «5 mil dólares por la cabeza de Villa» —de los que circularon cuando los gringos lo persiguieron en 1916— y se lo tomó literalmente. Así que se le hizo fácil ir por la cabeza de Villa.

El asunto de la cabeza fue un desastre. Durazo iba muy feliz camino a Estados Unidos a cobrar la recompensa, pero se encontró con el general Arnulfo R. Gómez, a quien casi se le salen los ojos cuando vio la cabeza del Centauro. De inmediato le ordenó deshacerse de ella, porque estaba de por medio el honor del Ejército mexicano. Triste y desconsolado, Durazo se la dio a uno de sus hombres para que la sepultara y ya no volvió a saberse más de ella. Dicen que está enterrada en la Saláices, Chihuahua.

El cuerpo decapitado fue enterrado nuevamente en la misma fosa, la 632, pero en 1931, a Austreberta Rentería, una de las viudas del general, le entró la preocupación por el descanso eterno de su marido, así que con ayuda de Pedro Alvarado exhumó en secreto sus restos y los inhumó en la fosa número 10, en el mismo panteón de Parral.

¿En qué momento Francisco se convirtió en Francisca? Todo ocurrió en 1931. Según refiere Paco Ignacio Taibo II, en marzo llegó a Parral una mujer que iba rumbo a Estados Unidos para atenderse el cáncer, pero no le dio tiempo y falleció. Como no tenía papeles que permitieran su identificación, iba a ser sepultada en una fosa común, pero doña Austreberta se las arregló para que la enterraran en la tumba original de Villa —la fosa 632 que se encontraba vacía—. Nadie sabe, nadie supo, pero seguramente tuvieron que cortarle la cabeza para no levantar sospechas.

No se dijo nada de los restos de Villa hasta 1976. Su exhumación fue un gran acontecimiento y se hizo con toda solemnidad y respeto el 17 de noviembre. Estaba por terminar el sexenio del presidente Luis Echeverría, pero eso no importó para que viajaran a Parral el general de división Félix Galván López —que sería nombrado secretario de la Defensa Nacional por el presidente López Portillo—, el general Mario Oliver Bustamante como representante de la Secretaría de la Defensa, el presidente municipal de Parral, un notario público y un delegado sanitario.

Los restos fueron exhumados de la fosa 632 porque todos los documentos señalaban que ahí estaba Villa desde 1923, a pesar de la profanación de 1926 —desde luego no había registros del cambio hecho por la viuda del general en 1931.

Nadie vio o nadie quiso ver que entre los huesos había botones de carey, un rosario en las manos del cadáver y tela de encaje, elementos muy femeninos para alguien como Pancho Villa. El médico ginecobstetra René Armendáriz, director del hospital local, comentó al vuelo que el hueso sacro le parecía el de una mujer joven. Aún así, todos guardaron silencio. Terminó la exhumación, depositaron los restos en una urna y al día siguiente, mientras se escuchaban los compases de la *Marcha de Zacatecas* y se cantaban corridos sobre Pancho Villa, los restos de Pancha fueron depositados en el Monumento a la Revolución, paradójicamente junto a los restos de los enemigos históricos de Villa: Venustiano Carranza y Plutarco Elías Calles.

¿SOMOS LO QUE COMEMOS?

México se distingue por la versatilidad, la riqueza, el barroquismo sincrético de su gastronomía. Conformes. Pero hemos ido demasiado lejos. Aquí, un llamado a recapacitar.

D e acuerdo: somos una potencia gastronómica. A una variada, imaginativa, provocadora cocina popular, que va de la austera y prodigiosa carne asada al marisco sinaloense, al mole oaxaqueño, al panucho como síntesis perfecta de lo untuoso, lo crujiente y lo que pica, se suma una alta gastronomía cada vez mejor ranqueada, la de Enrique Olvera, Mikel Alonso, etcétera, que ha atinado a recuperar esa tradición, combinarla con otras llegadas de Europa u Oriente y sobre todo con la cocina de autor, para crear prodigios. Súmenle atrevimientos perfectamente eficaces, mestizajes irreprochables como el mexsushi —el sushi mejorado con aguacate, chipotlito, su queso crema—, la hamburmex —esos lamparones de mayonesa de frasco, esos jalapeños irreprochables—, o la sofisticación extrema de la cocina azteco-libanesa: cebollita y serranos crudos, finamente picados, para el humus.

Pero esa conciencia de nuestro poderío tiene un efecto al menos dudoso: el exceso de entusiasmo, de confianza; ese jugar sobrado. Las redes sociales reproducen varios ejemplos de nuestros excesos imaginativos, pero es altamente probable que ustedes hayan sufrido alguno en sus aventuras culinarias. Caso 1: si existen la torta de tamal y la de chilaquil (guajolota y tecolota, respectivamente), ¿por qué no una torta de flautas? Leyeron bien. Se venden en la muy chilanga Colonia Roma, y hasta tienen nombre, sin duda bien buscado: tórtolas. Sí: tacos fritos en abundante aceite —la flauta es *deep fried* o no es—, alargados, metidos en un pan. Carbohidrato al cuadrado. O al cubo, si las flautas las pides rellenas de papa. ¿Esta redundancia garnachera es la más radical de la escena gastronómica patria? Difícilmente. En Santa Clara, Michoacán, patentaron hace tiempo la torta de tostada. Teóricamente, la tostada es lo que da el punto crujiente que la mayoría encontramos en las papas de bolsa que rellenan los sándwiches del OXXO.

Pero no son estos los únicos patadones al pesebre de la tradición gastronómica. Si ya mejoramos la hamburguesa, ¿por qué no ir un poco más lejos y reforzar su relleno mestizo, la carne, el cátsup, la mayonesa, con un chile en nogada? Claro que no es este el atentado más serio contra un platillo, poblano para más datos, que es el único que podría equipararse en sofisticación al mole. La segunda vez que uno de los autores de este libro, Alejandro Rosas, tuvo la tentación de incurrir en un acto de violencia física fue cuando se enteró de que hay una receta vegana, alternativa a la tradicional (la primera vez fue cuando oyó del pozole vegetariano, hecho con champiñones: «¿Por qué lo llaman pozole y no sopa de hongos?»). La receta indica que la carne molida debe sustituirse con «dos tazas de quinoa», una sustancia de origen vegetal que tiene que remojarse por horas para reducir el riesgo de ahogamiento en la víctima. Entendemos la indignación contra esa receta de guacamole de Melissa Clark, del *New York Times*, que propone sumarle un puño generoso de ¡chícharos! Pero, mexicanas, mexicanos, tenemos que acostumbrarnos también al sano ejercicio de la autocrítica.

Porque convertir una concha en una «manteconcha», o sea, un mestizaje de concha y mantecada, no parece un ejercicio reprochable, aunque sí tiene un desenlace discutible. No solo sabemos que las manteconchas se inventaron en Querétaro, en la panadería El Manantial, sino incluso el nombre del autor de este taquillerísimo pan: Josué Rivera. Y, no obstante, fue Óscar José Méndez, de Tlalnepantla, Estado de México, quien registró el nombre en el Instituto Mexicano de la Propiedad Intelectual, en un cuestionable madruguete panadero. Pero hay iniciativas discutibles desde su origen. Porque una cosa es combinar la mantecada con la concha o rellenar una concha con frijoles, y otra convertir una concha en hamburguesa. Existen. Se llaman «conchaburgers» y son una versión *reloaded,* moderada, de la fallida «donaburger» y el infame «pan de muerto burger». De veras, ese queso amarillo derritiéndose sobre las costras de azúcar es inadmisible.

¿Tienen seguidores estas aberraciones? Es plausible. Después de todo, unos llamativos anuncios espectaculares se han multiplicado por el territorio nacional con la siguiente imagen: una concha partida por la mitad y un tetra brick amarillo dejando caer un chorro de mole industrializado en la mitad de abajo. Nada indica que alguien se haya tomado la molestia de calentarlo antes.

Pero si hablamos de frío, la prueba irrefutable de que hemos llegado más lejos de lo que debíamos, de que es momento de hacer una pausa en el camino y recapacitar, es que una heladería de Oaxaca creó el helado de taco al pastor. Como lo leen, estimados lectores. Todo: la cebolla, el cilantro, el manguerazo de limón y, claro, la carne de puerco, o sea, la carne de puerco con su grasa cuajada en una plancha de hielo, se pica y mezcla con leche. Eso sí, la piña es opcional.

Aunque los nuevos tiempos traen también posibilidades promisorias. Generaciones de mexicanos han dejado una lanita en la tienda de la esquina para comerse un Pelón Pelo Rico, ese dulce de tamarindo que puede parecer un emblema de la mexicanidad, pero que fue comprado hace tiempo por una compañía extranjera. ¿La respuesta patriótica? Un dulce de tamarindo ofrecido en un dispositivo similar y enriquecido con un ingrediente extra: mariguana. Se llama «Pelón Pone Rico». Se fabricaba en Ecatepec, hasta que un operativo desmanteló la fábrica. Pero que nadie se abandone al derrotismo. Son tiempos despenalizadores. No descartemos un relanzamiento.

GOBERLADRONES

«Oiga, pero si la Constitución Política de los Estados Unidos Mexicanos dice "gobernadores", no "virreyes"».

Se dice que la siguiente reunión de gobernadores (Conago) se hará en la penitenciaría. No, no es un chiste: desde el año 2000, sexenio tras sexenio, el número de delincuentes que han llegado a ser gobernadores ha ido en aumento.

Para nadie es un secreto que vivimos en un sistema político que hizo de la corrupción una cultura. Presidentes corruptos, diputados y senadores corruptos, líderes sindicales corruptos, cuerpos de seguridad corruptos, sociedad corrupta... los gobernadores no podían ser la excepción. La diferencia es que, en los últimos años, rebasaron cualquier límite imaginable.

Durante el siglo XX los gobernadores también fueron corruptos —el sistema no era distinto—; la diferencia con los actuales es que había límites y los límites eran respetados. En México nunca se ha entendido la naturaleza del federalismo, ni a la democracia, pero en la formación del Estado posrevolucionario poco importaba. Los gobernadores, «medio caciques, medio caudillos militares, medio nuevos ricos hechos a imagen y semejanza del presidente de la república», fueron necesarios para consolidar el sistema político.

No eran gobernadores, eran caciques revestidos de legalidad que simulaban haber sido electos democráticamente. Todos eran miembros del mismo partido (PNR-PRM-PRI), podían decidir sobre sus estados, hacer negocios desde el poder, pasarse las leyes por el arco del triunfo, mover y remover autoridades locales, elegir sucesor. Podían hacerlo todo con una sola condición: su lealtad y disciplina al presidente de la República debía ser absoluta.

Personajes como Gonzalo N. Santos, Maximino Ávila Camacho, Tomás Garrido Canabal, Leobardo Reynoso, Rubén Figueroa, transformaron los estados de la federación en cacicazgos, y en algunos casos llegaron a crear dinastías como si fueran monarcas: los Cárdenas en Michoacán, los Ávila Camacho en Puebla, los Figueroa en Guerrero, los Alemán en Veracruz, los Del Mazo en el Estado de México, y más recientemente los Moreira en Coahuila o los Murat en Oaxaca.

En 1939, a instancias de Maximino Ávila Camacho se creó el Bloque de Gobernadores de la República Mexicana. El cacique poblano quería mostrar músculo frente al presidente, y más cuando el sucesor de Cárdenas sería su hermano Manuel. Pero los gobernadores querían, primero que nada, mantener su poder regional.

En 1943, Gonzalo N. Santos asumió la gubernatura de San Luis Potosí y la presidencia del bloque, y demostró que la disciplina rendía sus frutos: logró que el periodo para gobernador se extendiera de cuatro a seis años; que la federación perdonara deudas de los estados y que el presupuesto para los estados aumentara.

La disciplina de los gobernadores fue completa: sabían que si no contaban con la voluntad del presidente su poder no valía un centavo. No pocas veces fueron removidos arbitrariamente, sin importar la ley, solo por decisión presidencial. Los dos presidentes que más gobernadores removieron en el siglo XX fueron Lázaro Cárdenas, con 19, y Carlos Salinas de Gortari, con 17. Pero de 1934 al 2000 no hubo un solo presidente que no quitara gobernadores: Ávila Camacho quitó a 7; Alemán a 15; Ruiz Cortines, 9; López Mateos, 3; Díaz Ordaz, 2; Echeverría, 9; López Portillo, 6; De la Madrid, 6. Desde luego, la sustitución del gobernador depuesto no se realizaba por los mecanismos que marcaban las constituciones locales, también era decisión del presidente.

Con la alternancia presidencial que llegó en el año 2000 se desmoronó la unidad y la disciplina interna del PRI, piezas claves en la estabilidad política del siglo XX. El presidente, que era el eje del sistema, dejó de serlo. A los gobernadores les brillaron los ojitos: reivindicaron su poder local frente al nuevo jefe del ejecutivo federal. Ya no tuvieron que rendirle cuentas al presidente y perdieron el miedo a ser destituidos por la voluntad de una persona.

De ese modo se erigieron como los representantes del viejo autoritarismo y consolidaron verdaderos cacicazgos, donde la voluntad del gobernador, con carro completo o mayoría absoluta en el congreso local —como en los viejos tiempos—, dispone del destino de su estado, de sus recursos y de sus gobernados.

En los estados aún prevalecen los viejos mecanismos electorales: compra de votos, coacción, sufragio corporativo, utilización de recursos públicos para favorecer al candidato del gobernador, acoso a la oposición, manipulación de los órganos electorales que, de acuerdo con la ley, deberían actuar con independencia y autonomía.

Los gobernadores del siglo XX son nuevos virreyes sin ningún límite. No es un azar que del año 2000 a la fecha la mayoría de los gobernadores que han pasado por los estados de la República hayan sido denunciados por corrupción, impunidad, enriquecimiento ilícito, abuso de poder, tráfico de influencias y colusión con el crimen organizado.

Luego de conocer casos como los de Javier Duarte y sus empresas fantasmas; Fausto Vallejo acusado de tener nexos con el narco; desfalcos como el de Rodrigo Medina en Nuevo León; enriquecimiento ilícito como el de Guillermo Padrés en Sonora; la corrupción de Humberto Moreira; Ángel Aguirre y la desaparición de los 43 estudiantes de Ayotzinapa; Eruviel Ávila y los feminicidios en el Estado de México; Manuel Velasco y el nepotismo en Chiapas; Granier con sus 400 pares de zapatos y mil camisas en Tabasco; o 26 gobernadores que durante el sexenio de Peña Nieto han sido señalados por corrupción, tráfico de influencias, desfalco, abuso de poder y crimen organizado, la conclusión no puede ser más clara: la próxima reunión de gobernadores sí debe llevarse a cabo en una prisión de alta seguridad.

FEALDAD PARA LA ETERNIDAD

Nos enorgullecemos de nuestro patrimonio artístico, histórico, cultural. Tal vez para compensar un poco, para evitar que el mundo se retuerza de envidia, decidimos hacer también algunos de los monumentos más feos del planeta.

Los mexicanos siempre pensamos que era imposible desarrollar un monumento más aberrante que la famosa Cabeza de Juárez, en Ciudad Nezahualcóyotl. Los chilangos la conocemos bien, pero recomendamos a los visitantes que se den una vuelta: no todo en los viajes puede ser belleza. Apoyada en cuatro pilares, la estructura gigantesca culmina en una cabeza que algo se parece a la del Benemérito, sí, sobre todo en el peinado de raya a un lado y la seriedad hierática que se le atribuye siempre al homenajeado, pero que es perturbadora por aquello de que está un poco fuera de proporción, de que es obsesivamente angulosa, y sobre todo de que parece maquillada para un desfile de *drag queens*. La encargó, quién más, Luis Echeverría, el año 72, para celebrar el centenario de la muerte de don Benito. Era un proyecto ambicioso. Debían intervenir arquitectos, escultores, ingenieros, por supuesto el pueblo bueno arrimando el hombro, y debía culminar la obra nada menos que Siqueiros, con murales de clase mundial. Pero don David Alfaro no andaba bien de salud por aquellas fechas, así que todo quedó en manos de su cuñado, Luis Arenal. Y pues no, no fue lo mismo. A la fealdad estructural se suma la pictórica. Casi diríamos: la cosmética.

¿Cómo le ganas a semejante ejercicio de fealdad monumentalista? Parece imposible, pero en realidad hay varias respuestas. Por ejemplo, arrastrar por los suelos la figura del otro gran prócer del liberalismo mexicano, ese otro demócrata a carta cabal que fue Francisco I. Madero. Eso hicieron en su estado natal, Coahuila, donde descansa, entre dos amplias avenidas, un coloso plateado, rectangular, lleno de perforaciones, con el nombre y el semblante del revolucionario. El Rallador de queso, se le llama, y no hay manera de cuestionar ese rebautismo popular, como casi todos los rebautismos populares. Recuerden que el monumento del Bicentenario en la Ciudad de México, caro como el caviar, tuvo por años el nombre de Suavicrema, y lo merecía: es un rectangulote blanco y cuadriculado que de todas formas nunca pudo competir en protagonismo con las torres comerciales inacabables que distinguen hoy a Paseo de la Reforma a la altura de la Colonia Cuauhtémoc.

Pero si Madero puede competir con Juárez, qué decir de ese como robot gigante japonés, el rojo, el que parece esperar a que un terrible monstruo marino salga a la superficie para salvarnos del Apocalipsis. Claro que, pensándolo bien, no resulta muy intimidante. En realidad, se llama Guerrero Chimalli, costó 34 millones de pesos y causó no pocas polémicas cuando asentó sus reales ahí, en Chimalhuacán, un enclave del Estado de México que, con todo respeto, de por sí no podía permitirse muchas más parcelas de fealdad. Mide 60 metros, que no son pocos, tiene una especie de sombrero de tres picos que no se entiende bien, algo que no sabemos si es un hacha de obsidiana y un escudo. Los blogueros mala leche hacen montajes fotográficos en los que aparece peleando con Ultra Seven o Mazinger Z, un primo cercano que, a diferencia suya, sí tiene facciones.

Hablando de criaturas del ámbito fantástico, tenemos, o más bien tuvimos, lo que parece una estatua al invasor extraterrestre en Ciudad Madero, tristemente desaparecida. En la foto, parece una piñata de las mal hechas. Es de un verde intenso, parece atrapada en una andadera roja para niños que no da pistas sobre su identidad —¿la representación de una nave espacial?—, y es del todo coherente con los secretos que guarda la región, donde, como pueden comprobar los lectores con un devaneo rápido por la red, se esconde una base extraterrestre. No lo lamenten: los alienígenas protegen la ciudad tamaulipeca. Son *aliens* de los buenos, no de los imperialistas mala onda. ¿Por qué creen que, una y otra vez, los huracanes se acercan, pero no la golpean?

Sin embargo, nada supera nuestra capacidad para rendir tributo a los productos regionales, estatales o nacionales. Está por supuesto el monumento al huarache, en Aguascalientes, una chancla en una escalinata pintada con los colores de un balero y una mano como suspendida en el aire que o amarra el huarache, o rasca sospechosamente el pie contenido en ese huarache. Hay quienes hablan de pie de atleta, sí, pero es que la mala fe no tiene límites. Luego hay otro que parece a primer golpe de vista un juguete sexual —es una observación que realmente solo hace uno de los autores de este libro, Alejandro Rosas—, pero que más bien es el monumento a una pluma o incluso a un marcador. Lo encuentran en Guadalajara.

Una muy seria competidora en esta justa es la estatua de refrescos que alguna vez enalteció las calles de Durango, una fuente adornada por tres botellas rigurosamente grises, muy poco definidas en el nivel del detalle y dominadas por un tono muy posapocalipsis nuclear. Pero si hubiera una Medalla al Mérito Bizarro para objetos inanimados —esa alta distinción se reserva a los héroes que forjaron patria—, sin duda se la llevaría ese mazacote rojo, inclinado como una resbaladilla trompicada, sostenido por un palito que remeda al de las paletas heladas. Y es que sí, es el monumento a la paleta helada. O tal vez a la paleta helada *y* la bola de helado: suponemos que esa malla cónica y esa esfera azul con rectángulos multicolores es un barquillo. Está en Tocumbo, Michoacán, tierra de la que tal vez sea la franquicia más pirateada del mundo: La Michoacana.

La fealdad que mira a la posteridad: el México monumental.

EL TIGRE ANDA SUELTO

Nunca lo imaginó, pero la manera en que lo capturaron se convirtió en una de las frases más mexicanas de nuestra historia: «Lo agarraron como al Tigre de Santa Julia».

Su cráneo terminó de pisapapeles en el escritorio del famoso criminólogo Alfonso Quiroz Cuarón. Llegó a sus manos de una manera fortuita. Después de su fusilamiento, y de los tres tiros de gracia que le dieron —no fuera a ser que regresara del más allá a vengarse—, el gobernador del Distrito Federal, Guillermo Landa y Escandón, cumplió su promesa: pagó el entierro de Jesús Negrete, *el Tigre de Santa Julia.*

Lo sepultaron el 22 de diciembre de 1910, pocas horas después de su ejecución, en una fosa de sexta clase en el Panteón de Dolores. Pero como la tumba no era a perpetuidad, en 1931 los descendientes de Landa y Escandón no quisieron pagar los derechos para que el Tigre siguiera descansando en paz —pues en vida había dado mucha guerra— y ordenaron su exhumación.

Jesús Negrete (1873-1910) no fue ningún justiciero; tampoco fue otro «Robin Hood» mexicano —resulta que todos los bandidos del porfiriato robaban a los ricos para repartirlo entre los pobres—. El Tigre de Santa Julia robaba a los ricos para quedarse con el botín, y en el mejor de los casos repartirlo con sus cómplices; pero además mataba sin remordimientos.

Durante años se burló de las autoridades; fue detenido en 1899 por lesiones y robo; en 1901 por robo; en 1904 por homicidio; se fugó una y otra vez de la prisión; la última fuga ocurrió en noviembre de 1905 y no fue recapturado hasta mayo de 1906. «De gañán a soldado y de militar a bandolero», así lo definió el periódico *El País* en junio de 1908.

El barrio de Santa Julia se encuentra muy cerca de Tacuba. Era tierra de nadie incluso para el régimen de don Porfirio. La delincuencia organizada y la desorganizada tenían ahí sus guaridas, pero en los primeros años del siglo XX el jefe de jefes era el famoso José de Jesús Negrete Medina, mejor conocido como *el Tigre de Santa Julia*.

Su gusto por las mujeres y los celos entre exnovias fueron su acabose. Hacia 1906 el Tigre había dejado a Ubelia Cisneros con todo y un hijo encima. La mujer pensó que con eso Jesús Negrete sería suyo para siempre, pero no. En poco tiempo la cambió por Guadalupe Guerrero.

Por esos días el Tigre asaltó a dos prominentes personajes de la alta sociedad porfirista al salir del café La Concordia, pero además los humilló: los dejó en paños menores. El entonces jefe de la Policía, Félix Díaz, sobrino de don Porfirio, tuvo que aplicarse porque su tío le leyó la cartilla. Para ello le ordenó a Francisco Chávez que agarrara al Tigre a como diera lugar. Chávez sería uno de los principales asesinos de la policía secreta huertista.

A sabiendas de que la debilidad del Tigre eran las mujeres, Chávez llegó hasta Ubelia, quien entre lágrimas le contó que Jesús Negrete frecuentaba a Guadalupe Guerrero en su casa de la calle del Nopalito, en Tacubaya, cerca del Panteón de Dolores. Ubelia recibió 500 pesos y como por arte de magia quedó curada del mal de amores.

Se ve que la Lupita no estaba muy enamorada del Tigre, o andaba ardida pues se había enterado de que su hombre brincaba en otros petates. Así que también fue seducida por Chávez y sus encantadores 500 pesos.

La Lupe corrió el rumor de que la cortejaba otro hombre; la noticia llegó hasta oídos del Tigre que estalló en celos, por lo que comenzó a visitarla con más frecuencia, e incluso a tratarla con más deferencia, cosa rara en él. Su captura era cuestión de días.

En una de las visitas, Lupe le preparó un molazo —de esos como para chuparse los dedos y limpiar el plato con un pedazo de tortilla—, demasiado condimentado y harto picoso, que acompañó con un refrescante curado de apio. El Tigre se había devorado una bomba de tiempo; de pronto sintió un intempestivo ataque en sus intestinos y corrió hasta la nopalera. En esos momentos la policía le cayó encima, bueno casi, y en semejante indefensión, mientras el Tigre cagaba, finalmente lo capturaron. La policía tuvo la decencia de esperar a que terminara, pero se acuñó una frase para la historia: «Lo agarraron como al Tigre de Santa Julia».

El juicio se llevó la atención de la prensa, la sociedad capitalina estuvo al pendiente y, finalmente, en 1908 fue condenado a muerte, aunque no faltaron las apelaciones y otros recovecos legales que fueron retrasando la ejecución hasta el 22 de diciembre de 1910, fecha en que fue fusilado.

En 1931, los restos del Tigre fueron exhumados. No se sabe qué sucedió con sus huesos, pero su cráneo lo conservaron los descendientes de Landa y Escandón y luego se lo obsequiaron a José Ángel Ceniceros, abogado penalista, que en una comida con el doctor Alfonso Quiroz Cuarón —el primer criminólogo mexicano—, le ofreció el cráneo para que lo estudiara, pues de todos era sabido que Quiroz Cuarón se había encargado de estudiar a Ramón Mercader, asesino de Trotsky; a Goyo Cárdenas, el asesino de Tacuba; al falsificador Enrico Sampietro, y al asesino Higinio *el Pelón* Sobera.

El doctor lo aceptó, lo analizó y lo conservó como pisapapeles en su escritorio. Cuando falleció, su archivo, su biblioteca y el cráneo fueron donados al Centro Cultural Isidro Fabela, Casa del Risco, en San Ángel. Ahí, en una urna de cristal, el Tigre de Santa Julia da la bienvenida a los visitantes.

¿POR QUÉ ME ODIARÁN MIS PADRES?

La mejor forma de vengarte a perpetuidad de un hijo no deseado, sea consciente o inconscientemente, es asestarle un nombre atroz. Esta práctica, propia de todo el Occidente, ha alcanzado en México cuotas notables de virtuosismo.

Uno tiene la tentación de afirmar que la culpa es de los políticos, que tantas veces han arruinado la vida de sus hijos y al hacerlo han sembrado un ejemplo lamentable entre la ciudadanía. Está por ejemplo el caso de Tomás Garrido Canabal, el furibundamente anticlerical gobernador de Tabasco, que bautizó a su progenie como Zoila Libertad, Lenin y Mayitzá Drusso. O de los personajes de la farándula. Porque a ver, que muchas veces siguen el camino inverso: tomar un nombre común y corriente, de andar por casa, y transformarlo en uno artístico que sin el blindaje de la fama provocaría el más inaceptable de los *bullyings*. José Manuel Figueroa en Joan Sebastian, por ejemplo. Pero no. La ciudadanía tiene con frecuencia desplantes de creatividad que pueden ser devastadores.

Están los que a estas alturas son ya clásicos: Anivdelarev (evidentemente, por Aniversario de la Revolución, una fecha que aparece en los calendarios junto con todo el santoral), real como la vida misma, o, si le creemos al escritor chiapaneco Heraclio Zepeda, Onedóllar (un dólar: *one dollar*). Están los de raigambre bíblica o romana: Ben-Hur, por ejemplo, o, para volver a los ámbitos políticos, Polimnia Romana, luchadora por el bienestar del pueblo bueno. Y luego están las francas, abiertas pasadeces de lanza. Porque vaya que abundan.

Un ojo veloz al registro civil chilango nos dice que los capitalinos pueden ceder a sus pasiones y bautizar a sus hijos en función de sus aficiones artísticas o culturales. Una nota del diario *Publimetro* nos dice que existen una Athenea Shaori (personaje de *Los Caballeros del Zodiaco*, un manga ochentero transformado luego en serie de TV animada), un Chayanne Avelar, una Madona Natividad y un Elton Iturbide (los aficionados a la música pueden ser peligrosos, sí). También, en el resto del país, un Woody en homenaje no a Allen sino al vaquero de *Toy Story,* una Blanca Nieves y un Michael Jordan González Pineda. Pero digamos que los padres, en esos casos, funcionaron con una lógica de tributo a la fama, a la admiración por los grandes, a su educación sentimental, como en el caso paradigmático de Rambo de Jesús. Digamos que les ganó el entusiasmo. Que, como en *Nocturno de San Ildefonso*, el poema de Octavio Paz: «el bien, quisimos el bien», y luego la cosa salió al revés porque «No nos faltó entereza: nos faltó humildad». Pero ¿y Aceituno? ¿Y Fulanito? ¿Y Audi Corvette? ¿Y Godzilla? En serio: ¿Terminator? ¿Voldemort? ¿Qué justificaciones, al margen del odio, pueden encontrarse en esos casos? ¿Qué pasó con esos compatriotas regiomontanos que apostaron por Proceso, Astrovoy *(sic)* o Krisis Mundial?

Las instituciones, sin embargo, a veces funcionan, y muchos niños inocentes han sido salvados de la mácula permanente por el Estado, padre benefactor. Y es que los registros civiles son manga ancha, pero no tanto. Hay, sí, nombres prohibidos, como los de la lista publicada en Sonora, un total de 61 de los que rescatamos el probablemente aspiracional Aguinaldo, los freudianos Circuncisión y Escroto (no hemos logrado averiguar si iban dirigidos a integrantes de la misma familia), los posindustriales Email y Yahoo sumados al contestatario Twitter, más Gordonia, Piritipio, Pocahontas y el suponemos que vocacional Tremebundo.

No fue Sonora la pionera de esta lista negra, que desde luego tiene antecedentes en muchos otros países —medidas legales profilácticas que le han ahorrado a bebés inocentes cargas como Pluto, en el caso de ese niño danés; Ovni, como a ese angelito portugués, o Vagina y Clítoris, como a esas hermanitas belgas— y que se discutió por ahí de 2010 en la Asamblea chilanga. Y es que el asunto tiene ribetes hasta filosóficos. Porque veamos: llamar Jimoteo Calzón a tu criatura, como ya hizo alguien aquí, parece un acto censurable y punto, pero en lo de la paternidad y el bautizo lo que se rifa son conceptos profundos: el alcance de la libertad individual, el grado natural de independencia de los hijos respecto de los padres, los límites de la injerencia del Estado. Así que, si te toca un veredicto de orden digamos que más liberal, puedes llamarte Audelino Supermán, Christmas o, en el otro extremo, Satanasio. En cambio, posiciones más estatistas, más paternalistas podríamos decir, te pueden ahorrar un Hitler.

Pero hay algo que no debemos olvidar, y es que nuestro país es, ante todo, un país de patriotas, y de patriotas de patria pequeña, mediana y grande. Inexplicablemente, Sonora prohibió Sonora Mía, como parte de esa lista que la prensa especula con que bien podría crecer, pero existe Guadalajara y abundan, como tiene que ser, los Patria y los México.

De lo que no encontramos evidencia en esta sesuda investigación, y francamente nos indigna, es de que alguien lleve en su credencial del INE el nombre que mejor nos representa como nación: Bizarro. Uno de los autores de este libro, Alejandro Rosas, trabaja ya en ello: confiamos en cargar pronto en brazos a un Bizarro Rosas. (Bizarro Patán nos pareció, como entenderán ustedes, un poco excesivo).

IGLESIA CISMÁTICA

Como cuando quieres jugarle a Enrique VIII y crear tu propia iglesia, pero al más puro estilo mexicano.

«¿Por qué no fundamos nuestra propia iglesia católica apostólica mexicana?», dijo Joaquín Pérez, excéntrico sacerdote que había rodado de allá para acá antes de encontrar la luz que iluminó su camino al sacerdocio. Los otros ocho sacerdotes que lo acompañaban respondieron al unísono: «¡Va!», y así, de la nada, nació la Iglesia Apostólica Mexicana en febrero de 1925, la cual también fue llamada Iglesia Cismática, porque rompía abiertamente con todos los dictados de Roma.

El Patriarca Pérez, como ostentosamente se hizo llamar don Joaquín una vez que asumió la cabeza de la nueva iglesia, era bastante inquieto y su vida digna de una novela de aventuras. Nacido en 1851 en Juxtlahuaca, Oaxaca, en 1876 se sumó al Plan de Tuxtepec y apoyó la rebelión de Porfirio Díaz. El movimiento le otorgó el grado de capitán, pero como las armas no eran lo suyo, se dedicó al comercio un tiempo, y en esas andaba cuando le llegó el amor: se casó con María Guadalupe Viveros, pero poco le duró el gusto porque su esposa falleció al año de haber contraído nupcias.

Fue entonces cuando decidió seguir la carrera eclesiástica. Entró al seminario y también a la masonería —fue miembro de Los Amigos de la Luz—; se ordenó sacerdote; anduvo de parroquia en parroquia —se sabe que llegó a oficiar en la catedral—; pisó la cárcel un par de años, y asumió como misión propia crear una iglesia católica apostólica mexicana, que tenía en mente desde finales del siglo XIX el obispo de Tamaulipas, Eduardo Sánchez Camacho, quien en su lecho de muerte (1920) le dijo a Pérez que por favor cumpliera su sueño, o algo parecido.

Hacia 1925 se escuchaban los tambores de guerra entre la jerarquía católica mexicana y el gobierno de Plutarco Elías Calles —la Cristiada iniciaría en 1926—, así que Joaquín Pérez aprovechó la coyuntura, se reunió con ocho sacerdotes, redactaron las bases fundamentales, las publicaron en el periódico *Restauración*, y el 18 de febrero anunciaron que «un grupo importante de sacerdotes católicos» —ocho—, había decidido romper con Roma y con el Papa y fundar la Iglesia Católica Apostólica Mexicana.

Desde luego era una iglesia *sui generis*: el dogma no se tocaba, los sacramentos se aplicarían igual; sería nacionalista y respetuosa de la Constitución de 1917 en cuanto a la tolerancia de cultos —además de que admiraban a Benito Juárez—; le dijo adiós al celibato, pues lo consideraban antinatural —seis de los ocho sacerdotes fundadores estaban casados y con hijos, o cuando menos vivían en concubinato—; establecía que las misas se oficiarían en español —por entonces todas se decían en latín—, y la administración de los sacramentos sería gratuita. Evidentemente, el dinero que recogiera la Iglesia Mexicana se quedaría en México para ayudar a mejorar los templos y las condiciones de sus fieles.

No era un asunto personal, eran negocios. La fundación de la Iglesia Cismática obedecía a un «alto ideal patriótico», para que los sacerdotes mexicanos fueran quienes ocuparan los curatos, «pues causa profunda consternación y desaliento para nuestro clero mexicano ver cómo sacerdotes españoles y de otra nacionalidad ocupan los mejores templos, mientras a los nuestros se les relega al olvido en lugares apartados y a una cruel ignominia».

Y así, a la ¡viva México!, el Patriarca Pérez, acompañado de sus colegas sacerdotes y de un centenar de personas, muchas de las cuales eran miembros de la CROM —principal central obrera por entonces— porque la hija de uno de los sacerdotes cismáticos estaba casada con Ricardo Treviño, líder de esa agrupación, tomaron por asalto el templo de la Soledad en la ciudad de México. Manuel Luis Monge, mano derecha de

Pérez, mandó un mensaje al presidente Calles notificándole que todo se había hecho conforme a la ley. El presidente respondió que tendrían las garantías necesarias para su labor.

El 22 de febrero, el sacerdote Manuel Luis Monge intentó oficiar la primera misa de la Iglesia Cismática, pero se armó un zafarrancho al que le sucedieron otros. El gobierno actuó como el sabio Salomón y decidió que nada para nadie, así que cerró el culto en ese templo para tirios y troyanos. La gente estaba indignada, la jerarquía católica también, se hablaba de excomuniones. A manera de compensación, el gobierno le entregó al Patriarca Pérez el templo de Corpus Christi, frente a la Alameda Central, que fue la sede de la Iglesia Cismática hasta 1931.

Aunque en algunos estados la creación de la nueva Iglesia tuvo cierta influencia, lo cierto es que fue un fracaso. Ni siquiera la suspensión del culto, decretada en julio de 1926 por la jerarquía católica, favoreció que la gente acudiera a recibir los sacramentos con el Patriarca Pérez. El tiempo demostró que había sido una ocurrencia, sobre todo porque uno de sus argumentos señalaba que «la independencia mexicana estaba realizada a medias» —desde 1821—, faltaba completarla tomando las riendas de la institución religiosa, pues la que tenía el país «había venido a México con la Conquista».

En 1931 el Patriarca Pérez cayó gravemente enfermo y, como «el miedo no anda en burro», decidió reconciliarse con la Iglesia, la buena, y luego de recibir los sacramentos propios para los últimos instantes de vida, falleció en el seno de la Santa Madre Iglesia Católica Apostólica y Romana, a la que reconoció como «única y verdadera». Su cruzada cismática había sido apenas un pecadillo sin importancia.

LOS DIOSES DEL OLIMPO

En México hay dioses del Olimpo. «¿Los atletas?», se preguntarán. No: los atletas se enfrentan dignamente a la adversidad, pero no alcanzan la cumbre. No tienen condiciones. Los dioses son los funcionarios. Al menos, así viven.

Existe una famosa fotografía de la leyenda de la natación Michael Phelps y su extraordinario compañero de escuadra Ryan Lochte sumergidos en unos *containers* de agua con hielos que parecen sacados de una película de ciencia ficción. En cualquier momento, piensa uno, empezarán a convertirse en superhéroes dotados de poderes extraordinarios o en humanoides ansiosos de sangre, creados por algún científico loco. Pero no. El hielo, esa tortura siempre que no está en un vaso, sirve para la recuperación después de competir o entrenar intensamente. Existe otra imagen: Rommel Pacheco, clavadista mexicano con cinco medallas en Panamericanos, sonríe en una caja anaranjada con hielos que parecen de cuando la cubeta con chelas lleva media hora al sol en Cuernavaca. Es, como dice el autor del blog donde podemos ver ambas fotos, Metadata, el equipo que le proporcionaron las autoridades deportivas. Un quinto lugar olímpico, en esas condiciones, es de aplauso.

¿Raro, excepcional? Nop. A los dioses del Olimpo mexicano, los atletas que logran calificarse a los juegos, lo que no es poca cosa, los hemos visto competir con ropa parchada. Es el caso de Elías Emigdio, boxeador en los 52 kilos que cayó en octavos en los juegos de Río. Tiras de cinta: eso llevaba en el traje. «Con algunos parchecitos, pero con trabajo y esfuerzo, saldrán bien las cosas», dijo con optimismo resignado... hasta que perdió. Con resignación, pero ya sin optimismo, dijo entonces: «Las medallas no nos dan de comer», y se lanzó al profesionalismo. Fueron, por otro lado, los olímpicos del parche. En las mismas condiciones estaban las ropas de Misael Rodríguez y Juan Pablo Romero, también peleadores, y de Bredni Roque, pesista. Misael, antes, se había convertido en nota porque había subido a los camiones a pedir dinero para poder competir en los juegos. La Conade, 2 500 millones de presupuesto, le había retirado los fondos al boxeo. Por eso, por la falta de fondos, Paola Espinoza, dos veces medallista olímpica, se fue a la competencia sin doctora ni terapeuta.

Pero la historia es vieja. México, la economía 13 o 14 del planeta Tierra, es de una mediocridad olímpica a prueba de balas: lugar 42 del medallero histórico. Hemos tenido atletas de remo a los que le tienen que prestar el kayac para competir, ciclistas que se caen antes de empezar la prueba, gimnastas que no pueden competir porque a la Federación se le olvidó inscribirlas, y más recientemente casos como el de Crisanto Grajales, triatlonista, al que le mandaron un uniforme, zapatos incluidos, que en un cálculo muy optimista es apropiado para una persona con 20 centímetros y 25 kilos más.

Pero nada como los olímpicos de invierno, con casos como el de Hubertus von Hohenlohe, nacido en el 59, en competencia desde Sarajevo 84 y todavía peleando en Sochi 2014 (alguna vez otro competidor le preguntó si era hijo del que había competido el 84 con el mismo nombre). Sus actuaciones, en un rango que va, *grosso modo*, del lugar cuarenta y pico al setenta y pico según la prueba, entraron en declive: esa vez literalmente se desplomó en la prueba de eslálom. Pero sus motivaciones son las mismas: mantener vivo el esquí de «esquiadores exóticos», es decir, de los países que, digamos muy amablemente, no tienen una tradición... o no tienen nieve. Pero no ha estado solo en las justas olímpicas este príncipe de origen alemán, también empresario y fotógrafo. Por ejemplo, en 30 kilómetros campo traviesa, Roberto Álvarez llegó en el lugar 37, 122 minutos después que el primer lugar.

Entonces, ¿no tiene México dioses del Olimpo? Claro que los tiene. Están los relativamente pocos y muy meritorios atletas que han conseguido medallas olímpicas y los muchos menos que han logrado primeros lugares: 69 en total, 13 de oro, bastantes menos que —lo hemos consignado antes— las 23 de Phelps. Pero sobre todo están los funcionarios. Si los atletas usan uniformes parchados y hieleras digamos que dos rayitas arriba de las del OXXO, nuestras autoridades deportivas son famosas por viajar lujosamente con los deportistas, a los que acompañan, banderitas de México al aire, en todas las inauguraciones olímpicas. Ahí está, por ejemplo, Alfredo Castillo, hombre plurifuncional donde los haya. De tareas policiacas y de inteligencia en la AFI pasó a la Procuraduría del Estado de México, de ahí a la PGR, de ahí nada menos que a la Procuraduría... del Consumidor, y de esta a la Comisión para la Seguridad y el Desarrollo Integral del Estado de Michoacán. Pero lo suyo, al parecer, no era ni proteger a los consumidores ni protegernos del crimen organizado, sino llevar a México a la gloria deportiva, razón por la cual, a la hora de escribir estas líneas, agota sus últimas semanas a cargo de la Conade. Le pesará, suponemos. Las críticas de los atletas arreciaron: que los lesionados no tenían fisioterapeutas, que entonces por qué la ropa de la inauguración era Hugo Boss (cuatro millones de pesos), que por qué Castillo había llevado a su novia a los Olímpicos. Pero pues qué le exigen. La Conade, pasó a explicarnos, no es más que «una agencia de viajes». Ponerlo en el cargo costó a los contribuyentes ochocientos y pico mil pesos: la liquidación que se le dio a su predecesor, Jesús Mena.

A los dioses no se les cuestiona: se les agradece.

UN MAYA SOVIÉTICO

Pones en riesgo tu vida en plena batalla, pero rescatas dos obras de una biblioteca en llamas y con ellas descifras lo que parecía indescifrable.

Entre las decenas de miles de soldados de Stalin que avanzaban sobre Berlín en abril de 1945, marchaba un joven de 21 años que tocaba el violín y era apasionado lector de las aventuras de Sherlock Holmes. Su padre le había enseñado a escribir con las dos manos para desarrollar las habilidades de ambos hemisferios cerebrales. Además de su gusto por la música, tenía facilidad para el dibujo y para los idiomas: también sabía leer árabe, chino y griego.

Yuri Valentinovich Knórosov había dejado su vida cotidiana enterrada en la Unión Soviética para incorporarse a la «gran guerra patriótica» contra los alemanes. Sus esperanzas de regresar con vida eran muy escasas.

En plena batalla de Berlín, entró a la Biblioteca Nacional que ardía en llamas y entre las cenizas, el humo y las balas alemanas que silbaban en todas direcciones rescató un par de obras que cambiarían su vida. El 2 de mayo de 1945, la bandera de la hoz y el martillo ondeó por todo lo alto del Reichstag.

Yuri Knórosov regresó a Rusia en la segunda mitad de 1945 con un peculiar botín de guerra: la *Relación de las cosas de Yucatán* de fray Diego de Landa, publicada en París en 1864, y tres códices contenidos en una misma edición: el Códice Madrid —que incluye horóscopos y tablas astrológicas—, el Códice de París, considerado un manual para un sacerdote maya pues describe ritos, ceremonias, profecías y un zodiaco, y el famoso Códice Dresde, con detalles del calendario maya y su sistema numérico.

Knórosov no tenía en mente adentrarse en el conocimiento de la escritura maya, pero en 1947 su maestro, el arqueólogo Serguei Tokarev, le dio un artículo del mayista alemán Paul Schellhas titulado *El desciframiento de las escrituras mayas, ¿un problema insoluble?* y le dijo: «Si crees que cualquier sistema de escritura producido por seres humanos pueden leerlo otros seres humanos, ¿por qué no tratas de leer los jeroglíficos mayas?». Knórosov aceptó el desafío.

«Knórosov es un hombre que llama la atención —escribió, en 1991, Michael D. Coe, arqueólogo, antropólogo y epigrafista—, con sus cabellos de tonos acerados peinados firmemente hacia atrás, y unos ojos azules escondidos bajo sus cejas. Vestido siempre de manera formal, no puede ser visto en las calles de Leningrado sin su boina color café, su camisa blanca y su corbata, usando siempre las medallas que ganó en los campos de batalla durante la II Guerra Mundial (aunque ahora deja en su casa la que exhibe el perfil de Stalin) orgullosamente prendidas en su saco cruzado. Fumador empedernido, Knórosov tiene, como muchos otros rusos que han sobrevivido a los terribles avatares de este siglo, un maravilloso sentido irónico del humor».

Yuri logró interpretar lo que siglos antes había escrito fray Diego de Landa estudiándolo no desde el punto de vista arqueológico, sino lingüístico. Comenzó por aprender español. Lo que conoció de México, y particularmente de Yucatán, fue exclusivamente a través de libros y documentos.

En tiempos de la Guerra Fría, en el ocaso del estalinismo, inmerso en una sociedad desconfiada, acostumbrada a la delación, Knórosov no tuvo oportunidad de salir de la Unión Soviética para viajar a México. No conoció personalmente las inscripciones, las esculturas, las estelas ni las grandes ciudades mayas. Su investigación la desarrolló entre las cuatro paredes de su oficina en Leningrado, donde descubrió el código fonético de la escritura jeroglífica maya.

Los estudiosos del mundo maya, sobre todo aquellos investigadores que pertenecían al bloque capitalista, como el inglés Eric Thompson, sostenían que la escritura maya se basaba en logogramas. Cada símbolo correspondía a una palabra completa, pero sin el contexto en el que fueron escritos, era prácticamente imposible su desciframiento.

«El triunfo mayor de Knórosov reside en la demostración de que los escribas mayas pudieron, y con frecuencia lograron, escribir silábicamente concibiendo cada glifo como una consonante seguida de una vocal. La mayoría de las palabras mayas son de una sola sílaba hecha de una combinación consonante-vocal-consonante».

Yuri llegó a la conclusión de que el «alfabeto jeroglífico» contenido en la obra de fray Diego de Landa era, sin más, un silabario, y lanzó su tesis en la revista *Etnografía Soviética* en 1952 —tan solo siete años después de regresar de la guerra—. Su estudio, sin embargo, no fue bien recibido, incluso fue atacado severamente; el ambiente de la Guerra Fría propició que los mayistas occidentales —particularmente Thompson— rechazaran el trabajo de un «comunista», y más aún cuando no había hecho investigación de campo en México.

El descubrimiento de Knórosov no fue aceptado mundialmente sino hasta la década de 1970. Su interpretación del alfabeto de fray Diego de Landa ha sido equiparada al descubrimiento de la piedra de Rosetta, que facilitó la clave para descifrar los jeroglíficos egipcios.

El 31 de marzo de 1999, Yuri Knórosov falleció en su amado San Petersburgo. No logró salir de la Unión Soviética hasta 1991, cuando el régimen comunista se desintegraba. Viajó a Guatemala y en 1995 visitó tierras mexicanas. Finalmente, cerró el círculo de su historia que entrelazó con México desde abril de 1945, cuando el rescate de dos modestos libros marcó el destino de su biografía.

LAS VARIAS MUERTES DEL MACETÓN CABRERA

El boxeo mexicano, exitosísimo, está lleno de virtuosos que supieron convertirse en ídolos populares. Pero el Macetón Cabrera fue único: se ganó al público sin la menor habilidad, bañado en sangre, de derrota en derrota.

Alguien dijo que el futbol se gesta en la cabeza y sale por los pies. Bueno, pues el boxeo, ese deporte que todos los otros deportes quieren ser, cuando está bien hecho también se gesta en la cabeza, como sabe cualquiera que haya visto pelear a *Sugar Ray* Leonard, al insufrible Floyd Mayweather o a Ali, pero tiene que pasar por las piernas para poder salir por los puños. Por eso es tan extraordinariamente raro el caso de nuestro más connotado peso semicompleto, en un país de boxeadores pequeños y ligeros: David Cabrera, más conocido como *Macetón*, el hombre que boxeó sin una pierna y vivió para contarlo.

No le tocó una infancia fácil, vaya que no. Los boxeadores no suelen tenerla. Nacido el año 47 en Juchitán, o sea en Oaxaca, creció en una familia de lo que se conocía como paracaidistas: llegó a los límites de la tierra chilanga, a la Nueva Atzacoalco, en los años 50, con su madre y su abuela que eran decididas como casi todas las juchitecas, a la espera de que esos terrenos se regularizaran un día y de que el agua dejara de llegar en pipas —una esperanza vana, como sabemos bien—. Nueva Atzacoalco, para quienes no estén tan familiarizados con la geografía capitalina, es la muy conflictiva alcaldía Gustavo A. Madero en una de sus zonas duras, porque en el ecuador del siglo XX aquellas tierras eran baldíos que esperaban a convertirse en la pesadilla urbana que son hoy, pero las cosas, ya entonces, no eran fáciles para las muchas familias pobres que llegaban a la capital en busca de una vida mejor. Al niño que fue David le tocó, según cuenta, defenderse como dicen los nostálgicos que lo hacíamos los chilangos antes de la Unión Tepito y el Cártel Jalisco y los *lords* empistolados: a golpes. Y era bueno, o al menos eficaz: iba de frente, anticipando el estilo que lo definiría como boxeador, y sobre todo era grandote, fuerte, apabullante, al menos para los estándares físicos del chilango de aquella época. Se ganó la vida como pudo, lo que incluye trabajar en el honorable cuerpo de la Policía Preventiva, que fue lo que le hizo quedar cojo de la pierna derecha, esa que en el ring y en la vida arrastraba, porque iba siempre para adelante y no se iba a quedar a esperarla. Fue un accidente de moto, en el 68, que resultó en siete fracturas y cinco operaciones que según queda claro no fueron del todo afortunadas. Pero al Macetón no lo detenía nada. Amante del pleito callejero a la vieja usanza, sin armas, uno contra uno, con —dice— «honor», venció su escepticismo inicial y prestó oídos al consejo de convertirse en boxeador profesional. Y vaya manera de hacerlo. David pasaba de los 30 años, una edad en la que los boxeadores al menos empiezan a pensar en el retiro, porque los golpes, los del ring y los otros, se sienten cada vez más. No aprendió mucho: el boxeo es un arte o tal vez una ciencia, o más bien lo uno y lo otro y bastante más, y exige muchos años de preparación. Según como se vean las cosas, tampoco es que le haya hecho falta.

Ese fue el hombre que, contra todo pronóstico, se hizo un lugar en el boxeo nacional entre finales de los 70 y arranques de los 80, no principalmente por sus resultados. La pierna mala fue justamente la que lo llevó a ser profesional: no había chamba para un hombre sin preparación y con esa carencia física. Debutó en el año 77 con una victoria que nadie esperaba. Su estrategia era bastante elemental: perseguir sin tregua al contrario por el ring, recibiendo golpes también sin tregua, a la espera de conectar uno de esos mandarriazos que nadie resistía. Porque no boxeaba, pero pegaba duro —la pegada se tiene o no se tiene: a lo que se aprende es a boxear— y daba espectáculo, si por espectáculo entendemos la imagen de un hombre renqueante, bañado en sangre, incapaz de retroceder por los laterales a causa de esa pierna, sí, pero decían los aficionados, y decían bien, que sobre todo a causa de esa entraña. ¿Para qué le valió? Para tres campeonatos nacionales en una división en la que francamente México nunca ha destacado, porque boxeadores de 80 kilos no abundan por estos barrios, y un récord de 41 ganadas y 13 perdidas, sobra decir que sin empates. Para eso, y para comprarse una casita, dónde más, en su colonia.

Pero el gran Macetón es único por varias razones más. Una es su reluctancia a la fiesta: no se entregó ni al alcohol ni a la promiscuidad, dos elementos centrales de la dieta del boxeador. Prefería volver a casa con su mujer, Graciela, con la que estuvo casado 50 años, fallecida en 2016, y a la que, cuenta el campeón en una entrevista para el diario *La Jornada*, con una mezcla única de humor, salvajismo y ternura, «extraño mucho porque me pegaba a diario». La otra razón es que ha muerto varias veces, si los medios mataran: y es que varios, en México y hasta en Estados Unidos, lo declararon muerto en 2010. Qué va. El Macetón es inmortal. Lo comprobamos todos en 2017, cuando el Consejo Mundial de Boxeo le hizo un homenaje. Con el corte a cepillo de siempre, dio las gracias escuetamente y volvió a perderse, callado, en el barrio.

SALVAR LA PATRIA

Un senador que espera irritar a tal grado al presidente como para que este lo asesine y, horrorizado de su acción, se quite la vida y así la patria sea salvaguardada solo es posible en México.

« El mundo está pendiente de vosotros, señores miembros del Congreso, y la patria espera que la honréis ante el mundo evitándole la vergüenza de tener por Primer Mandatario a un traidor y asesino». Así concluyó su discurso el senador Belisario Domínguez. Fueron las últimas palabras que escribió con la intención de leerlas en tribuna el 23 de septiembre de 1913. Pero el Congreso ni honró a la patria ni a nadie; se hizo cómplice de Huerta y más temprano que tarde el gobierno se deshizo del senador chiapaneco.

Belisario llegó al Senado de manera fortuita. En los días en que Huerta perpetraba el golpe de Estado contra el régimen maderista (del 18 al 22 de febrero de 1913) falleció Leopoldo Gout, senador propietario por Chiapas. En su carácter de suplente, Belisario Domínguez fue llamado a la ciudad de México. El médico se presentó en el Congreso en marzo, unas semanas después de los asesinatos de Madero y Pino Suárez, y desde ese momento asumió la bandera de la legalidad frente a la represión que ejercía el régimen contra la oposición.

El 16 de septiembre de 1913, Victoriano Huerta presentó su informe a la nación y afirmó tener el país casi pacificado y en calma, lo cual era falso. Pero como nunca han faltado los zalameros, arrastrados y lambiscones en el Congreso, el diputado Jorge Delorme y Campos respondió diciendo que las palabras de Huerta «reconfortaban», por lo cual «le daba las gracias pronosticándole que nadie le podrá negar 'el merecimiento altísimo' de haber hecho cuanto de su parte está para lograr la paz».

Pero las palabras de Huerta eran un insulto a la inteligencia, al honor y a la ética política. Así lo consideró Belisario y se dispuso a alzar la voz. Pero la mesa directiva del Senado le impidió leer su discurso con un argumento muy chabacano: las acusaciones contra el Ejecutivo no eran competencia del Senado, por lo cual debía llevarlas a la Cámara de Diputados.

En ese momento Belisario supo que le darían largas; la mayor parte de los miembros del poder legislativo había decidido apoyar a Huerta por sumisión, por conveniencia o por cobardía. Así que imprimió clandestinamente su discurso y lo hizo circular por toda la ciudad. El senador se tiró a matar:

> El pueblo mexicano no puede resignarse a tener por Presidente de la República a don Victoriano Huerta, al soldado que se amparó del poder por medio de la traición y cuyo primer acto al subir a la Presidencia fue asesinar cobardemente al Presidente y Vicepresidente legalmente ungidos por el voto popular [...] Victoriano Huerta está dispuesto a derramar toda la sangre mexicana, a cubrir de cadáveres todo el territorio nacional, a convertir en una inmensa ruina toda la extensión de nuestra patria con tal que él no abandone la Presidencia, ni derrame una sola gota de su propia sangre.

Belisario estaba enardecido, hablaba con vehemencia y convicción, el patriotismo recorría sus venas, parecía poseído. La tensión del momento debió nublar su buen juicio, al grado de que por momentos parecía haber perdido contacto con la realidad, pues en su segundo discurso, del 29 de septiembre de 1913, fue mucho más lejos. No solo insistió en deponer a Huerta, sino que además se ofreció a encabezar una comisión para presentarse personalmente ante el presidente y pedirle que firmara la renuncia. Pero lo que imaginó que podía suceder solo tenía lógica en su imaginación o en una novela de aventuras.

> He aquí mi plan. Me presentaré a don Victoriano Huerta con la solicitud firmada por todos los senadores y además con un ejemplar de este discurso y otro del que tuve la honra de presentar al señor presidente

del Senado en la sesión del 23 del presente. Al leer esos documentos, lo más probable es que llegando a la mitad de la lectura [Huerta] pierda la paciencia y sea acometido por un arrebato de ira, matándome enseguida. En ese caso nuestro triunfo es seguro, porque los papeles quedarían ahí y después de haberme muerto no podría resistir a la curiosidad, seguirá leyendo, y cuando acabe de leer, horrorizado de su crimen, se matará él también y la patria se salvará.

Belisario pecó de inocente, de ingenuo, de idealista o simplemente se le fueron las cabras al monte. Huerta no lo recibió, pero sí ordenó su muerte, y a diferencia de lo que el senador creía, jamás se horrorizó ante ninguno de sus crímenes. Isidro Fabela definió perfectamente a Belisario: era un «suicida consciente». El senador fue asesinado en el panteón de Xoco el 7 de octubre de 1913, y cuando menos no le cortaron la lengua como se dice.

Una muerte más no le quitó el sueño a Huerta, pero la agitación desatada por el discurso de Belisario Domínguez entre los diputados y senadores que se mantenían en la oposición llevaron al presidente a una determinación que marcó el rumbo de su gobierno. Tres días después del asesinato del senador, el 10 de octubre, Huerta disolvió la Cámara de Diputados y encarceló a los miembros de la XXVI Legislatura en Lecumberri. El Senado prefirió desintegrarse antes de sufrir una humillación similar. Y al menos en ese momento, Huerta se salió con la suya.

UN POLICÍA MUY MEXICANO

Era el héroe de las fuerzas del orden, el policía estrella, ese que hizo varios de los arrestos más famosos entre los 80 y los 90 para acabar como figura en la serie Narcos. *También, fue aliado de varios grupos criminales. Del que pagara mejor, propiamente.*

omo narramos en el primer volumen de *México bizarro*, el narco, en los años 80, no bañaba en sangre el país en la medida en que lo hace ahora, pero era ya una realidad presente en gran parte de México y una realidad violenta; acumulaba poder y corrompía a las autoridades incluso en los niveles más altos de la jerarquía. Son los años en que se volvieron habituales en los medios nombres como los de Miguel Félix Gallardo, don Neto, Rafael Caro Quintero, y en los que empezaron su caminito *el Chapo* Guzmán, Amado Carrillo o *el Güero* Palma. ¿De qué ambientes nacían esas figuras? Uno era el campo: Caro Quintero y el Chapo, por ejemplo, se forjaron en el campesinado. El otro era la policía, de donde surgieron Félix Gallardo, padre fundador del Cártel de Guadalajara, o Juan José Esparragoza, *el Azul*, miembro egregio de la Dirección Federal de Seguridad. Y de la policía surgió Guillermo González Calderoni, un personaje digno de la novela negra más negra que se pueda imaginar.

El 5 de febrero de 2003, en McAllen, Texas, un disparo que atravesó la ventanilla de su Mercedes, hecho desde otro coche, terminaba con la

vida de González Calderoni, una vida de acción e intrigas cuyos porme-
nores están perdidos seguramente sin remedio. Tenía que ser. Calderoni,
que tenía 54 años, fue comandante de la Policía Judicial Federal. Y no
cualquier comandante. Era un bicho raro. Nacido el año 49 en Reynosa,
no era, como tantos policías, un hijo de la pobreza. Lejos de ello, su
padre era un importante funcionario de Pemex cuando Pemex aún tenía
petróleo que explotar, y su madre era de una familia italo-norteamericana
igualmente próspera, lo que explica el buen inglés de un hombre capaz,
que ascendió rápidamente en el escalafón policiaco: fue comandante
de la Judicial Federal en Juárez, en Monterrey, en Tuxtla Gutiérrez, y
subdelegado en Jalisco y Quintana Roo. En la PGR tuvo al menos un
par de cargos como director e incluso como delegado en San Antonio,
suponemos que entre otras razones por su dominio del inglés. Pero fue
durante el sexenio de Carlos Salinas de Gortari, entre los años 80 y los
90, cuando ganó reputación como una suerte de superpolicía, un hombre responsable de detenciones emblemáticas, de ocho columnas, como
la de Félix Gallardo, ocurrida tras una larga persecución y del asesinato
y tortura del infiltrado de la DEA Enrique Camarena (contamos esta historia en *México bizarro 1*).

El problema es que González Calderoni, policía mexicano al fin y al
cabo, muy mexicano, trabajaba a un tiempo para las fuerzas del orden
y para las del desorden, es decir, para el narcotráfico; o sea, para sí mismo. Y trabajaba sin militancias, sin hacer ascos, para el mejor postor. Al
superpolicía lo mismo se le relaciona con el Cártel de Tijuana que con el
del Golfo, y se dice que ejecutó al narcotraficante Pablo Acosta, *el Zorro
de Ojinaga*, a cambio de un millón de dólares, lo que le abrió el camino
nada menos que a Amado Carrillo. El día de su asesinato tenía cuatro millones de dólares en el banco, mucho más de lo que permitiría el sueldo
de un policía, pero la cifra acaso fuera considerablemente más alta, porque los testimonios de que cobraba a manos llenas siguen apareciendo.

Su idilio con el salinismo terminó, cómo más, en los terrenos de lo
bizarro. Luego de la administración de Carlos Salinas, en 1993, fue acusado de enriquecimiento ilícito y delitos contra la salud. Fue detenido en
Estados Unidos, pero sus buenas relaciones por allá arriba, con la DEA
para empezar, para la que trabajaba como informante, le permitieron

salir libre. Navegó bajo el radar por unos años, pero muy convenientemente, ya en 2001, con el PRI fuera de Los Pinos, empezó a lanzar declaraciones que hace falta de veras mucha fe para no tomar como muestras vivas de complotismo *made in Mexico*. Que el hermano de Carlos, Raúl, había pedido nada menos que al narco Juan García Ábrego que asesinara a dos asesores del candidato presidencial Cuauhtémoc Cárdenas, Francisco Xavier Ovando y Román Gil, y que, pa' pronto, el presidente Salinas mismo, que además estaba vinculado con el narcotráfico, había coqueteado con asesinar a Cárdenas. Eso dijo, sin entregar pruebas. Y es que en eso también era un policía muy mexicano.

Semiolvidado por años, volvió a los medios gracias a la serie *Narcos*, de Netflix, donde lo interpreta brillantemente Julio César Cedillo, y sobre todo a que su nombre afloró en los juicios contra *el Chapo* Guzmán en Nueva York. Un piloto del capo, el Tololoche, dijo que Calderoni filtró información valiosa al Cártel de Sinaloa, por lo que cobró varias decenas de millones de dólares, y que, como Félix Gallardo, Guzmán lo consideraba su amigo. No entendió que era un policía mexicano, y que los policías mexicanos no tienen amigos.

Alguien sí lo entendió ese 5 de febrero.

MEXICANOS EN EL MUNDO

Nunca puede faltar un mexicano; no importan las circunstancias. Por las mejores o las peores razones, siempre hay un paisano o un grupo de paisanos que ponen por todo lo alto o todo lo bajo el nombre de México. O estaban en el lugar equivocado en el momento equivocado, o bien en el lugar correcto en el momento correcto.

os mexicanos han hecho historia en varios mundiales de futbol: «¿Por qué no orinar la llama eterna bajo el Arco del Triunfo en París en una buena borrachera futbolera?». Fue lo que pensó Rodrigo Rafael Ortega en 1998, y demostró que la llama que ardía desde 1921 no era tan eterna ni los franceses eran tan suavecitos. Lo contamos en otra historia de este libro.

«¿Qué se sentirá detener el tren bala más rápido del mundo por primera vez en la historia?», pensó otro mexicano en 2002 en Japón, y entonces presionó el botón de emergencia. Si a la Diana Cazadora le pusieron brasier y calzón en algún momento de su historia, ¿por qué no ponerle un sombrero charro a una estatua de Nelson Mandela en Sudáfrica? Era 2010 y a la estatua solo le faltó gritar «¡Viva México cabrones!». «Voy a hacer historia, voy a detener el barco», dijo Jorge Alberto López antes de saltar desde lo alto del trasatlántico donde viajaban muchos mexicanos para apoyar a la selección en Brasil 2014. Y sí cumplió, detuvo el barco pero nunca apareció su cuerpo. Todas ellas, historias de este volumen.

Los mexicanos pueden aparecer en las situaciones más insospechadas. Han estado presentes en no pocas tragedias universales: en atentados, catástrofes naturales, como el *tsunami* de 2004, en accidentes aéreos. Siempre hay un mexicano que es testigo o protagonista de una historia peculiar.

¿Qué posibilidades había de que un mexicano viajara en el *Titanic* la noche del 14 al 15 de abril de 1912, fecha en la que le quedó muy claro a la humanidad que cuando una empresa naviera bote un nuevo barco mejor que no se le ocurra decir: «Al *Titanic* ni Dios lo hunde»? ¿Y qué posibilidades había de que otro mexicano, el joven Gustavo Aguirre Benavides, viajara a bordo del vapor *Frankfurt*, uno de los barcos que respondió a la llamada de auxilio del *Titanic* y desvió su trayecto para llegar al lugar de la tragedia?

Comoquiera que sea, el 21 de abril de 1912, *El Imparcial* publicó una nota que causó profunda impresión entre los diputados y los otrora círculos sociales porfiristas. Hasta ese momento no se sabía de ningún mexicano que viajara a bordo del *Titanic*. Sin embargo, era un hecho: el diputado Manuel Uruchurtu había fallecido en aguas del Atlántico Norte.

Por informaciones recabadas con algunos familiares y amigos, el diputado tenía planeado regresar a México en el *Espagne*, que hacía el viaje de El Havre a Veracruz; sin embargo, de último momento su amigo Guillermo Obregón le pidió intercambiar pasajes porque necesitaba estar en México antes. Uruchurtu aceptó; de cualquier modo, unos días más de ausencia en la Cámara de Diputados no haría gran diferencia, y en cambio iría en el viaje inaugural del ya entonces mundialmente famoso trasatlántico de la compañía White Star.

Don Manuel abordó el *Titanic* la noche del 10 de abril en Cherburgo —primera parada de las varias que hizo el barco antes de adentrarse en el Atlántico—, atando así su destino al de las poco más de 1500 víctimas del infausto accidente.

Al conocerse la tragedia en Europa, Federico Gamboa, autor de *Santa* y miembro del gobierno porfirista, quien conocía la decisión tomada por Uruchurtu unos días antes, anotó en su *Diario*: «Más detalles de la catástrofe del *Titanic*. Uruchurtu iba a bordo, ¿habrá perecido?». Los días trajeron consigo la respuesta.

El 20 de abril, la Secretaría de Relaciones envió un oficio a la Cámara de Diputados comunicando que «está perfectamente confirmado que el señor diputado licenciado don Manuel Uruchurtu era uno de los infortunados pasajeros del trasatlántico *Titanic*. Y dado que su nombre no aparece en las listas de los supervivientes de la catástrofe publicadas hasta hoy, lo más probable es que el señor Uruchurtu haya muerto, a no ser que por una feliz casualidad se hubiera salvado en algún bote, junto con otros pasajeros de los que se tienen las mismas esperanzas, aunque desgraciadamente muy remotas».

Las malas lenguas opositoras, no sin cierto ánimo sarcástico, se preguntaban qué hacía el diputado en Europa el 10 de abril, cuando el periodo de sesiones del Congreso de la Unión, en el cual debía participar por ser miembro de la XXV Legislatura, había comenzado nueve días antes, el 1 de abril de 1912. Si el *Titanic* hubiera llegado felizmente a Nueva York, don Manuel no hubiera pasado lista en la Cámara sino hasta los primeros días de mayo.

Pero, ante la tragedia, las suposiciones y las burlas poco importaban. Por lo pronto, en una de las sesiones del Congreso, en su recinto de las calles de Allende y Donceles, los diputados guardaron un minuto de silencio por el mexicano que descansaba en las profundidades del Atlántico Norte y al que le habían puesto falta.

NUEVA JERUSALÉN Y LA VIRGEN PRIISTA

La Virgen les habla. Les dice que la comunidad tiene que prepararse para el fin del mundo. Que tienen que vivir bajo códigos rigurosísimos. Que tienen que rechazar literalmente con fuego la educación laica. Y que tienen que votar por el PRI.

A don Nabor lo tenía francamente descontento el Vaticano. Los problemas habían empezado en 1962, es decir, el año del Concilio II, destinado a una renovación profunda de la Iglesia. No, esos revisionismos, esos *aggiornamenti*, simplemente no los aceptaba. ¿Cómo es eso de que todos los hombres y las mujeres pueden acceder a la santidad? ¿Promover la libertad religiosa? ¿Nadie les explicó que la misa es en latín y punto? ¿Acercamientos con los otros cultos? No, don Nabor no se tragaba esas modernidades, esos escupitajos a la verdadera fe. Solo hay un concilio legítimo, el de Trento, que arrancó en 1545 y dejó bien establecido cómo deben conducirse los hombres de Dios. Por eso, cuando doña Gabina Sánchez, una humilde campesina de la zona, se apersonó y le dijo que tenía un mensaje de la Virgen del Rosario, le tomó la palabra, no de inmediato, pero más temprano que tarde. El mensaje era que tenía que iniciar una cruzada, una guerra de los justos. Que el mundo se acercaba a su destrucción. Que no había tiempo que perder. Y no lo perdió. Nabor Cárdenas Mejorada, párroco de San José de Puruarán, un pueblo michoacano, se arremangó a mayor gloria del

Señor y se puso a trabajar. Así nació la Iglesia Tradicional de La Ermita, en la comunidad de Nueva Jerusalén, en Turicato. El año: 1973.

Lo primero que hizo el hombre al que se conocería como Papá Nabor fue buscar al arzobispo Estanislao Alcaraz para levantar la voz contra el Concilio II, rechazar la jubilación que este le ofreció y escribirle a Paulo VI con la novedad de que el verdadero Papa era él: tenía que abandonar la silla. Su siguiente medida fue dejar la parroquia y oficiar en una ermita construida en el sitio de la aparición, siempre con Gabina a su lado, aunque rebautizada como Mamá Salomé. Nada le importó: ni la amenaza de excomunión, ni el carácter laico del Estado mexicano. O, más bien, esto último sí que le importó. Lo indignó, propiamente. Lo puso en pie de guerra. Y Papá y Mamá, en pie de guerra, eran cosa seria. La comunidad de Nueva Jerusalén tiene reglas muy estrictas. La primera, que ahí no pone pie la educación pública, como dejaron bien claro los habitantes que en 2012 quemaron las dos escuelas locales. Pero hay más: están prohibidas la televisión, la radio, las bicicletas y, por supuesto, todas las nuevas tecnologías: las carga el diablo. Las mujeres están obligadas a usar pañuelos en la cabeza; las niñas, a guardar silencio salvo que se les indique otra cosa. Tampoco hay libertad para leer: es obligatorio apegarse a los textos aprobados por la jerarquía local. Los rezos se multiplican cansinamente durante el día entero a partir de las cuatro de la madrugada: el diablo no descansa. ¿Una secta? Claramente. Y una secta milenarista. Si los habitantes de Nueva Jerusalén mantienen un rigor ascético de ese grado es por lo dicho, porque saben que llega el final y quieren salvarse. Como sabemos, eso Dios no lo pone a precio de saldo.

¿Cómo ha logrado sobrevivir una secta de esas características? Porque las cosas se pusieron peores. Nabor murió en 2008, con 98 añitos (95 según otras fuentes). Pero andaba por ahí Agapito Gómez, un vidente que aseguraba hablar con el espíritu de Lázaro Cárdenas y que acabó acusado de violar a dos mujeres, una de ellas de once años. No que las cosas fueran que digamos el paraíso en la tierra. Ya en tiempos de Papá hubo sangre: en 1999 fue asesinado el policía Jesús Cruz por defender al hermano y a la madre de una chica violada por Agapito. Más tarde, murieron el vigilante Ausencio Vázquez, presuntamente por los pretorianos del mismo Agapito, y después Bartolo Eugenio Cruz, en los enfrentamientos por la sucesión tras la muerte de Nabor. En ciertos sectores de la Iglesia normalita, la de toda la vida, la de la esquina, le echan la culpa justamente a uno de los santos patronos del laicismo mexica: Cárdenas, primo de don Nabor. En teoría, fue el general en persona, la mismísima Esfinge de Jiquilpan, quien posibilitó a Papá las diez hectáreas donde asienta sus fueros la comunidad, integrada por seiscientas y pico familias según cálculos de 2014. Pero ¿y después? Porque a la muerte de Nabor entró al relevo un cura, Antonio Lara, rebautizado como San Martín de Tours *(sic)*, apoyado por Rosa Gómez, que es hija de Agapito, y las cosas no han ido mejor. En Nueva Jerusalén ha habido cismas: muchos pobladores se han sublevado en demanda, para empezar, de educación pública. La amenaza de Tours y los suyos no es menor: quemar cada una de las casas de los díscolos.

Algunos maledicentes sugieren que la perdurabilidad de la secta no se debe a una esfinge, sino a una Virgen: la del Rosario, que, como se sabe desde los tiempos del fundador, se ha comunicado con los líderes de la comunidad para decirles que es priista y que todos tienen que votar por el Tricolor.

Con las tasas de popularidad que arrastra el PRI últimamente, es hora de que la Virgen se aparezca, digamos, en el Zócalo de la ciudad de México. Sus hijos necesitan urgentemente un milagro.

EL REGRESO DE QUETZALCÓATL

De los creadores de «Defenderé el peso como un perro» y de «Soy responsable del timón, pero no de la tormenta», llega la superproducción «Soy Quetzalcóatl».

D urante el sexenio de José López Portillo, el periodista Julio Scherer García escribió que una de las mayores aficiones del presidente era la fotografía, o mejor dicho, que lo fotografiaran. Estaba enamorado de sí mismo y quería dejar testimonio de su grandeza que, fuera o no real, la clase política le aplaudía, le celebraba, le festejaba.

Decenas de imágenes estaban a la vista en la ayudantía del Estado Mayor en Los Pinos: el presidente en un caballo blanco o en uno negro, con raqueta de tenis —una de sus aficiones favoritas, aunque era muy malo para el deporte blanco—, boxeando, practicando esgrima, disparando una ametralladora, pintando, en esquíes, al frente del timón de una lancha, con un arpón, haciendo senderismo, vestido de charro, corriendo con un tarahumara —por suerte aún no era el tiempo de las selfies.

El poder de José López Portillo no dimanaba de Dios sino del pozo petrolero de Cantarell. De pronto, dejó de ser presidente para convertirse en rey, en emperador, en faraón, en tlatoani, en conquistador. En marzo de 1977, restableció relaciones diplomáticas con España, rotas desde 1939, cuando estalló la Guerra Civil, y aunque tuvo la ocurrencia de enviar como primer embajador al expresidente Díaz Ordaz, lo cual terminó en desastre, el propio presidente enmendó su error y viajó a la madre patria como si fuera un conquistador. Sus motivos eran personales más que políticos. La historia de sus antepasados se encontraba en tierras españolas.

El 15 de octubre de 1977 López Portillo entró a Caparroso con el boato de un monarca. El viaje a España estuvo «lleno de satisfacciones —recordaría tiempo después—, y objetivamente fue en *crescendo*: desde la recepción protocolaria al inmenso, increíble acto en Caparroso [...] Históricamente me tocó ser el primer presidente mexicano en España y el que reanudó relaciones». Años antes había visitado el pueblo de sus antepasados, y de aquella ocasión recordaba a un lugareño, el que, luego de contarle su historia, «se fue gritando a voz en cuello por la calle principal, a la que estábamos llegando: '¡Vení, vení, que ha llegado un señor que se fue de aquí hace cuatrocientos años'».

Pero junto a su linaje de gran señor español emergía su *alter ego*, su otro yo, que tenía origen prehispánico. López Portillo se veía a sí mismo como el nuevo Quetzalcóatl —el dios de dioses, el sabio, el justo, el bondadoso, el luminoso—. En su juventud había escrito una obra filosófica y de reflexión personal titulada *Don Q*, que en términos muy sencillos era su muy fumada interpretación sobre Quetzalcóatl, personaje mítico que lo apasionó y lo aprisionó toda su vida. No es casualidad que a los dos aviones presidenciales con los que contó en su sexenio les pusiera de nombre Quetzalcóatl I y Quetzalcóatl II, ni que en la fachada de su domicilio particular estuviera tallada en relieve la serpiente emplumada sobre el muro principal.

Por eso, cuando en febrero de 1978 le comunicaron que durante unas excavaciones que realizaban trabajadores de la Compañía de Luz y Fuerza del Centro en las calles de Guatemala y Argentina habían encontrado una piedra circular tallada que los arqueólogos reconocieron como la Coyolxauhqui —la mítica hermana de Huitzilopochtli desmembrada por él mismo—, López Portillo tuvo una epifanía que iba más allá de la presidencia: tenía una misión cósmica, sagrada, que los dioses le habían revelado.

«Aquel 28 de febrero de 1978 —escribió— sentí pleno y redondo el poder: podía, por mi voluntad, transformar la realidad que encubría raíces fundamentales de mi México, precisamente en el centro original de su historia, mítico ámbito de su tragedia dialéctica aún no resuelta».

El destino estaba escrito desde tiempos inmemoriales. Sin advertirlo, en su adolescencia López Portillo había hecho de ese lugar, donde ahora emergía el Templo Mayor con todos sus misterios, su barrio. «Miles de veces, como estudiante universitario pasé por ahí, por calles —Guatemala, Argentina, Licenciado Verdad, Justo Sierra—, por edificios, cafés, billares, cantinas y pasajes. Testigos todos de mis años mozos, los del descubrimiento de mi patria como misión pendiente; de mis angustias infinitas por el infinito; de mis discusiones interminables sobre todas las cosas del universo».

Así, en el clímax de su sexenio, cuando la fortuna, la fama, la gloria y el reconocimiento le sonreían, el tlatoani se concibió a sí mismo con un poder superior, un poder que tenía su origen en las fuerzas cósmicas y el pasado remoto; vio que en sus manos y en su voluntad se encontraba resguardada la grandeza de México y actuó en consecuencia, sin límites, para rescatar el Templo Mayor.

«Y yo tenía el poder para rescatar el espacio y redimir tiempos nuestros. Poner junto a la plaza donde está el templo del crucificado, el de la descuartizada. Desconcertantes caminos de sangre de esta humanidad nuestra. Tal vez no habría otra oportunidad. Descubrir, sacar a la luz: darles otra dimensión a las proporciones centrales de nuestro original origen. Abrir el espacio de nuestra conciencia de nación excepcional. Y pude hacerlo. Simplemente dije: "Exprópiense las casas. Derríbense. Y descúbrase para el día y la noche el Templo Mayor de los aztecas"».

Y entonces estampó su firma, y como si fuera una profecía que se cumplía después de siglos, lo hizo a bordo del avión presidencial: el Quetzalcóatl II.

ÓOORALE

En México se nos dan las publicaciones amarillistas y los chismes farandulescos. Nada lo demuestra mejor que la revista Óoorale, la reina del espíritu paparazzi. Aquí su historia.

Su director, David Estrada, lo explica en una entrevista con no desdeñable capacidad de síntesis: su objetivo es «transformar a las estrellas en mortales». La frase desde luego se presta a ambigüedades. Podría tratarse de una revista de esas en las que ves a una cantante dándole la papilla a su bebé en el parque, o a un cuarto bate de la canción vernácula paseando por su rancho, la camisa de cuadros impecablemente planchada y las señales de la cruda debidamente maquilladas. Lo hemos visto en otros vecindarios editoriales. Lejos de ello, Estrada se extiende sobre el «concepto» que delinea a *Óoorale*, un verdadero fenómeno editorial en los arranques del siglo XXI que, pese a todo, se niega a morir: eso significa que los artistas «van al baño, se peinan, hacen caquita, hacen pipí, comen, les da diarrea...». Así lo dijo en una entrevista con el crítico y periodista cultural Hugo García Michel.

Y sí. De *TV y Novelas* a propuestas digamos que más radicales como *TV Notas*, *Fama* o *Nueva*, pasando por programas como los de Paty Chapoy, México no ha sido ajeno al fenómeno del tabloide y sus derivaciones televisivas y radiofónicas, ese que norteamericanos o británicos han convertido en una institución. Pero nada nos había preparado para *Óoorale*. En efecto, hay caquita y pipí. Y mucho sexo, y un humor digamos que rasposillo y popular y luego francamente vulgarsote. «Sabrosas tortas», se lee en una de las portadas y en interiores, bajo la foto de unas nalgas femeninas espectaculares: «Alejandra, vegetariana. Ninel, suiza. Maribel, pierna. Niurka, cubana». En otra, sobre una conocida cantante: «Es de chichis caídas». En una más, de una farandulera: «Le da chorrillo y se le irrita el chiquillo». También está la confesión de otra mujer muy de este tipo de publicaciones: «Llevo tres meses sin sexo».

En los orígenes de *Óoorale*, al parecer, está una revista de la conocida Martha Figueroa, periodista de espectáculos, de nombre *Cuéntamelo Todo*. La idea: una suerte de *National Enquirer*, o sea, un tabloide de pura cepa, de raza, a colores, de los que combinan fotos de paparazzi, o de esas filtradas por las propias «víctimas», que en esos casos no lo son realmente, con textos escandalizantes y mala leche. Pero *Óoorale* no anda escasa de imaginación. Aparte de ser una versión mexicanizada de esa probadísima fórmula universal, ha tenido atrevimientos como poner a cargo de la sección de horóscopos nada menos que a Francisca Zetina, *la Paca*, aquella vidente que, cuando el asesinato de José Francisco Ruiz Massieu, protagonizó el caso Muñoz Rocha a instancias de la PGR y se hizo protagonista del primer volumen de *México bizarro*. Notablemente, mandaba los horóscopos desde prisión. No sabemos cómo hacía para cobrar sus honorarios.

Óoorale pertenece a la extendida y variopinta tradición de publicaciones mexicanas que desmienten lo de que en este país no se lee, esa tradición que incluye, digamos, al *Libro Vaquero*, esa desconcertante novela gráfica de la primera hora que combina historias del Oeste con mujeres turgentes y llegó a vender un millón y medio de ejemplares a la semana en los años 80. Como *Quién*. O como la propia *TV y Novelas*, un fenómeno de mercado que incluye ediciones en varios países y unos premios anuales para lo mejor del espectáculo. Pero, tal vez, en la apuesta por el contenido gráfico llevado al extremo puesto en la coctelera con el humor atravesado, la publicación con la que está más emparentada es con *Alarma!*, el legendario tabloide de nota roja, por mucho que sus contenidos sean de naturaleza muy distinta. Como *Alarma!*, que en todo caso tuvo siempre muchos más problemas legales y sufrió muchos más conatos de censura, *Óoorale* publica sin medir las consecuencias. No en vano, su primer gran golpe, en el número 3, fue la foto de una conocida cantante rubia con acento español y acta de nacimiento mexicana que al cruzar la pierna dejó ver a las claras que no tenía ropa interior. «¡Enseñó todo!», tituló la revista y dio un campanazo mayúsculo.

Óoorale sobrevivió a varios intentos de demanda y de censura, como dijo alguna vez, sin inmutarse, el propio David Estrada. Pero ha desaparecido de los puestos de periódicos y los vagones de metro atiborrados con lectores entusiastas, reducida a una apuesta mínima en internet. ¿Qué pasó? Probablemente, que la transformación de las estrellas en mortales ha encontrado un vehículo mucho más eficaz en las redes sociales, un fenómeno que dista de ser exclusivamente mexicano. ¿Qué interés puede tener la foto subrepticia de una cantante libre de ropa interior cuando puedes ver un video completo, con sexo explícito, como los que nos ha legado la imprudencia (o el cálculo preciso) de Pamela Anderson con Tommy Lee, Kim Kardashian que dijo luego que estaba colocadísima de éxtasis a la hora de grabarlo o Paris Hilton con su ex? Del celular a la nube y de la nube al mundo, la exhibición impúdica, como la imaginaron los viejos tabloides, ha dejado de ser popular para ser algo más: viral.

Óoorale, sin embargo, sobrevive en nuestra memoria.

ELEFANTE BLANCO

Villas deportivas abandonadas, hospitales que nunca funcionaron, autopistas con socavones, bibliotecas sin libros, escuelas sin alumnos. Así es el criadero mexicano del elefante blanco.

Crisis en 1976; crisis en 1982; crisis en 1985-1987; crisis en 1995. En el último cuarto del siglo XX, el país vivió sumido en una crisis económica cíclica en la que nos enseñaron que la manera más sencilla de enfrentarla era apretándonos el cinturón —todos, excepto los políticos, que nunca las han sufrido—. Los mexicanos aprendimos a vivir con la palabra *crisis* y el Jesús en la boca al mismo tiempo; no podía ser de otra forma cuando la inflación estaba a la orden del día y podía llegar a ser como la de 1987, de 159 por ciento.

Bien o mal, el presidente Ernesto Zedillo hizo frente a la crisis del 95 y al entregar el poder dejó la economía estable y controlada. Desde el famoso «error de diciembre» de 1994, y hasta la fecha, México no ha vuelto a vivir una crisis económica como las de finales del siglo XX; sin embargo, muy a la mexicana, la crisis se hizo mito y habitó entre nosotros.

La mayoría de los mexicanos creen que el país vive en una permanente crisis económica. Si hace calor es por la crisis; si llueve es por la crisis; si suben el aguacate, la gasolina o los limones es por la crisis; si la Selección no llegó al quinto partido o volvió a temblar es por la crisis. Es un hecho, en México triunfó la retórica de la crisis y el gobierno tiene la culpa, y además, seguimos en crisis.

México no es un país pobre, es un país empobrecido. ¿Por la crisis? No, por su clase política que ha logrado llevar a más de 50 por ciento de su población a la pobreza, gracias a la corrupción, la impunidad y la opacidad reflejadas en buena medida en las obras públicas. México es un criadero de elefantes blancos.

Durante la celebración del bicentenario de la Independencia, en 2010, se escuchó por todos lados: «México 200 años: la patria en construcción». No era una frase retórica, era el resumen de un país que no termina de cuajar. Algo falló si después de 200 años seguimos en construcción; no es un retraso de tres meses o de un año, son dos siglos. Hace mucho debimos correr al arquitecto, al ingeniero y al jefe de obras por su incapacidad.

Si algo ha demostrado la clase política, sobre todo en los últimos años, es que no tiene idea de cómo hacer obras públicas, o si la tiene es con la clara intención de llenarse los bolsillos —de acuerdo con el Instituto Mexicano para la Competitividad, entre 20 y 30 por ciento del presupuesto de cada obra termina en la corrupción—. Obras asignadas por licitaciones, pero al compadre, al amigo, al conocido; presupuestos sobregirados sin que nadie diga nada; materiales de mala calidad; ausencia de estudios y proyectos; trabajos al «ahí se va». Pareciera que los gobiernos en todos sus niveles imaginan las obras como si fueran a armar un Lego.

La Línea 12 del Metro se convirtió en el paradigma de las obras públicas fallidas; su inversión inicial fue de 17 500 millones de pesos y aumentó hasta 24 500 millones, de los cuales 13 000 millones de pesos salieron de nuestra lana. La inauguraron Felipe Calderón y Marcelo Ebrard y unos meses después dejó de funcionar porque los trenes no estaban hechos para esas vías.

El Senado se sirvió con la cuchara grande: se mandó a hacer su nuevo edificio a todo lujo. No iban a gastar mucho, solo 1 700 millones de pesos, dijeron; al final, el presupuesto aumentó en 137 por ciento. Y cuando llegaron las lluvias se filtró el agua en el Salón del Pleno de Sesiones, el aire acondicionado tuvo fallas y pidieron un helipuerto retebonito que no funciona porque no cuenta con los permisos para operar.

«¿Por qué no hacemos una megabiblioteca ultra plus y le ponemos Vasconcelos?», se dijo el gobierno de Fox. Y le metieron 954 millones de pesos que se convirtieron en 2 000 millones porque no le calcularon bien. «No importa, tendrá un acervo de dos millones de volúmenes» —a doce años de su inauguración (2006) tiene poco más de 600 000 volúmenes—. «También le haremos un jardín botánico» —que no existe—, y como ocurre con casi todas las obras públicas mexicanas, tiene filtraciones de agua en tiempo de lluvias.

La Autopista del Sol fue inaugurada en 1993; era el símbolo de la modernidad salinista; el sol, la arena y el mar a solo cuatro horas de la ciudad de México. No pasó mucho tiempo antes de que se convirtiera en un barril sin fondo; tuvo que ser rescatada por el gobierno de Zedillo, y seguramente tiene el récord mundial de reparaciones: desde su inauguración no ha habido un año sin un derrumbe, un socavón que se abrió de pronto o una inundación; las cantadas cuatro horas para llegar a la playa se pueden convertir en seis o en una pesadilla.

Cuenta la leyenda que en un tiempo lejano, un rey de Siam tenía una forma muy peculiar de acabar con la gente indeseable. Le regalaba un elefante blanco, a sabiendas de que el sujeto en cuestión se gastaría todos sus recursos para mantenerlo y no recibiría nada a cambio. El costo sería altísimo y el beneficio nulo. De ahí el término «elefante blanco» para las obras públicas faraónicas. Desde hace décadas, México compite por el liderazgo mundial en la preservación de esta especie.

«¿POR QUÉ TE QUIERES MORIR TAN PRONTO?»

Fue un pionero del sindicalismo charro: fundó la CROM, caminó hombro con hombro con el Estado posrevolucionario, fue el jefe de jefes de las organizaciones obreras. Terminó acusado de atentar contra Álvaro Obregón.

¿Por qué te quieres morir tan pronto?», dicen que decía Luis Napoleón Morones a la hora de los aperitivos, o sea, literalmente para abrir boca, cuando se llevaba a comer a cualquier líder obrero que hubiera emplazado a huelga sin su permiso, como para explicarle el funcionamiento de las cosas en aquel México incipientemente institucional. Por eso, por esas habilidades negociadoras, fue que Álvaro Obregón, otro que sabía tener la mano pesada cuando hacía falta, llegó a apreciar tanto sus servicios. Por un tiempo…

La vida de Luis Napoleón Morones Negrete fue breve pero intensa. Chilango de 1890, empleado de la Compañía Telefónica Mexicana, podría decirse que nació para la vida sindical. Sus raíces son, de hecho, anarco-sindicales. En 1912 se unió a la Casa del Obrero Mundial, la central dominante en la segunda década del siglo XX mexicano que, sobre el papel al menos, no parecía precisamente oficialista: fiel al ideario del anarquismo, veía al Estado como una entidad represora que era necesario suprimir sin más, la autogestión como objetivo último y la huelga general como método de rebelión.

Pero el sindicalismo mexicano, sabemos, no tiende al anarquismo sino al marxismo. Al de Groucho Marx, ese hombre que decía: «Estos son mis principios. Si no le gustan, tengo otros». En 1914 Morones funda el Sindicato Mexicano de Electricistas, y en 1915 conduce la empresa Telegráfica y Telefónica Mexicana, una empresa, pues, dirigida por obreros. Todavía anidaba en ese pecho rebelde, sí, el anarquista. Ahora bien, en palacio las cosas no siempre van despacio. En 1916 ya es presidente de la Federación de Sindicatos Obreros del Distrito Federal, pero es expulsado del SME, que lo acusa de traición. Ese año representa ya la posición «reformista» del Congreso Nacional Obrero, que dirige. El mundo gremial está dividido: siguen por ahí los *antiestablishment*, los anarquistas de cepa que quieren desmantelar el Estado. Y están los que quieren pactar con ese Estado, los que quieren acercarse al gobierno. Los encabeza Morones.

Por fin, en 1918 preside la asamblea en la que queda constituida una organización sindical a la que nadie, nunca, bajo ninguna circunstancia, podría acusar de ponerle mala cara al régimen triunfante: la Confederación Regional Obrera Mexicana. La CROM, sí, la primera unión de trabajadores con alcance nacional.

La CROM tendría un brazo abiertamente político: el Partido Laborista Mexicano, nacido en 1919, fundado por él y con una clara proclividad al presidente en turno, que era el presidente que quería repetir turnos, es decir, Álvaro Obregón. Pero Morones era un grouchomarxista de cepa, y el obregonismo no le duró mucho. Como tantos prohombres y también promujeres del sindicalismo, de Carlos Romero Deschamps a Fidel Velázquez y de este a Elba Esther Gordillo, Morones entendió que uno puede defender los derechos de los trabajadores sin dejar de cobrar una lanita extra como servidor público. Así, fue diputado en dos ocasiones y secretario de Industria con Plutarco Elías Calles, porque vivir fuera del presupuesto es vivir en el error y porque el que se mueve no sale en la foto.

Pero se movió, una vez al menos. En 1928 Obregón anuncia que se quiere reelegir, y Morones, de plano, se le opone. Quienes conocían la historia no se sorprendieron: su enemistad tenía ya un rato. El Manco de Celaya quería destronar a Luis Napoleón, que había reunido demasiado poder por la vía de crear una nueva central de sindicatos, y el jefazo gremial se había alineado de plano con el bando de Plutarco. Las hostilidades habían subido de tono al punto de que Obregón, plausiblemente, mandó asesinar en alguna ocasión a Morones, atentado que por supuesto falló. Y el sindicalista, según esta historia ciertamente dudosa, respondió.

El 17 de julio de 1928, José de León Toral, un hijo de mineros nacido en San Luis Potosí, entró al restaurante La Bombilla, en el San Ángel chilango —ahí donde años después podía verse la mano amputada del sonorense nadando en formol—, en calidad de caricaturista. Cuando se acercó a Obregón so pretexto de enseñarle un retrato que le había hecho, sacó una calibre .32 y le disparó seis veces hasta matarlo. Toral realmente actuaba en nombre de la causa cristera, en respuesta a las políticas anticlericales de Obregón y Calles. Pero los disparos, en cierto sentido, alcanzaron también a Morones, acusado de organizar un complot para asesinar al díscolo reeleccionista. No hubo modo de procesarlo, pero tuvo que renunciar a su cargo de secretario.

Fue el principio de su declive. Aunque siguió al frente de la CROM, le llegaron dos golpes de consideración en los siguientes años. El primero en 1935, cuando tuvo que seguir a Calles en el camino del exilio. El segundo, un año después. Con el cardenismo, a la CROM le surgió una competencia que terminaría por quitarle la supremacía: la CTM, creada por un puñado de disidentes entre los que se contaba un tal Fidel Velázquez, el compañero de ruta del priismo durante casi todo el resto del siglo.

Siempre obeso, Morones volvió a México pasado el cardenismo, para morir en 1946.

LA SECRETA

Para desgracia nuestra, la policía más eficaz es la que ha operado al margen de la ley. Lo mismo arremete contra los delincuentes del fuero común que contra los disidentes u opositores al régimen al que sirven.

Cuando Victoriano Huerta asumió el poder el 19 de febrero de 1913, su gobierno dispuso la organización de una policía secreta que no le dio cuartel a ningún opositor. La delación sin fundamentos, el rumor, las detenciones arbitrarias, las ejecuciones sin formación de causa y las desapariciones se hicieron cotidianas. Huerta sistematizó el terror.

Los apacibles lugares de esparcimiento de la ciudad de México fueron convertidos en sitios donde la ley fuga tomaba forma de fosa común. Así, cada uno de los cuatro puntos cardinales fue marcado por la muerte. Pasearse por Azcapotzalco, Tlalnepantla, Santa Fe, Coyoacán o San Lázaro podía ser escalofriante.

Las desapariciones de legisladores, periodistas, obreros, escritores, militares se hicieron cotidianas. El 7 de julio de 1913, los hombres de Huerta aprehendieron en su despacho al licenciado Pablo Castañón y Campo Verde, abogado defensor de prisioneros políticos. Lo remitieron a Iguala y ahí fue fusilado sin juicio previo. Siete días después cayeron acribillados Jesús Velázquez y Domingo Juárez, jueces de paz del pueblo de San Pedro Mártir, acusados de proveer de armas a los zapatistas.

Mariano Salgado, el diputado Néstor E. Monroy, Jesús A. Vázquez y Trinidad Zapa Castillo fueron fusilados el 16 de julio, acusados de preparar un atentado contra el presidente, que solo existía en el cerebro entenebrecido por el alcohol de Huerta. El ingeniero Carlos Villa tuvo la mala fortuna de llevar el mismo apellido del jefe revolucionario que le había dado varios dolores de cabeza a los federales en el norte del país y terminó dos metros bajo tierra.

El periodista sonorense Alfredo Campos Martínez, editor del periódico *La Defensa de Sonora,* llegó a la ciudad de México y de inmediato le cayeron los de la secreta; fue aprehendido bajo sospecha de conspirar. Lo atormentaron en la sexta demarcación de policía y luego en la Inspección hallaron su cadáver devorado por las ratas. El periodista Juan Pedro Didapp recibió varias puñaladas a manos del famoso José Hernández, *el Matarratas* —miembro prominente de la policía secreta—, en los llanos de San Lázaro.

Ni siquiera los militares estaban a salvo. El coronel Alfonso Zaragoza pidió su baja del Ejército cuando cayó el gobierno de Madero y de inmediato se convirtió en sospechoso por no aplaudir al nuevo régimen. Se lo llevaron a Tlalnepantla y lo desaparecieron.

José Llanes fue asesinado en el panteón de la Villa de Guadalupe; el obrero Juan González Antillón también cayó en las faldas del cerro del Tepeyac; Mariano Duque en la calzada de los ahuehuetes de Azcapotzalco, cuando el Matarratas le atravesó los intestinos con su puñal. Al licenciado Emilio Palomino lo apalearon primero y para consumar la obra lo trasladaron a las lomas de Santa Fe donde le dieron el descanso eterno.

Al general Rafael Tapia lo encerraron unos días en Santiago Tlatelolco y lo ejecutaron en Coyoacán; también en el lugar de los coyotes le dieron de tiros a don José Ramos, pero los asesinos esperaron pacientemente a que cavara su tumba. Alfonso Pereda cayó muerto en el interior de un cuartel y lo escondieron en un carro de estiércol.

Agosto de 1913 no comenzó con los mejores augurios; la guadaña del huertismo continuó segando vidas. A mediados del mes, el diputado Adolfo C. Gurrión fue acusado de preparar un levantamiento armado en Juchitán, Oaxaca. No le formaron causa; tampoco le permitieron interponer ningún recurso legal. El secretario de Gobernación, Aureliano Urrutia (busquen la semblanza que le dedicamos en este libro), telegrafió a Juchitán e instruyó al oficial al mando para que al diputado Gurrión se le aplicara todo el peso de la ley, lo que entre líneas significaba que lo ejecutaran. Gurrión cayó muerto frente al paredón el 17 de agosto de 1913.

Cinco días después el gobierno eliminó al diputado Serapio Rendón luego del discurso crítico que dio en la tribuna del Congreso en contra del régimen usurpador —lo mismo ocurriría con Belisario Domínguez en octubre—. Hasta oídos del diputado llegaron las amenazas y, persuadido por sus amigos, optó por salir del país, pero no le dio tiempo.

La noche anterior a su partida fue detenido cerca de la glorieta de Colón, desde donde lo trasladaron a Tlalnepantla custodiado por Fortuño Miramón, uno más de los esbirros de Huerta. Lo confinaron en un hotelucho de quinta cuyas ventanas daban al palacio municipal. Mientras escribía una carta a su esposa, una bala atravesó su cabeza. Un tirador le disparó desde la presidencia municipal. Era la mañana del 23 de agosto.

Poco importaba si el Congreso alzaba la voz; si la prensa —cada vez más cómplice— le dedicaba sus encabezados a los crímenes cotidianos, o si la gente se indignaba ante los asesinatos políticos. La lista se hizo interminable y, como suele suceder con toda policía secreta, una vez que cayó Huerta, en julio de 1914, fue disuelta. Sus asesinos rápidamente encontraron cabida en el nuevo régimen de la Revolución.

MI NOMBRE ES
CHAYOTE

Fue el periodista más leído durante los años 60. Acumuló fortunas, amigos y enemigos. Fue culto, mujeriego y violento. Se corrompió. Murió, con justicia poética, asesinado por su mujer. Con ustedes, Carlos Denegri.

L as historias sobre la corrupción del periodismo mexicano están arraigadas en nuestra idiosincrasia a tal grado, que inventamos un término para referirnos al hombre de prensa que cobra de los poderes públicos a cambio de sesgar su punto de vista: «chayotero». ¿Cuál es el origen del término? Hay diferentes posiciones. El periodista Julio Scherer cuenta que en una gira de Díaz Ordaz se repartían los sobornos para los reporteros justamente entre plantas de chayote, para disimular. Luego están los que dicen que hace algunos años Presidencia encargaba a una tal Rosario, *Chayo*, repartir los dineros entre los chicos de la prensa, y según el tipo de sapo que fueras te podía tocar como pedrada un «chayito», un «chayo» o eso, un «chayote». Y hay consenso en que Carlos Denegri, columnista leidísimo del periódico *Excélsior*, siempre recibía de los últimos. Fue el padre fundador de la corruptela periodística contemporánea. El Pelé del cochupo. El Michael Jordan del embute. «Mi nombre es Chayote» podría haber sido su epitafio.

No es que le faltaran virtudes. Hizo entrevistas legendarias: Kennedy, Nehru. Con nueve idiomas en la cartuchera, lleno de información privilegiada por sus contactos en toda la geografía humana del México sesentero, incluidas por supuesto, y para empezar, las castas gobernantes, escribía con buen español y abundante vitriolo. Y con métodos singulares, por decir lo menos. Tenía en el escritorio tres tarjeteros con nombres de figuras públicas, particularmente de políticos: uno con los nombres de aquellos a los que elogiaba, otro con los de aquellos a los que hacía retorcerse con un baño de ese ácido verbal, y el último con el de aquellos que eran rigurosamente ignorados. Cuando alguien le propuso que cambiara ese sistema por uno de colores asignados a cada categoría, explicó que era impensable porque el salto de un tarjetero a otro era posible: dependía del dinero que el anotado le hiciera o no llegar.

Scherer, director de *Excélsior* hasta el 76 —cuando lo defenestró un golpe orquestado desde la presidencia de Luis Echeverría—, dice de él que más que nada daba asco: era el «mejor y el más vil». La verdad, sin embargo, es que también era temido. Por muchas razones. La pluma era una, no necesariamente la primera, pero una muy destacada. Sus dos columnas, «Miscelánea Política» y —nombre que es una declaración de principios en una palabra— «Arsénico», eran consulta obligada entre los sectores políticos, que lo llenaban de dinero para no aparecer en sus textos: Denegri, como todos los periodistas corruptos, cobraba tanto por escribir como por no escribir. Otra razón: su infame carácter cada vez que bebía, que era muy a menudo. Otra no menos importante: sus contactos entre las clases poderosas. Eran conocidas sus fiestas de cumpleaños, de un lujo persa, en las que solía verse al gabinete presidencial en pleno. Pero también su afición a las mujeres era peligrosa, para los demás y, según descubrió demasiado tarde, para él.

Guapo, producidísimo siempre, viril en el cliché de pistola en la sobaquera, mucha loción y sombrero escorado, era promiscuo y violento con las mujeres, a las que coleccionaba, según su lógica, sin importar los medios para hacerlo, y a las que maltrataba con una terrible crueldad. Fue pareja de Gloria Marín, la estrella del cine de la Época de Oro, pero lo mismo le daba por entrar a un restaurante, ver a una mujer guapa y atacarla sin contemplaciones. Eso hizo en el Ambassadeurs, en una escena inmunda en la que el hombre que acompañaba a la mujer, al encararlo, fue sometido por los escoltas de Denegri, que le bajaron los pantalones frente a todos los comensales.

La historia de una de esas mujeres, Linda, su última esposa, explica como un espejo la de Carlos Denegri. La conoció en tierras chilangas, las únicas que podían admitir, y a regañadientes, a una joven guapa e independiente que había tenido la temeridad de divorciarse. El rey del chayote se prendó de ella y dejó ir ese protocolo del machismo que tan bien le funcionaba: un acoso impúdico que incluía, por supuesto, regalos ostentosos que ella rechazó sin excepciones. Asustada, agobiada, Linda escapó a Saltillo para esconderse en el rancho de un amigo de su ex. Pero hasta allá llegaban las redes de Denegri. Cuando el jefe de la policía local fue a buscarla y le recomendó que se mudara a otra ciudad, ella, resignada, levantó el teléfono y se puso en manos del depredador. Siguió un matrimonio atroz, marcado por una violencia desaforada que la puso más de una vez en el hospital.

Pero Linda no fue solo un espejo: fue un punto final. Denegri, decíamos, solía ir armado. Ella, decíamos, era una mujer independiente. Luego de una golpiza al terminar la fiesta de Año Nuevo, tomó la pistola de su marido y sin más trámites le descerrajó un tiro en la nuca. Carlos Denegri, texcocano nacido en 1910, cumplía sus 60 años ese 1970. Otro periodista de raza, Miguel Ángel Granados Chapa, cuenta que cuando se supo de la muerte de su colega, nadie se sorprendió realmente. «¿Ya? ¿Ya lo mataron?», se escuchó por ahí.

Tampoco lo extrañaron. Linda pasó dos años en prisión y quedó libre. También hizo una declaración de principios. Un libro. Se llama *¿Maté yo a Carlos Denegri?*

DE PENA AJENA

Las tomas de posesión de los presidentes siempre habían trans-currido en santa paz. Sin embargo, en 2006 el Congreso dio una cátedra de que las instituciones valían una pura y dos con sal, o sea, valían madres.

La toma de posesión de los presidentes de México solía ser una ceremonia más parecida a la coronación de un rey que a un acto republicano. El recinto de Donceles, donde sesionó el Congreso de 1911 a 1981, fue ignorado por casi todos los presidentes para la toma de protesta porque siempre quisieron algo apoteótico e invitar hasta al perico.

De 1924 a 1934 (Calles, Portes Gil, Ortiz Rubio, Rodríguez y Cárdenas), la toma de posesión fue en el Estadio Nacional. Pero dado que se comportaban como reyes ¿por qué no mejor hacer la ceremonia en un palacio? Así que de 1940 a 1964 (Ávila Camacho, Alemán, Ruiz Cortines, López Mateos y Díaz Ordaz), prefirieron organizar la fiesta en Bellas Artes. En modo «presidente de México y amo del universo», Luis Echeverría (1970) y José López Portillo (1976) protestaron en el Auditorio Nacional.

Cada seis años, el día de la toma de posesión, 1 de diciembre, la televisión mexicana y la radio nos recetaban todo lo que hacía el presidente electo horas antes de convertirse en presidente constitucional. Las cámaras lo seguían desde que se levantaba, los conductores lo entrevistaban temprano en su domicilio particular antes de ocupar Los Pinos, platicaban con su familia, nos enterábamos de qué desayunaba, qué corbata usaría, si tenía mascotas o no. Luego venía la transmisión íntegra de la ceremonia oficial, el discurso del presidente, su salida del recinto, el desfile por la ciudad, cuyas calles se llenaban del confeti que sus achichinches arrojaban desde las azoteas de los edificios que estaban en el camino a Palacio Nacional.

El Congreso de la Unión siempre se comportó como el más fiel de los lacayos del presidente en turno. De 1929 a 1997, sus miembros fueron sumisos, lambiscones y serviles. Nunca cuestionaron a ningún presidente, aplaudieron todo, fueron disciplinados, y más que legisladores parecían un club de fans enloquecidos en cada toma de posesión: interrumpían al presidente para ovacionarlo apenas leía una línea de su discurso. Durante décadas la dignidad no existió en el vocabulario de los legisladores.

Con el triunfo de Felipe Calderón en las elecciones presidenciales de 2006, por apenas 250 000 votos, los legisladores perredistas y sus aliados se pusieron en pie de guerra desde julio; no había día en que no denunciaran el fraude, y luego de movilizaciones, marchas, un mega superplantón, gritos y sombrerazos, decidieron impedir la toma de posesión del «espurio», mientras López Obrador protestaba felizmente como presidente de los suyos en pleno Zócalo de la ciudad de México, el 20 de noviembre de 2006 y en medio de la ovación de sus seguidores.

Nunca, en ningún otro momento de la historia, el Congreso había tratado de impedir que un presidente electo protestara constitucionalmente en el recinto legislativo. A lo más que había llegado era a negarle la entrada al presidente para dar su informe de gobierno, lo que ocurrió unos meses antes con Fox.

La toma de posesión de Felipe Calderón fue circo, maroma y teatro. Una vergüenza para todos. Unos días antes del 1 de diciembre, los diputados perredistas se apoderaron de la tribuna del recinto de San Lázaro y pusieron ahí su campamento —poco les faltó para prender una fogata, asar bombones y contar historias de espantos—. Su misión era impedir que Calderón protestara.

Con la agitación en el recinto era más que suficiente, así que las fuerzas de seguridad cercaron el perímetro de San Lázaro —nada más antidemocrático— para evitar manifestaciones violentas afuera. Los controles para ingresar eran muy estrictos y no había concesiones para nadie. El panismo en pleno pasó días enteros ideando un plan para hacer fracasar el plan de los perredistas; los perredistas, cada hora más enardecidos, y los priistas, indolentes como siempre, se cruzaron de brazos. A nadie le importaba la ley.

Los medios de comunicación abarrotaron el vestíbulo del recinto, instalaron sus cámaras y micrófonos y esperaron el desarrollo de los acontecimientos. Cualquier cosa podía suceder. Unos minutos antes de la ceremonia, perredistas y panistas se agarraron a golpes: insultos, gritos, chiflidos, abucheos, mentadas de madre, más golpes. Todo un pleito de vecindad.

Al parecer, el plan maestro del panismo era provocar un zafarrancho, llegar a los golpes, prender la mecha corta de los perredistas de mecha corta y aprovechar la confusión para que, en ese momento, Felipe Calderón se colara por un pasadizo «secreto» que los perredistas no conocían —pues fue lo único que no tomaron—, localizado en el salón Trasbanderas. De ese modo, cual conejo que es sacado de la chistera, Calderón apareció de pronto en la tribuna acompañado por Vicente Fox, miembros del Estado Mayor y diputados de su partido, que se dedicaron a hacerle «casita» mientras protestaba como presidente.

Fox llevaba la banda presidencial en la mano; Calderón la recibió, se la colocó en tiempo récord y a las 9:46 de la mañana protestó en medio de una sonora rechifla mezclada con vivas y aplausos. Luego, todos cantaron el *Himno Nacional*, porque eso sí, nomás se escuchan los acordes que compuso Jaime Nunó y todos se llenan del más puro patriotismo. Terminado el Himno, de nuevo gritos, mentadas y chiflidos. El nuevo presidente salió por piernas y se fue al Auditorio Nacional, donde lo esperaban sus colaboradores y seguidores. Atrás había quedado el territorio comanche y otra vergonzosa página para la historia del poder legislativo.

EL VAMPIRO DE XOCHIMILCO

Aureliano Urrutia fue un cirujano virtuoso, un usurero que se hizo de las tierras de sus pacientes pobres, un cruel secretario de Gobernación. Irónicamente, se le recuerda por lo que no hizo: cortarle la lengua a Belisario Domínguez.

No fue cierto, pero el mito goza de una extendida credibilidad hoy, 105 años después. El mito dice que luego del golpe de Estado de Victoriano Huerta contra Francisco I. Madero, en 1913, Aureliano Urrutia usó esas habilidades reconocidísimas que tenía como cirujano para extirparle la lengua con precisión y sin anestesia a Belisario Domínguez, médico él mismo, senador por Chiapas, liberal de cepa y enemigo acérrimo del gobierno huertista, para luego enviársela como trofeo al usurpador, su compadre. Pero aunque el doctor Urrutia no cometió esa iniquidad, sí cometió unas cuantas más y mereció la leyenda negra que lo acompaña sin remedio.

Chilango de Xochimilco nacido en 1872 de dos indígenas, Urrutia fue meritocrático. De familia pobre, estudió en la Escuela Nacional Preparatoria, lo que implicaba un viaje de horas todos los días en trajinera y a pie descalzo. En 1895 ya tenía el título por la Escuela Nacional de Medicina como mejor alumno de su generación. Y ya era leyenda, negruzca si no negra. Lo de Aureliano, más que vocación por la medicina, que la tenía, era necrofilia. Lo conocían sus maestros y compañeros por la pasión con que se enclaustraba en la morgue a destazar cuerpos sin permitir que nada ni nadie lo sacara de ese rapto de horas, ese éxtasis. Se cuenta que, durante un sismo, metido Aurelianito en el almacén de cadáveres, los cuerpos empezaron a brincar en las tablas. Sus compañeros, razonablemente, huyeron por sus vidas y suponemos que por su salud psíquica. Él no. Inmutable, clavó con un bisturí la mano del cuerpo a la mesa y siguió en lo suyo, firme el pulso. Se entiende que su tesis fuera *Acerca de la conservación de los cadáveres y de las piezas anatómicas*.

Su siguiente escala: médico militar en Quintana Roo, de donde se trasladó a Chilpancingo. Ahí conoció a otro hijo de indígenas, Victoriano Huerta, que sería fundamental en su vida. Urrutia le salvó la vida al futuro golpista luego de una sublevación de su batallón. Este no lo olvidaría, y la hermandad de las armas se convertiría en hermandad de la vida y desde luego en una complicidad sin tapujos. En México las insurrecciones se multiplicaban, y Porfirio Díaz encomendó a Huerta que las sofocara. Con Huerta viajó Urrutia en el papel de médico militar. Y terminó de consagrarse como protagonista de la tenebra mexicana. Lo cuenta él mismo. En Chilpancingo, en la campaña contra Canuto Neri, exgobernador interino alzado en armas que terminaría amnistiado por Díaz y envenenado por Victoriano, salvó la vida a un soldado cuando, luego de una traqueotomía, succionó con los labios los coágulos que le impedían respirar. Algunos dirían que había descubierto su vocación más profunda, la de vampiro. El Vampiro de Xochimilco.

Luego, el doc se reincorporó a la práctica de la medicina hasta convertirse en uno de los cirujanos más exitosos del país, y supo hacer fortuna, no necesariamente por las buenas. En ese periodo, su leyenda negra suma a las sospechas de necrofilia las certezas de la usura. Levantó una clínica en Coyoacán destinada a atender a pacientes ricos, pero que de hecho se ocupó de muchos pacientes pobres. ¿Altruismo? Más bien todo lo contrario. Urrutia atendía a la gente miserable solo después de que dejara como garantía de pago sus terrenos. El Vampiro, evidentemente, no estaba interesado en cobrar. Lo que quería era sumar las tierras necesarias para construir un hospital de lujo. Y lo construyó. Y amasó una fortuna. Y tampoco parece que le haya temblado el pulso.

En junio de 1913, tras el cuartelazo contra Madero, fue nombrado secretario de Gobernación. Merecía el nombramiento. En los años previos no solo se convirtió en un *rock star* de la cirugía mexica, sino que tuvo tiempo de combatir a los orozquistas junto a Huerta en la batalla del Rellano y, plausiblemente, de conspirar contra el gobierno de Madero. No fue ni de lejos su único nombramiento. Muy a la usanza de la época —y de esta época, y de las que quedaron en medio—, sumó a los dineros de origen privado los de origen público: fue director del Hospital General y director de la Escuela de Medicina de la Universidad Nacional, que gobernó con mano de hierro, literalmente a la usanza militar. Pero lo suyo en Gobernación es caso aparte. Con Huerta, *el Chacal*, se multiplicaron los asesinatos de opositores —tal vez el más conocido, aparte del de Belisario, el del diputado Serapio Rendón—, perpetrados por la Inspección General de Policía, cuyo jefe último era, quién si no, el secretario de Gobernación. Por tercera vez, no le tembló el pulso. Uno a uno, maderistas cayeron bajo las balas, como Mariano Duque, el diputado Néstor Monroy y treinta obreros acusados de complotar a su lado.

Ese fue el personaje que, en realidad, no le cortó la lengua a Belisario Domínguez. No podría haberlo hecho, o difícilmente. Una broma pasadita de tono a Huerta en una comida pasadita de alcoholes, como todas las de Huerta, lo llevó a renunciar antes de la ejecución del senador. Urrutia devolvió su necrofilia a la práctica privada, hasta que triunfó el alzamiento contra Victoriano. Superviviente, mudó sus habilidades a Estados Unidos. Las de cirujano y las de vampiro: murió en San Antonio, Texas, en 1975, a los 103 años.

LA SILLA EMBRUJADA

Cultos o incultos, lectores o no, con grados académicos o sin ellos, buenos o malos oradores, altos o chaparros. En México hemos tenido toda clase de presidentes y la mayoría ha sido un fiasco.

La historia de los presidentes está definida por la frase que Daniel Cosío Villegas acuñó para tratar de explicar y explicarse a Luis Echeverría: «el estilo personal de gobernar». Y es que hemos tenido de chile, de dulce y de manteca, y nomás no: la mayoría no han sido demócratas; han visto la aplicación de la ley como una facultad presidencial; han sido renuentes a la crítica; han gobernado sin contrapesos y han estado por debajo de las expectativas que el país tenía puestas en ellos.

En 2024 México cumplirá 200 años de haber asumido la forma republicana de gobierno; dos siglos de ser gobernados por un presidente, o dos al mismo tiempo (en la guerra de Reforma), o tres (en la Revolución mexicana), y por ahí se coló un emperador de 1864 a 1867.

En 194 años (1824-2018) México ha tenido 96 presidentes: 47 ocuparon el poder de 1824 a 1855, un promedio de casi siete meses por presidente; 17 de 1855 a 1877; y 32 de 1877 a 2018, incluyendo al presidente elegido en julio de 2018. Y aunque todas las comparaciones sean irritantes, solo para el registro: en casi 230 años, Estados Unidos ha tenido 45 presidentes.

En términos generales, y siendo muy generosos, a nuestros presidentes los ha definido la mediocridad: difícilmente se podría hacer un análisis del ejercicio de gobierno de cada presidente del siglo XIX porque el país estuvo sumido en guerras con el exterior, levantamientos y rebeliones desde 1821 y hasta 1877. Sin embargo, el siglo fue definido por tres presidentes: Antonio López de Santa Anna, Benito Juárez y Porfirio Díaz.

Los tres son los que más tiempo gobernaron, o los que más veces ocuparon la presidencia. Don Porfirio gobernó durante 31 años en ocho periodos presidenciales, Juárez gobernó 14 años ininterrumpidos en cinco periodos presidenciales, y Santa Anna ocupó la presidencia 11 veces, pero en tiempo efectivo fueron seis años, ya que no le gustaba el poder sino la lisonja y el servilismo que rodean al poder.

La Revolución también fue un desgarriate que de 1911 a 1934 nos arrojó 15 presidentes —entre ellos Pedro Lascuráin, que duró 45 minutos en el poder—, además de asesinatos, atentados y sucesiones presidenciales bañadas en sangre.

A partir de 1934 el país entró de lleno en el camino de la paz social —con su buena dosis de represión—. El problema fue que de Cárdenas a Salinas los presidentes no tuvieron llenadera. El «hágase tu voluntad en la Tierra como en el cielo» era una frase del «Padre nuestro que estás en Los Pinos». Nunca aprendieron a ser presidentes de una república funcional ni la hicieron funcionar; se comportaron como reyes: construyeron un Estado de derecho discrecional, gobernaron bajo el autoritarismo de su real gana y la impunidad, permitieron la corrupción de sus cercanos y lejanos y despilfarraron a manos llenas.

¿Qué se puede esperar de un país que tuvo un presidente que hizo su fortuna antes de llegar al poder traficando alcohol a Estados Unidos durante la época de la prohibición (Abelardo L. Rodríguez); otro al que llamaban el «ratón Miguelito» (Alemán) por rata; uno más que le entregó la banca a sus amigos y permitió que su hermano traficara con influencias (Salinas); otro que aceptó que su amigo *el Negro* Durazo le regalara «la colina del Perro»; o uno más que nunca pudo explicar el origen legal y legítimo de su Casa Blanca?

Los presidentes hicieron y deshicieron porque podían. López Mateos resumió lo que fue el presidente de México durante la segunda mitad del siglo XX: «Durante el primer año la gente te trata como Dios y la rechazas con desprecio; en el segundo te trata como Dios y no le haces caso; en el tercero te trata como Dios y la toleras con incredulidad; en el cuarto te trata como Dios y comienzas a tomarla en serio; en el quinto te trata como Dios y no solo lo crees: lo eres».

Mientras hubo estabilidad y crecimiento económico, entre 1952 y 1970, todos los mexicanos se hicieron de la vista gorda y le entregaron a los presidentes su fe y dignidad. Pero nomás comenzó la época de las crisis, pudimos ver con claridad lo que eran los que nos gobernaban.

Algunas de sus frases los pintan de cuerpo entero: «Lo que pasa es que yo soy todo en este país», Luis Echeverría. «Soy responsable del timón pero no de la tormenta», José López Portillo. «No dejaré que el país se deshaga entre mis manos», Miguel de la Madrid con una inflación de 159 por ciento en 1987. «Ni los veo, ni los oigo, ni los escucho», Salinas de Gortari a la oposición. «¿Y yo por qué?», Vicente Fox. «*Haiga* sido como *haiga* sido», Felipe Calderón. «Ningún presidente se levanta pensando cómo joder a México», Enrique Peña Nieto.

El México de hoy es el resultado de los malos gobiernos desde 1970. Ni siquiera la alternancia presidencial trajo un cambio en la forma de gobernar: el autoritarismo, la corrupción y la impunidad son una forma de gobierno. La gran paradoja es que a mayor democracia peores presidentes. En 1914, cuando Zapata llegó a Palacio Nacional, expresó: «La silla presidencial está embrujada, cualquier persona buena que se sienta en ella se convierte en mala».

Palabra por palabra, tenía razón.

EL DEPORTE NO DA PARA VIVIR

Jugó con éxito en seis equipos mexicanos, incluida la Selección. Terminó encerrado por participar en una banda de secuestradores. Con ustedes, Omar el Gato Ortiz.

No, no se dejen engañar: el deporte y el éxito no van fácilmente de la mano. No es solo que para la mayoría de los que apuestan por el camino del alto rendimiento la vida se vuelve un calvario de entrenamientos extremos, ampollas en sitios impredecibles, dietas permanentes, pocos triunfos y menos dinero. Es que incluso los que arañan la gloria pueden caer hasta el fondo de la coladera del capitalismo salvaje. Vean a Rodolfo *Gato* González, medallista olímpico y contendiente por el campeonato mundial de peso ligero, encarcelado tras presumiblemente matar a golpes a dos amigos, luego de una noche loca y tóxica de la que asegura no tener memoria alguna. Vean a Aurelio *el Coreano* Rivera, suspendido por falsificar sus documentos para jugar el Mundial Juvenil y encarcelado durante dos años por arrollar a dos ciclistas cuando manejaba sellado de borracho. Vean a La Parkita y Espectrito Jr., viejos protagonistas de nuestros esfuerzos bizarros, los luchadores *mini* muertos por intoxicación de gotas oftálmicas a manos de dos sexo-servidoras de la tercera edad. Vean a Esteban Loaiza, que pasó de firmar un contrato por 21 millones de dólares, jugar con varios equipos de grandes ligas, lanzar en dos juegos de las estrellas y estar casado con la cantante Jenni Rivera a ser detenido con 20 kilos de cocaína. Y vean, sobre todo, a Omar *el Gato* Ortiz, encarcelado por participar en una banda de secuestradores relacionada nada menos que con el Cártel del Golfo, la decana de las organizaciones criminales mexicanas, famosa por violenta en el universo de la violencia extrema y por usar niños de ocho años para descargar los cargamentos de droga, entre otras bellezas.

En marzo de 2017, el enésimo motín en una cárcel mexicana, la de Cadereyta, Nuevo León en ese caso, dejó cuatro muertos y 22 heridos. Aunque la lista oficial de víctimas no incluía su nombre, su familia dijo que sí, que Omar había intentado refugiarse en una capilla, pero que aun así había terminado con la nariz rota y una buena cantidad de golpes y cortadas en la cara. ¿Cómo llegó a esa situación el que fue reconocido como un portero con aptitudes y con unos cuantos contratos nada desdeñables?

Nacido en Monterrey el año 76, empezó su carrera muy discretamente ahí, en su ciudad, con los Rayados, que no tardaron en transferirlo al Celaya, donde destacó lo suficiente como para volver a casa. Fue solo otra escala: recaló en el Necaxa una temporada después, en 2003, y un año más adelante en Jaguares de Chiapas, donde sí logró destacar. Tuvo tiempo para jugar nuevamente en el Necaxa, en el Atlante y por último de nuevo en Monterrey, con alguna intervención como seleccionado nacional, hasta 2010, cuando fue suspendido por dopaje. El Gato, también llamado el Gato con Botas, resultó ser el Gato con Anabólicos. Lo esperaban dos años de sanción, que en un sentido estricto no cumplió. O sí, pero ya no importaba.

En 2012, cuando estaba a punto de terminar su periodo de suspensión, arrastrado por una adicción a la cocaína que presumiblemente lo mantenía también unido al grupo de secuestradores, que completaba el gasto distribuyendo drogas (o viceversa), fue detenido y presentado ante los medios. Venía, al parecer, de un calvario económico. El Monterrey, por supuesto, lo suspendió sin sueldo. Según una nota del periódico *Excélsior*, eso lo llevó a aceptar dinero de un vecino, relacionado con el Cártel. Fue el inicio del fin. Siguen momentos extraños, nada claros, que podrían o no estar relacionados con su declive económico y sus relaciones con el misterioso vecino: el robo a mano armada de una camioneta

Suburban que no quiso abandonar ni en lo más álgido de la crisis, la escuetísima nota de prensa que avisaba de su desaparición por un grupo de hombres armados, un hipotético secuestro que al parecer no lo fue. En 2012, por fin, compareció en la Agencia Estatal de Investigaciones junto a Luis Alberto Tamez, César Acosta y Héctor Eduardo Treviño. A la banda se le acusaba de 20 secuestros en dos años —de cada uno de ellos habría obtenido alrededor de un millón de pesos—, entre los cuales se contaba el del esposo de otra protagonista de *México bizarro*, la cantante Gloria Trevi: Armando Gómez. Al Gato le tocaban tareas de chivato, de informante: se relacionaba con las víctimas, obtenía toda la información posible sobre sus ingresos, propiedades y hábitos, y se la proporcionaba a la banda. Cobró 100 000 pesos por cada uno de los dos secuestros que se le imputaron, que destinó a pagar deudas. No todas. Se le acabó la fuente de ingresos cuando el Grupo Antisecuestros irrumpió en una casa de seguridad de la banda. San Nicolás de los Garza, al sur de Monterrey, recuperaba la paz.

¿Pertenece al bizarro mexicano la historia de Omar? Sin duda. La suya, pero no nada más la suya. A inicios de 2018, seis años después de ser detenido por agentes ministeriales, el Gato seguía sin recibir una sentencia. En eso no es único: le pasa lo mismo que a cuatro de cada diez presos mexicanos. La justicia mexicana, o el bizarro elevado a la categoría de masas. La sentencia llegó por fin en 2019: 75 años.

¿*SHARKNADO*? EL TIBURONARIO DE MAZATLÁN

No, no era la versión mexicana de Sharknado —no había posibi-lidad de que los tiburones llegaran volando—, pero por un rato los habitantes de Mazatlán consideraron posible toparse con un tiburón en plena calle.

El 23 de diciembre del 2016, entre bombos, platillos, vítores, aplausos y con la famosa canción «Tiburón, tiburón / tiburón / tiburón» —además de los soporíferos discursos políticos— fue inaugurado el tiburonario del Acuario de Mazatlán. Veintitrés tiburones de cinco especies distintas nadaban alegremente en una pecera de 2.5 millones de litros de agua de mar, con los dieciséis acrílicos más grandes de México, para que los visitantes pudieran admirar a los tiburones en su máximo esplendor.

Con excepción del gobernador del estado, la plana mayor del gobierno estatal y del local estaban presentes. Como nunca falta algún lambiscón con grandes ocurrencias, los invitados fueron recibidos por dos buzos que hicieron una inmersión y, en medio de los tiburones, desplegaron una lona que decía: «Tiburonario Acuario Mazatlán».

Todo era alegría y orgullo, pero 38 días después se escuchó de manera inesperada el tema de la película *Tiburón* en todo Mazatlán. El reloj marcaba cerca de las seis de la tarde del 1 de febrero de 2017. Los últimos visitantes del acuario y del tiburonario habían dejado el lugar. En el interior solo se encontraban los empleados. De pronto, uno de los acrílicos colapsó y el agua comenzó a inundarlo todo. Si hubiera sido una embarcación, habría terminado en el fondo del mar en un santiamén. Miles de litros de agua salada se derramaron, y en unos minutos el tiburonario, el estacionamiento del acuario y las calles aledañas estaban anegadas; fue necesaria la presencia de los cuerpos de emergencia para hacerle frente a la crisis. ¿Y los tiburones?

Los empleados estaban un poquito preocupados porque trabajaban... sí, en efecto, ¡en un tiburonario! Y como sin duda habían recibido la capacitación necesaria para el manejo seguro de escualos, pusieron sus vastos conocimientos en práctica: «Oye, Juan, *tráite* la red que usamos cuando limpiamos la pecera de los beta». «No, José, mejor los cargamos; la red se va a romper». Los tiburones recibieron un «tratamiento de oxigenación», que en lenguaje cristiano significó: «Cámbialos en chinga de estanque que se nos mueren».

Ni los empleados ni los escualos resultaron heridos, pero eso sí, todos fueron evacuados. Para fortuna de los habitantes de Mazatlán, la grieta del acrílico colapsado no era lo suficientemente grande como para que los tiburones salieran a darse la vuelta y aterrorizar a uno que otro parroquiano.

En unos días todo volvió a la normalidad, aunque la sociedad se transformó en un enorme tiburón blanco dispuesto a despedazar a las autoridades municipales porque la inundación solo era el resultado de una sarta de estupideces acumuladas a lo largo de seis años.

Y es que lo que mal empieza, mal acaba. Todos los vicios políticos que existen en México estuvieron presentes en su construcción, incluso cuando el tiburonario todavía era una idea: corrupción, impunidad, opacidad, improvisación, falta de planeación, ausencia de supervisión. Era un proyecto que arrancó el 20 de julio de 2010. Ese día, la administración del acuario de Mazatlán anunció a los cuatro vientos y al ritmo de «tiburón a la vista», que iniciaban las obras del tiburonario. El costo sería de 30 millones de pesos y estaría listo en seis meses.

Todo fue un desastre: la licitación, el presupuesto, los contratistas. A un año del inicio de su construcción, el alcalde de Mazatlán, Alejandro Higuera Osuna, declaró que había un pequeño error en la cimentación, por lo que era mejor demoler la obra que arreglarla. Pero optaron por repararla. Osuna y Osuna Arquitectos, el contratista que había ganado la licitación, se justificó diciendo que nunca le pidieron construir un tiburonario, sino una plancha de concreto que, por cierto, construyó sobre suelo fangoso, y que solo tenía experiencia en casas y discotecas, pero no en acuarios o peceras.

Como Dios les dio a entender, las autoridades de Mazatlán continuaron la obra con nuevas licitaciones y a un costo cada vez más elevado. En un recorrido realizado tiempo después para verificar cómo iban los trabajos, vieron que ya estaba lista la pecera, pero se dieron cuenta de que se les había olvidado proyectar un techo adecuado para proteger a los tiburones del clima y ni siquiera estaba presupuestado. ¿Y por qué no construir el cuarto de máquinas en una zona inundable? Exacto, ¿por qué no? Y así lo hicieron.

Una obra planeada para seis meses se llevó seis años, y los 30 millones de pesos originales se convirtieron en 80. El tiburonario tuvo una brevísima existencia: 38 días. A nadie sorprendió que la obra fuera un catálogo completo de vicios ocultos, y como suele suceder en cualquier lugar de México a cualquier nivel de gobierno, autoridades, contratistas y administradores del acuario se echaron la culpa unos a otros. Se abrió una investigación para deslindar responsabilidades y, al día de hoy, el tiburonario permanece cerrado. La obra no se convirtió en el gran elefante blanco de Mazatlán, sino en el gran tiburón blanco.

FRACASO DESCOMUNAL DE LA TIERRA COMUNAL

Era la panacea, la fórmula mágica para que el campo fuera justo, productivo, compartido y sobre todo muy mexicano, muy anclado en nuestras raíces. No lo fue. Aquí, breve historia del ejido.

El cardenismo, el original, el de Lázaro Cárdenas, podría usar como epitafio aquello de que de buenas intenciones está pavimentado el camino del infierno. Y es que, si la defensa de los derechos de los trabajadores terminó en Fidel Velázquez y la expropiación del petróleo en Pemex, la reforma agraria acabó en el ejido.

La idea del ejido no nació con el general. Está, por el contrario, arraigada en los orígenes mismos de la Revolución, que tuvo en sus fundamentos, siempre, la idea de una reforma agraria, y que terminó por asimilar la idea de la reforma agraria a la del ejido. ¿Qué es el ejido? Primero, un mito. La idea fundamental, falsa en términos históricos, es que las comunidades agrícolas mexicanas tendían por naturaleza a una forma comunitaria de posesión de la tierra. Esa organización garantizaba, según un ideario muy extendido desde la primera década del siglo XX, la satisfacción de las necesidades alimentarias de todos, la armonía social y a fin de cuentas la productividad de las tierras. El edén. ¿Qué había pasado con ese edén? Había pasado el liberalismo, con su apuesta por la tenencia individual de la tierra, que había desembocado en la proliferación de haciendas, de latifundios, de monopolios. El zapatismo, por ejemplo, según esta interpretación de la historia, era una respuesta a ese expolio —que el zapatismo no apostara al ejido era una minucia—. La solución: volver a la edad de oro, a una organización del campo que se remontaba, ahí es nada, al pasado prehispánico, al *calpulli*. Las alarmas debieron haber saltado en ese momento: las referencias a la sabiduría de la cultura azteca, en este país, normalmente se traducen en «No hemos hecho una investigación a fondo».

Los mitos, en efecto, suelen ser el preámbulo del desastre, y el ejido fue eso, un desastre. Si Cárdenas no lo inventó, fue sin duda el que lo hizo posible, como una solución mágica para, decía, «dignificar» a la población del campo. La reforma agraria fue un fenómeno sin precedentes: se repartieron 18 millones de hectáreas, en contraste con el total de 10 millones que se habían repartido desde la Revolución. Pero ¿qué significa «repartieron»? Significa que dejaban de ser consideradas propiedad privada: pasaban a pertenecer al Estado, que cedía la tierra a las comunidades para que la explotaran. En pocas palabras, los trabajadores eran dueños de lo que producía la tierra, pero no de la tierra, que no podían vender o arrendar. Y, para sorpresa de algunos, los trabajadores de la tierra resultaron ser como todos nosotros: personas atentas a la vulgar ganancia, al sucio dinero, primera explicación del desastre de aquel experimento.

Las primeras grandes tentativas ejidales fueron en Coahuila y Yucatán. A diferencia de otros revolucionarios, Cárdenas entendió el ejido como una institución permanente, no como un periodo de transición entre la hacienda arrancada al terrateniente maligno y la dotación de tierras al peón, todo bondad. Y le puso músculo: se abrió un Banco de Crédito Ejidal, la SEP inauguró escuelas agrarias por doquier, se abrieron clínicas y maternidades. En la Laguna, zona muy próspera por los modos capitalistas con que explotaban la tierra españoles e ingleses, pero muy desigual y muy alebrestada socialmente, el general procedió a expropiar tierras a mansalva para repartirlas, vía una muy oportuna Ley de Expropiación que básicamente le daba manos libres para proceder contra cualquier propiedad sin muchos contratiempos legales. Y procedió. El Departamento Agrario se hizo de 128 000 hectáreas repartidas entre 185 «sociedades de crédito ejidales», cerca de 35 000 campesinos y unos 2 000 propietarios con terruños muy reducidos. Fracasó. Desde el siglo xx por lo menos, «expropiación» y «colectivización» suelen ser dos formas de llamar a la inflación, y sí: las ciudades empezaron a mosquearse por el subidón de los precios de los alimentos en particular y de la vida en general, una consecuencia de que Hacienda, que no tenía dinero para los proyectos del general, se haya dedicado a imprimirlo por decreto.

El siguiente fracaso fue el yucateco, la niña de los ojos de la reforma orquestada por el general, que, si veía el campo como el reino del bien, en contraste con la ciudad que era el mal puro, veía a las comunidades indígenas como el *summum* del bien, como la santidad misma. Y el campo yucateco, sin duda, era generoso en comunidades indígenas. Así que el Estado se arremangó a mayor gloria de los mayas peninsulares... para fracasar de nuevo.

¿Qué falló? Apelemos a quien mejor ha narrado el disparate del ejido: el padre fundador, el *sensei*, el Shakespeare de todas las crónicas sobre lo bizarro que en México han sido: Jorge Ibargüengoitia. Su familia, guanajuatense, tuvo una hacienda que fue dividida por la reforma y que él, en su momento, tuvo que administrar. La hacienda se sostenía con el cultivo de trigo, ideal por las condiciones del suelo. Cuando la repartición de tierras, muchos de los trabajadores optaron por no aceptar las tierras repartidas por el Estado y seguir asociados a la hacienda, reducida a cien hectáreas. Mientras, se «importaron» ejidatarios para trabajar las tierras explotadas. Resultado: la hacienda entró en crisis, porque las tierras laborables se redujeron mucho más que el número de familias que vivían de ellas, mientras que los ejidatarios, mal preparados, se empeñaron en sembrar maíz en un suelo inapropiado para ese fin y las tierras acabaron convertidas en un páramo. Ibargüengoitia terminó por vender. El nuevo dueño despidió a los trabajadores para meter maquinaria.

Remata el rey Jorge un párrafo con estas palabras: «En lo que llevamos visto, nadie se ha dignificado». Otro posible epitafio.

CUANDO A FIERRO MATAS, A FIERRO MUERES

Le llamaban el «carnicero», pero nunca vendió carne en su vida. Las razones de su apodo no eran nada piadosas: era el verdugo de Pancho Villa, su cancerbero, de nombre Rodolfo Fierro.

Solo era una apuesta, una ocurrencia de cantina, de las que solía tener Rodolfo Fierro cuando no se encontraba desafiando al enemigo. El reto era muy simple: el general les apostó a sus hombres que una persona herida de muerte caía siempre hacia adelante. Uno de los presentes la aceptó, el general salió de la cantina tambaleándose, desenfundó su pistola y le disparó a un parroquiano que pasaba en ese momento. Regresó con la sonrisa de quien ha cometido una travesurilla y exigió el pago de la apuesta: la víctima había caído de bruces.

Nacido en El Fuerte, Sinaloa, en 1880, Rodolfo Fierro fue uno de los lugartenientes de mayor confianza de Pancho Villa; su gatillero y brazo ejecutor en el sentido literal del término. Sabía apretar el gatillo por obligación, pero también disparaba por placer.

Había sido garrotero y ferrocarrilero, pero lo que llamó la atención de Villa fue su audacia; era temerario hasta la locura; despreciaba a la muerte, por eso le era fácil quitar vidas. Era despiadado, pero le tenía una lealtad perruna a Villa, a quien conoció cuando se formó la División del Norte en septiembre de 1913. Con ciertos aires de psicópata, era cruel y sanguinario y no tenía escrúpulos, pero sabía ser buen amigo e, increíblemente, su trato era afable y simpático.

Fierro bebía whisky; una copa que se multiplicaba en pocos minutos le permitía estar a tono. No bebía para darse valor; era un hombre valiente sin discusión. El alcohol simplemente lo ponía en un agradable estado de bienestar físico en el que la vida y la muerte eran sinónimos.

«A Fierro se le hacía agua la mano (según su propia expresión) —escribió Ramón Puente— cuando la posaba en la cacha de su pistola. Está profundamente alcoholizado cuando se deleita en fusilar prisioneros y se ríe con risa diabólica al sentir que su pistola se calienta a tal grado que tiene que cambiarla».

Villa admiraba la naturalidad con que Fierro disponía de las vidas ajenas. No dudaba, no padecía, no se cuestionaba. Si por momentos era cruel y se divertía con los prisioneros, en otros parecía un ser amoral; matar y morir formaban parte de esa extraña cotidianidad marcada por la violencia revolucionaria.

Villa y Fierro fueron responsables de la muerte del inglés William Benton, que puso contra las cuerdas a la revolución constitucionalista en febrero de 1914, pues Estados Unidos y Gran Bretaña se quisieron comer vivo a Villa por el trato que le había dado a un extranjero. El inglés le había reclamado airadamente al Centauro, lo acusó de robarle sus propiedades, lo insultó, e hizo todo lo que estuvo a su alcance para que Villa le diera un salvoconducto al más allá.

Por instrucciones de su jefe, Fierro se llevó a Benton para pasarlo por las armas sin juicio alguno, pero el inglés nomás no se callaba, ni siquiera frente al hoyo que estaban cavando para que cayera su cuerpo. Benton sacó de sus casillas a Fierro cuando le dijo: «Ahonde más mi sepulcro para que no me saquen los coyotes». Fueron sus últimas palabras. Fierro sacó su pistola, le disparó en la nunca y el inglés cayó, como el carnicero decía que siempre caían los cuerpos, de bruces —habría ganado de nuevo la apuesta.

El asesinato del inglés fue un escándalo internacional. Villa le dijo a Carranza que Benton había querido matarlo y que lo había sometido a juicio y lo había fusilado, y para demostrar que le había dado muerte con todas las de la ley podían ver su cadáver. Carranza se quedó conforme y Villa, acá entre nos, le ordenó a Fierro que exhumara el cuerpo de Benton, le formara cuadro y lo fusilara. Y así lo hizo, fusiló al muerto ya en avanzado estado de descomposición.

No hubo batalla de la revolución contra Huerta en la que el sanguinario lugarteniente de Villa no estuviera presente, y cuando sobrevino la derrota de la División del Norte en el Bajío a manos de Obregón en 1915, el único que no abandonó a Pancho Villa fue Fierro. Lo que sí es un hecho es que su talento de asesino contrastó siempre con su ineptitud y falta de pericia para la estrategia militar; cuando estuvo al mando de tropas entregó puras derrotas.

«Tenía una psicología llena de amargura y crueldad —señala Luis Aguirre Benavides, secretario particular de Villa—, que lo hizo cometer durante su vida revolucionaria tantos desmanes, pues muchos de los hechos sanguinarios que se le atribuyen no eran inspirados u ordenados por Villa, sino que eran producto de su propia iniciativa; su temeridad y valentía lo rodearon de una aureola de leyenda».

Una vida sanguinaria y cruel no podía terminar de un modo distinto. Perseguido por tropas carrancistas, Fierro decidió cruzar la Laguna de Guzmán, en Chihuahua, en octubre de 1915, y fue tragado por sus cenagosas aguas con todo y su caballo. Nadie intentó siquiera sacar su cuerpo.

Su historia se convirtió en leyenda, e incluso llegó a las pantallas del cine nacional, cuando fue interpretado por Carlos López Moctezuma en la serie de películas sobre Pancho Villa que protagonizó Pedro Armendáriz. Al menos ahí, en la pantalla grande, sí se ganó la simpatía de los mexicanos.

MEDALLA AL MÉRITO BIZARRO: VICENTE FOX

En su currículum está haber desbancado al PRI de la presidencia. Aun así, se le recuerda, sobre todo, por sus salidas de tono, lo que lo hace merecedor de esta medalla. Gracias, presidente Fox, por todo este material.

Porque alguna vez llamó a las mujeres «lavadoras de dos patas».

Porque en la elección del 88, cuando era congresista, se puso dos boletas electorales en las orejas para denunciar el fraude que, estaba seguro, como tantos otros, hizo presidente a Carlos Salinas.

Porque Fidel Castro lo grabó al decirle: «Comes y te vas», un comentario que al entonces presidente de México le pareció muy consecuente dado que la presencia del dictador cubano era un incordio en esa Conferencia Internacional sobre la Financiación para el Desarrollo: era inminente la visita de George Bush hijo. Fidel, sabemos, aparte de grabarlo difundió la conversación. También por eso.

Porque en tuits llamativamente llenos de errores de ortografía, de sintaxis, de puntuación, de gramática, de lo que se quiera, pelea con Tatiana Clouthier, que tiene un español escrito más o menos igual de cuidado que el suyo, e increpa al entonces probable futuro presidente de México, Andrés Manuel López Obrador, al que llama Lopitos.

Porque, después de su mandato, él y su esposa Martha Sahagún decidieron regalarles a los comensales de su restaurante llamado Las

Delicias de San Cristóbal, nada menos que una réplica de la banda presidencial que en vez del escudo nacional llevaba la leyenda «Que te vaya bonito».

Por decir que fue el mejor presidente de México por encima de Benito Juárez, lo que le valió ser declarado *persona non grata* por el cabildo de la ciudad de Oaxaca, la capital del estado.

Por fotografiarse con esa camiseta dirigida a Donald Trump que decía: «No puedes construir un muro si tus manos son demasiado pequeñas», complemento a lo de que el presidente gringo tiene «un cerebro demasiado pequeño».

Por responderle «Parásita tu abuela» a un inmigrante mexicano que, en una visita a Arizona, lo llamó así: «parásito».

Por llamar «perrada» a los seguidores de López Obrador.

Sin duda, porque al llegar a la presidencia dijo inolvidablemente que iba a matar «tepocatas» y «víboras prietas», en referencia a los políticos corruptos del antiguo régimen, y luego de decirlo no lo hizo.

Por todo eso y mucho más, Vicente Fox Quesada, antiguo gerente refresquero, hombre de rancho, presidente de México entre 2000 y 2006, es otro de los ganadores de la Medalla al Mérito Bizarro.

Nacido en tierras chilangas en el 42, de madre española y padre guanajuatense; crecido en Guanajuato; educado, muy a la usanza del Bajío, en escuelas católicas, no siempre pareció el expresidente destinado a habitar las páginas de este libro, como lo hace de manera tan natural (contemplamos bautizar nuestro galardón como «Medalla al Mérito Bizarro Vicente Fox Quezada», pero la verdad es que hay mucha competencia). En 1965, ortodoxamente, entró a trabajar a Coca-Cola, primero como distribuidor, luego como supervisor de camiones, después como director nacional de Operaciones, más tarde como director de Mercadotecnia y finalmente como presidente de la División de América Latina. Todo caminaba, como caminaron sus negocios una vez que abandonó la empresa, y como caminaba su vocación de padre: él y su primera esposa, Lilian de la Concha, adoptaron hasta cuatro chamacos: Ana Paulina, Cristina, Vicente y Rodrigo. Y como caminaba su carrera política. Mientras se llenaba la mesa familiar de nuevas bocas y se entregaba al negocio, Fox se hizo secretario del Ramo Agropecuario en el gabinete alternativo de ese histórico del panismo que fue Manuel Clouthier —o sea, sí, el padre de Tatiana—, diputado federal por Guanajuato el 88, gobernador el 95. Y se le metió en la cabeza que quería ser presidente. Y lo logró.

Ese fue el hombre por el que tantos decidimos votar para que el PRI, por fin, abandonara la presidencia 71 años después. Un ranchero alto, francote, con idea de los negocios, incluso atractivo para muchas mujeres, caso de la madre de uno de los autores de este libro (no, no la vamos a balconear). Las cosas, sin embargo, empezaron a descomponerse bastante rápido. Tenemos, por ejemplo, el caso de Los Amigos de Fox, una fuente de financiamiento electoral bastante dudosa manejada por un tal Lino Korrodi, hoy involucrado en el movimiento de AMLO, o sea, el de Tatis. Tenemos, claro, el caso del nuevo aeropuerto en San Salvador Atenco que, luego del amotinamiento de campesinos y activistas, decidió cancelar. Está el caso del desafuero, con el que intentó descarrilar como candidato a Andrés Manuel López Obrador, entonces jefe de gobierno del DF, con el argumento de que había violado una orden de detención de una obra, cosa cierta. Otra vez se echó para atrá, ante la intensidad de las protestas. Y es que lo mismo le daban accesos de protagonismo que le daba por lavarse las manos, como cuando el conflicto de Canal 40 llevó a los empleados de esa empresa a protestar con una pancarta ante él, que contestó sin muchos trámites: «¿Y yo por qué?».

No debemos sorprendernos, entonces, de que el PAN, su partido de toda la vida, decidiera expulsarlo en 2012 (aunque la expulsión no se concretó y el propio Fox decidió no refrendar su militancia). Tampoco, quizá, de que haya sido acusado de enriquecimiento ilícito. La demanda la interpuso el exdelegado de la Cuauhtémoc Ricardo Monreal, *el Señor de los Baches*, que por entonces chambeaba en la Cámara. No es, pues, una referencia que digamos muy confiable. Pero quién sabe: a lo mejor el rancho de don Vicente también tiene plaga de tepocatas.

DE ATINADA IZQUIERDA

*«Si no sabes qué significa, no lo digas, no lo uses, no lo escribas»,
debió convertirse en requisito para ser miembro del PRI, pero ganó
la ignorancia.*

《 Mire usted, la línea política a la derecha o izquierda debe ser tomada desde el punto de vista de cuál es el centro». Solo faltó el «chaaato» para que fuera una declaración de Cantinflas. Pero no, eran las palabras del presidente Adolfo López Mateos durante una gira de trabajo por Guaymas en 1960. Y es que si algo caracterizó al partido oficial desde su fundación fue que sus dirigentes y miembros, acostumbrados a la simulación, no sabían nada acerca de la fuerza de la palabra, así que en muchas ocasiones se lanzaron a la «viva México» declarando tonterías.

Era 1960, el socialismo había aterrizado en América a través de Cuba, aunque la revolución de Castro seguía llamándose nacionalista; la paranoia comunista hizo acto de presencia en todo el continente y hablar de socialismo o de la izquierda era como invocar al diablo, y el presidente del PRI Alfonso Corona del Rosal lo demostró en uno de esos discursos partidistas intrascendentes cuando dijo que la posición de su partido era verdaderamente revolucionaria: «de atinada izquierda ante los problemas de México».

A partir de ese momento empezaron los dimes y diretes, porque a los sectores más conservadores de la sociedad los términos «socialismo» o «comunismo» les sacaban ronchas, sobre todo porque decían que era una ideología que buscaba acabar con la propiedad privada y, como si no bastara, era atea. Fuchi.

No era la primera vez que el Gobierno se hacía bolas en sus definiciones y no era la primera vez que se metía en camisa de once varas con el socialismo, comunismo o algo que tuviera que ver con la izquierda.

En 1934 los diputados tuvieron la ocurrencia de reformar el artículo 3° constitucional y lo redactaron de una forma que incendió al país: «La educación que imparta el Estado será socialista para que permita crear en la juventud un concepto racional y exacto del universo y de la vida social». La sociedad mexicana se rasgó las vestiduras. El problema fue que las autoridades nunca pudieron explicar cuál era «el concepto racional y exacto del universo y de la vida social», así que el artículo 3° se convirtió en letra muerta; en 1946 fue reformado y desapareció el concepto de «educación socialista».

Sin embargo, como en México la clase política siempre ha presumido su ignorancia, al enredo izquierdista de 1960 se sumó también el secretario de Gobernación, el suavecito Díaz Ordaz, quien se percató de que el líder del partido había metido las cuatro patas enteritas, y juntos intentaron matizar sus declaraciones, pero se les adelantó el mismísimo presidente López Mateos, que en Guaymas quiso aclarar la situación sin mucho éxito:

> En realidad ustedes conocen cuál es el origen de nuestra constitución, que emanó de una revolución típicamente popular [...] en este sentido nuestra constitución es de hecho una constitución de origen popular de izquierda, en el sentido que se le quiera dar a la palabra izquierda en México. Ahora, mi gobierno es, dentro de la Constitución, de extrema izquierda.

«¿Para qué tanto brinco estando el suelo tan parejo?», seguramente se preguntó más de uno. Las declaraciones del presidente al más puro estilo de Cantinflas generaron mayores suspicacias; si la extrema izquierda era igual a comunismo, «extrema izquierda dentro de la Constitución» ¿qué significaba? ¿Cambio de régimen? ¿Vivan Lenin y Stalin?

Como era de esperarse, los empresarios también pusieron el grito en el cielo y criticaron al presidente, pero más temprano que tarde —seguramente con la sutil intervención de Díaz Ordaz— limaron asperezas y le organizaron una comida para mostrar a la opinión pública que estaban en buenos términos, y que ningún fantasma, por comunista que fuera, iba a deteriorar la buena relación que existía entre empresarios y Gobierno.

Pero los priistas seguían sin entender y entonces salió un diputado más, Emilio Sánchez Piedras, a defender a su todopoderoso presidente, tratando de explicar lo que había querido decir ante la «dolosa afirmación» de que «extrema izquierda mexicana» pudiera interpretarse como un comunismo rampante. Y lo hizo, pero ya entrado en gastos se saltó las trancas y se fue de hocico: aprovechó el momento para «reafirmar su solidaridad con Cuba en su disputa con Estados Unidos». ¡Venga! Seguían hundiéndose.

Y como en Washington querían comerse vivo a Castro y su revolución, las declaraciones del diputado priista cayeron como bomba. A la mañana siguiente, el subsecretario de Estado estadounidense mandó llamar al embajador de México en Estados Unidos, el notable Antonio Carrillo Flores, para pedirle explicaciones y preguntarle de qué lado estaba el Gobierno mexicano.

El embajador seguramente le dijo que no pelara al diputado, pues se le iba la lengua con frecuencia, aunque en términos diplomáticos expresó que el presidente de México era el encargado de la política exterior mexicana y que de ningún modo tenían validez las declaraciones del diputado. Al final de todo el embrollo, el régimen priista continuó siendo un camaleón que había sido nacionalista, modernizador y de izquierda, y que pocos años después hasta neoliberal llegaría a ser.

U2 Y LOS GUARURAS

La banda no aceptó regresar a México sino hasta muchos años después, en reconocimiento al público. Antes, decidió alejarse de un país en el que los escoltas de los hijos del presidente, nada menos, decidieron atacar a su equipo de seguridad.

Guarura es un término regalado por la cultura rarámuri al español, al menos al español de México. La historia, al parecer, es como sigue. Gustavo Díaz Ordaz, en sus días de presidente, hizo una gira por la Sierra Tarahumara, y lo hizo como hacía siempre las cosas: blindado por un destacamento de guardaespaldas. Los dignatarios locales que lo recibieron, ajenos a esas prácticas, tomaron a los escoltas por *wa'ruras*, o sea jefes, y por eso saludaron con un «Sean usted y los *wa'ruras* que lo acompañan bienvenidos a nuestro pueblo», y guaruras se les quedó. Desde luego, paso a paso, con el correr de la historia, le dieron al término un significado del todo diferente al que le dan los rarámuri, cargado de connotaciones positivas: hay algo de dignidad en el ejercicio del cargo, incluso de sabiduría, que probablemente no aplique a esos seres que avientan la camioneta, embisten al peatón con el blindado, cortan cartucho o disparan patadas y derechazos a la menor provocación.

Y es que las historias con guaruras para cualquier mexicano son entre malas y pésimas. Lo fue para el escritor Maruan Soto, que tuvo la idea de grabar con su teléfono dos camionetas que se movían con tremenda imprudencia y acabó primero insultado y luego golpeado, con la moto dañada por el choque de una de las camionetas. Eran escoltas del presidente municipal de Naucalpan, Víctor Gálvez, los que se enredaron en un tiroteo con policías municipales. Estaban borrachos; hubo un herido por bando. Eran escoltas, aunque de alto rango, los que en París le arrebataron la cámara a un reportero para borrar las imágenes que había hecho. Cuidaban a la primera dama, Angélica Rivera, esposa del presidente Enrique Peña Nieto. Eran guaruras los que acompañaban a los alumnos del Colegio Irlandés que fueron a buscar pelea a una graduación del Colegio Cumbres. Su participación no es clara, pero ninguna versión los enaltece. Unos dicen que intervinieron en la trifulca, otros que se limitaron a bloquear las puertas. Eran guardaespaldas, del empresario Alberto Sentíes, el llamado *Lord Ferrari*, los que por orden de este golpearon a un chico tras un incidente de tráfico. Eran guaruras los que golpearon a Arne Aus den Ruthen, *city manager* de la chilanga delegación Miguel Hidalgo, por grabar sus violaciones a las leyes de tráfico. Era guarura, de la cantante Lucero, el que, en 2003, en el también chilango Teatro San Rafael, encañonó y golpeó al menos a tres miembros de la prensa. Eran guaruras, del cantante de narcocorridos El Komander, los que cosieron a patadas a dos fans por tratar de tomarse una *selfie*. Eran guaruras, o a esas alturas exguaruras, de la cantante y actriz Ninel Conde, *el Bombón Asesino*, los que la acusaron de adicta e infiel: que hasta con tres hombres a la vez le puso los cuernos a Juan Zepeda, así dijeron.

Y eran escoltas, o sea guaruras, aunque en teoría también de élite, los que provocaron uno de los grandes ridículos internacionales de nuestro México. Uno de los incidentes bizarros que cruzaron fronteras, aunque menos de lo que llegó a temerse.

En 1997 se presentó por segunda vez en México U2, la muy popular banda irlandesa. El concierto era en el Foro Sol y había en las tribunas invitados, digamos, con requerimientos especiales: los tres hijos del entonces presidente Ernesto Zedillo: Ernesto, Emiliano y Carlos. El conflicto lo causó la idea del Estado Mayor Presidencial, encargado de la seguridad del jefe del Ejecutivo y de su familia, de sacar antes del final del concierto a los vástagos. Aunque la compañía que trajo a la banda, Ocesa, le había dado pases VIP a los Zedillo, el EMP decidió saltarse a la torera las disposiciones de la seguridad del concierto y ayudar a sus protegidos a eso, saltarse las vallas de seguridad. Y se armó la que se armó. Mientras Bono, el *frontman* de la banda, veía con pasmo cómo los de seguridad les gritaban que no avanzaran más, que era peligroso, una grúa robotizada de gran peso estuvo a punto de golpear a uno de los Zedillo. Lo salvó un productor, que lo abrazó y se tiró al piso con él. Pero el Estado Mayor lo entendió de otra forma e intervino con una llamativa falta de profesionalidad. Mientras uno de los escoltas golpeaba con la cacha del arma al productor —12 puntadas—, otro encañonaba al público. En tanto, una Suburban blindada se plantaba detrás del escenario para llevarse a los escoltados. Y fue el acabose. Jerry Mele, veterano de Vietnam, encargado de seguridad de la banda, intentó detenerlos. Lo arrolló la camioneta. El daño en la columna le impidió seguir trabajando. Quedaba trunca una carrera de muchos, muchos años.

Los integrantes de U2 decidieron ofrecer una conferencia de prensa para darle vuelo internacional al asunto: estaban furiosos. Querían contar la historia. Presidencia les ofreció un acuerdo: cancelar la conferencia a cambio de una disculpa en persona de parte del presidente mismo y sus hijos. La reunión tuvo lugar, pero la disculpa no retumbó en las paredes de Los Pinos. El presidente culpó al promotor, Bono lo defendió. No hubo acuerdo.

U2 no volvió a México sino ocho años después. Mele demandó al Estado mexicano. Ganó.

DON VENUS, EL DEMÓCRATA

De esas veces en que quieres ser el jefe y manipulas todo para que los demás crean que fue su decisión, lo acepten y además te feliciten.

Venustiano Carranza (1859-1920) era todo un personaje. Tenía algunas extrañas obsesiones, como creerse una especie de Benito Juárez, pero de Coahuila. Durante la Revolución, muchas decisiones las tomó a partir de lo que el Benemérito había hecho en la guerra de Reforma y en su lucha contra la intervención francesa y el imperio de Maximiliano.

Al ejército que organizó para pelear contra Huerta lo llamó Constitucionalista, como le había llamado Juárez al suyo: ambos fueron formados para defender la Constitución. En mayo de 1913 puso en vigor la ley del 25 de enero de 1862, expedida por don Benito para juzgar a los traidores a la patria, nada más que Carranza la usó contra los enemigos de la Revolución.

Cuando la situación se le puso color de hormiga, a finales de 1914, abandonó la ciudad de México y estableció su gobierno en Veracruz, como lo hizo Juárez durante la guerra contra los conservadores. Y si desde el puerto el oaxaqueño lanzó las famosas Leyes de Reforma, don Venus dijo «De aquí soy» y expidió la ley agraria del 6 de enero de 1915, que prácticamente le robó la bandera del agrarismo a Zapata.

A fines de 1916, Carranza eligió Querétaro como capital del país mientras se discutía la nueva constitución y dispuso el Teatro Iturbide para las sesiones del Congreso Constituyente. Las fuerzas republicanas de Juárez derrotaron al imperio en Querétaro, y en ese mismo teatro fueron juzgados y sentenciados a muerte Maximiliano, Miramón y Mejía.

Pero para ser como Juárez, Carranza necesitaba el poder, por lo que desde el principio de la lucha buscó la manera de convertirse en el jefe de jefes de la Revolución. Lo consiguió a través del Plan de Guadalupe, documento con el cual se levantó en armas contra Victoriano Huerta.

Algunos anticarrancistas cuentan que, en marzo de 1913, luego del asesinato de Madero y Pino Suárez, el gobernador Venustiano Carranza se encontraba en una cantina de la plaza mayor de Saltillo con algunos amigos y colaboradores cercanos.

Cuando las copas habían hecho mella en don Venus y sus compañeros, no faltó el envalentonado que sugirió tomar las armas en contra de la usurpación de Huerta. Carranza entonces escribió un telegrama en el que desconoció la autoridad del nuevo dictador. Cuando pasó la borrachera don Venus quiso volver sobre sus pasos, pero era demasiado tarde. Días después tuvo que iniciar la revolución constitucionalista.

Desde luego, la firma del Plan de Guadalupe no fue entre copas y botanas, pero es un hecho: don Venus lo imaginó, lo pensó y lo redactó a su entero gusto. Fue un plan hecho a su medida que además de todo nunca firmó. No al menos en su primera versión, la del 26 de marzo de 1913, sino hasta el 12 de diciembre de 1914, en Veracruz, cuando dio a conocer las Adiciones al Plan de Guadalupe, documento con el que se comprometió a expedir y poner en vigor medidas encaminadas a satisfacer «las necesidades económicas, sociales y política del país».

En la redacción del Plan de Guadalupe, don Venus dio una cátedra de simulación democrática que ya la hubiera querido el propio don Porfirio. Con su largo colmillo político, puso especial interés en dos artículos: el cuarto, en el que estableció: «Nombramos como Primer Jefe del Ejército que se denominará 'Constitucionalista', al ciudadano Venustiano Carranza», y el quinto: «Al ocupar el Ejército Constitucionalista la ciudad de México se encargará interinamente del Poder Ejecutivo el ciudadano Venustiano Carranza». En términos sencillos, don Venus se autonombró jefe de la Revolución y presidente de México.

La redacción de Carranza no tenía desperdicio; hacerlo en la primera persona del plural —nosotros— le permitió presentarlo como si hubiera sido discutido en una junta revolucionaria muy democrática.

Una vez que terminó de escribirlo, que lo revisó una y otra vez y quedó complacido con su plan, llamó a su secretario particular, Alfredo Breceda, y le dijo: «Ahora llame a los jefes y oficiales, mientras yo salgo de esta pieza, y manifiésteles este plan, para que lo discutan a ver si lo aprueban».

Como era de esperarse, los invitados a firmar —reunidos en la hacienda de Guadalupe, en Coahuila— no pusieron reparos, no cambiaron una sola coma, y sin más lo firmaron. Don Venus no quiso estampar su firma para no parecer que había votado por sí mismo; de esa forma pastoreó su unción para convertirse en el Primer Jefe del Ejército Constitucionalista por la vía «democrática».

El documento original estuvo extraviado durante años, pero en 1963 apareció de una manera fortuita. Un encargado del Museo Casa de Carranza —localizado en Río Lerma 35— movió una de las camas de latón que había sido propiedad de Julia Carranza, hija de don Venus, y de pronto se encontró en el interior de una de las patas de la cabecera el plan escrito por Carranza aquel 26 de marzo de 1913, el mismo que había sometido a democrática votación.

SÍ MEREZCO
ADELGAZAR

En un sexenio famoso por la rapiña de los estamentos políticos, Javier Duarte, antiguo gobernador de Veracruz, logró romper récords de corrupción en plan deportista de alto rendimiento.

as redes sociales son implacables. Fue en agosto de 2017 cuando el exgobernador de Veracruz Javier Duarte, al son de «soy víctima de una cacería», anunció que se ponía en huelga de hambre. La respuesta fue cruel. En la foto de la izquierda se ve al antiguo góber, con el sobrepeso francamente llamativo que siempre lo distinguió, barbado, una mirada demencial detrás de unos lentes no muy estables. El pie de foto dice: 9:30 a.m. A la derecha, la foto de un modelo hipsterizado, camisa a cuadros, *fit*, lentes para sol y una barba perfectamente recortada. El pie de foto: 10:30 a.m. Otros hablaban del «detox» de Javidú. Otros optaron por usar una imagen de Miss Piggy, la cerdita de los Muppets, con ojos desorbitados.

¿Por qué la saña?

Un año antes, el 17 de octubre de 2016, o sea tardísimo, fue lanzada una orden de aprehensión contra Javier Duarte. Una investigación de Hacienda decía que era culpable de delincuencia organizada y operación con recursos de procedencia ilícita. ¿Sorpresa? Pues no. Por un lado, México tiene una tradición poderosísima de gobernadores corruptos, entre ellos varios *rock stars* del cochupo en el peñanietismo (pueden revisar sus historias en este volumen). Por otro, el Veracruz de Duarte, gobernador entre 2010 y 2016, empezó bajo la sospecha de que el gobernador saliente, Fidel Herrera, había trampeado la elección; quedó marcado por una escalada criminal que tuvo un momento climático cuando aparecieron 35 cuerpos en Boca del Río, en 2011; dio un aviso de lo que vendría cuando dos funcionarios fueron detenidos en el aeropuerto con 25 millones de pesos en efectivo; siguió con un crecimiento económico paupérrimo a partir de 2013, acompañado de una deuda pública de antología y un déficit fiscal equivalente; y se distinguió por los asesinatos de periodistas, nueve en los primeros dos años de su gestión, sin contar los secuestros.

Pero nadie nos había preparado para las cifras extraordinarias que provendrían de las investigaciones en torno al exgobernador, un clásico joven del bizarro *Mexican style*.

En 2016, Mexicanos Unidos Contra la Corrupción y la Impunidad y el portal *Animal Político* dieron a conocer una investigación como para helar la sangre. La administración de Javidú había armado una red de empresas que recibían contratos públicos por cualquier vía, la directa o la licitación. ¿Qué compartían esas empresas? Su inexistencia: eran empresas fantasma. Llamativamente, o la dirección en que supuestamente tenían su sede era un sitio abandonado, o la empresa desaparecía nada más cobrada la lanita. En muchos casos, era posible identificar los mismos nombres en la firma de diversos contratos. El dinero tendría que haber tenido destino a causas digamos sociales: la lucha contra la pobreza, por ejemplo. Acto seguido, el fisco tomó cartas en el asunto, en una investigación que, en términos de la transa, ya ponía a Duarte en un nivel de juego de Champions League: hasta 69 empresas fantasma habían crecido bajo sus alas, buenas para 121 operaciones de desfalco, o sea, unos 46 millones de dólares. Pero la historia apenas empezaba. Un antiguo integrante de su administración, Iván López, dijo que estaban perdidos: que las empresas eran en realidad unas 600.

Eso explica que por fin llegara la orden de aprehensión. La orden, que no la aprehensión. Javidú escapó en un helicóptero y no fue detenido sino hasta abril de 2017, cuando lo agarraron en Guatemala y lo extraditaron. El boquete presuntamente dejado por el *exgobernator* en las finanzas del estado era ya de récord: 16 349 millones de pesos. ¿Dónde estaba el dinero de esos cobertores que nunca llegaron a las comunidades pobres que los necesitaban, de esas quimioterapias para niños que en realidad no eran más que agua? Bueno, es difícil de precisar. Tal vez en el rancho que compró el gobernador en Valle de Bravo, 92 hectáreas para que no haya apreturas. O en los caballos pura sangre. O en las varias propiedades en Estados Unidos. O en los 23 millones en efectivo que dejó en un departamento de la chilanga Colonia Del Valle por aquello de salir por patas. O en Londres, donde su esposa, Karime Macías, que huía de una orden de aprehensión, fue descubierta mientras paseaba por Belgravia, un barrio que ni con las ventas de *México bizarro 2* podríamos permitirnos (aunque agradeceremos su solidaridad, lectoras, lectores), dándose una vida tan lujosa como pueden ofrecer 60 000 libras esterlinas al mes, o sea, más de un millón y medio de pesos. La vida había cumplido sus deseos. Ella, famosamente, había dejado en una bodega incautada varias libretas con una profusión de notas tipo bitácora, reflexiones y un mantra: planas enteras llenas con la frase «Sí merezco abundancia».

No fueron esas libretas las joyas más caras de esa bodega, que incluía palos de golf, barricas, plumas o muebles, pero sí las más famosas. Por eso, algún tuitero lleno de mala fe escribió, cuando la huelga: «Sí merezco adelgazar, sí merezco adelgazar, sí merezco adelgazar». Y es que las redes sociales, insistimos: implacables, a veces también parecieran ejercer un poquito de justicia. La prensa avisa otra vez en estos días que Javidú podría salir libre. Es por un mantra de toda la procuración de justicia en México: «Fallas en el debido proceso», que conducen a una «Reclasificación» del delito.

LOS TIERNOS

La ley era lo de menos; los derechos humanos, un mito; las garantías individuales, letra muerta. El sistema necesitaba un instrumento para acabar con sus enemigos. Así nació la Dirección Federal de Seguridad.

« Quiero un cuerpo policiaco de alto nivel con el que podamos espiar, vigilar, combatir y mantener a raya a los grupos opositores, cuya prioridad sea mantenerme informado de la situación política y social del país y hacerse cargo de mi seguridad personal. Quiero algo así como un FBI de huarache», manifestó el presidente Alemán al coronel Marcelino Inurrieta de la Fuente en enero de 1947.

La idea de Alemán no era nueva. En el sexenio de Lázaro Cárdenas se había creado la Oficina de Información Política (1938) con el objetivo de reunir información sobre los posibles enemigos del régimen —sobre todo a raíz de la expropiación petrolera—. Con el inicio de la Segunda Guerra Mundial se ampliaron sus facultades y cambió de nombre. A partir de 1942 fue conocida como Departamento de Investigación Política y Social (DIPS).

Pero Alemán quiso imprimirle su propio estilo, y en 1947 desapareció la DIPS y creó la Dirección Federal de Seguridad (DFS), adscrita a la Secretaría de Gobernación y formada por jóvenes militares que en efecto fueron enviados a Estados Unidos a tomar algunos cursos en el FBI.

A los primeros miembros de la Dirección Federal de Seguridad les llamaron «los Tiernos»; con el tiempo se conocieron las razones de su apodo. La mayoría formó parte de la Brigada Especial, o Brigada Blanca, constituida en 1976 con más de doscientos elementos de las corporaciones más corruptas encargadas de la seguridad pública: Dirección Federal de Seguridad, Policía Judicial Federal, Policía del Distrito Federal y Policía del Estado de México. Su fin era perseguir a los miembros de la Liga Comunista 23 de Septiembre y aniquilarlos.

La Dirección Federal de Seguridad hacía terrorismo de Estado. Lo ejerció contra maestros, ferrocarrileros, campesinos, obreros, comunistas y estudiantes, pero a partir de la década de 1970 se sirvió con la cuchara grande persiguiendo a las células guerrilleras urbanas y rurales que surgieron luego de las brutales represiones estudiantiles de 1968 y 1971. Cuando se abrieron los archivos de la guerra sucia en 2001, quedó evidenciado que la mayoría de los directores, subdirectores y otros miembros de la DFS, los Tiernos, habían participado en la persecución, tortura y desaparición de guerrilleros y fueron acusados de ser profesionales de la represión.

Entre los señalados estaba Fernando Gutiérrez Barrios —que fue su director y también secretario de Gobernación—. Se encontraba también Miguel Nazar Haro, director y encargado de la información y de las operaciones de la Brigada Blanca, relacionado además con el exdirector de la policía del Distrito Federal, Arturo Durazo, uno de los jefes policiacos más corruptos de la historia, involucrado en el asesinato de narcotraficantes colombianos cuyos cuerpos aparecieron, como por arte de magia, en el río Tula (ver el primer volumen de *México bizarro*).

Otras fichitas fueron Luis de la Barreda Moreno, otro director de la DFS, acusado de capturar y entregar a los militares a Jesús Piedra, el hijo de Rosario Ibarra, del que nunca se volvió a saber; y Jesús Miyazawa Álvarez, subdirector, acusado de participar en la guerra sucia y de haber desaparecido a no pocos guerrilleros. Más tarde estuvo a cargo de la policía capitalina, pero tuvo que renunciar a su cargo cuando aparecieron encajuelados varios cadáveres en las instalaciones de la Procuraduría del Distrito Federal. Por si fuera poco, a finales de los 90 llegó a ser jefe de la policía en Morelos y fue acusado de estar implicado en los secuestros en el estado y de tener relaciones con el narcotráfico.

La Dirección Federal de Seguridad fue uno de los organismos más siniestros creado por el sistema político priista para salvaguardar al

Estado, siempre al margen de la ley. Entre 1947 y 1985 sus miembros violaron todos los derechos habidos y por haber; se pasaron por el arco del triunfo las garantías individuales, y como buena institución sin límites también se convirtió en un foco de corrupción e impunidad. La DFS violó la vida privada y la correspondencia, intervino teléfonos, espió, intimidó, torturó a cualquier sospechoso de ser enemigo del régimen y perpetró asesinatos y secuestros. Se le atribuyen más de 500 desapariciones forzadas entre 1960 y 1980.

El instrumento represor creado por Alemán fue utilizado a diestra y siniestra por los presidentes Adolfo Ruiz Cortines, Adolfo López Mateos, Gustavo Díaz Ordaz, Luis Echeverría, José López Portillo y Miguel de la Madrid, pero este último tuvo que desaparecerlo porque la DFS ya no aguantó un escándalo más, que rebasó, por mucho, el cinismo del propio sistema: su exdirector, José Antonio Zorrilla, fue acusado de ser el autor intelectual del asesinato del periodista Manuel Buendía, pero además de haberle dado credenciales de la DFS al más famoso narcotraficante de mediados de los años ochenta, Rafael Caro Quintero, y a varios de sus hombres (pueden leer esta historia en la página 283 de este libro).

La Dirección Federal de Seguridad desapareció el 29 de noviembre de 1985. Surgió entonces un organismo nuevo: el Cisen (Centro de Investigaciones y Seguridad Nacional).

OLVÍDATE DE ACAPULCO

Dejó un par de periódicos amarillistas, cincuenta viudas, cien hijos, varios muertos y una fortuna. Murió asesinado. Antes, logró convertirse en un padre fundador del Acapulco moderno.

El puerto de Acapulco, el dorado Acapulco, tiene una peculiaridad: todos asumimos que tuvo un pasado glorioso, que un día esa urbe sucia, disfuncional y violenta fue un paraíso playero, pero nadie, sin importar su edad, la época en la que haya empezado a ir al puerto o lo antiguo de sus recuerdos, ha sido testigo de esa época dorada. Pregúntenle a su bisabuela de noventa y nueve años, y la respuesta será la misma: «Bueno, cuando yo empecé a ir ya habían pasado sus mejores momentos, aunque claro, en comparación con lo que pasa ahora, las cosas estaban bastante bien».

¿Lo estarían ese año de 1967, cuando una ráfaga de ametralladora terminó con la vida del Rey Lopitos?

De Alfredo López Cisneros sabemos que nació en 1923, no en Acapulco, sino en Ometepec, en la Costa Chica, y que al puerto llegó en el 35 para trabajar en una tienda de telas, primero, luego como dueño de dos restaurantes y enseguida, notablemente, como reportero amarillista en el diario *La Verdad*. Le aprendió al negocio, porque fundó al menos dos rotativos no menos amarillentos: *Unidad* y *Presente*, que al parecer tuvieron bastante éxito. Pero su verdadera vocación era uno de los negocios más distintivamente mexicanos: la invasión de predios.

Acapulco ha tenido siempre algo esquizofrénico. Hay una vida lujosa y a ratos hasta glamorosa, esa de los chilangos adinerados que fincan casas o levantan hoteles, y la de la farándula, que hoy es exclusivamente mexicana y cada vez más escasa, y alguna vez fue también gringa, abundante y famosa, esa de Johnny Weismüller y compañía. Al lado de ese mundo privilegiado, no muy lejos, descansa el Guerrero depauperado y marginal: los acapulqueños pobres, crecidos en un entorno violento y corrupto. El Guerrero profundo. Ese que tan bien supo entender Lopitos. Todavía como hombre de prensa, Alfredo fundó una organización de nombre por lo menos singular: el Comité de Lucha contra la Carestía de la Vida. Le siguió la Unión Inquilinaria de Acapulco, que en el nombre ya anunciaba claramente sus intenciones. Intenciones que en un principio no pasaron de eso. El Rey y los suyos hicieron tres intentos de ocupación de predios que fueron abortados violentamente por la policía. Pero no cedieron. En 1958, una asamblea con más de tres mil participantes decidió ocupar los terrenos de la barranca de La Laja. Esa vez la policía se presentó, pero no hubo violencia sino negociación. Nació la Organización de Inquilinos de La Laja, poderosa, emblemática. Sin embargo le faltaba a Lopitos un acto fundacional más, el definitivo. Fue a la llegada de otro López, uno que era candidato a la presidencia: Adolfo López Mateos. Alfredo decidió pedirle al futuro presidente que lo ayudara a legalizar los terrenos ocupados. Este accedió. Nacía una amistad de hierro —si en política hay tal cosa como amistades—. A Lopitos nada lo bajaría del trono. Nada salvo una ametralladora, muchos años después.

Hasta entonces acumuló poder como lo acumulan los llamados «líderes populares», es decir, llevando multitudes al mitin adecuado, amenazando con bloquear proyectos o invadir propiedades, usando la negociación y la amenaza según el quién, el cómo y el cuándo. Y se hizo leyenda. Cuentan que luego de la ocupación de La Laja y el espaldarazo de López Mateos, una mujer se acercó a ponerle una corona, en señal de respeto: sin ironía, sin carrilla a la mexicana. Nacía el Rey. Y cuentan que se comportó, cada vez más, como eso: un monarca absoluto. Tuvo relaciones cercanas con López Mateos y Díaz Ordaz, pero al parecer de la cercanía pasó a la confianzudez: empezó a hablarles de tú. Cuentan también que, conforme al cliché, tuvo cincuenta mujeres y cien hijos, lo que lo convertiría en un *recordman* capaz de superar a titanes de la fertilidad como Pancho Villa o el Rey de la Basura. Y cuentan que, también conforme al cliché, transitó del liderazgo social al mafioso, y de vuelta, con gran naturalidad, una y otra vez. Que iba armado, que defendía el territorio con lógica de gatillero.

¿Por qué lo mataron, y quién? Las versiones se multiplican. Puede haber sido por alguno de los apoyos que dio en la grilla guerrerense, al rojo vivo entonces y casi siempre. En el 60, por ejemplo, encabezó a tres mil colonos de La Laja en el ataque a la casa del alcalde priista de Acapulco, Jorge Joseph Piedra, en conflicto serio con el no menos priista gobernador, el general Raúl Caballero Aburto, nacido en Ometepec como Alfredo. Otros hablan de que una vez se permitió golpear la mesa donde dialogaba con Díaz Ordaz, que no se inmutó, porque sabía no inmutarse, pero que archivó la afrenta. Otros, de que amenazó a López Mateos: «Así que usted resta los días que le quedan de vida...». Otros, de que se permitió decirle a otro gobernador que también fue militar, Raymundo Abarca, en el ayuntamiento: «No sale de aquí». Otros más, que decidió sumarse a alguno de los movimientos guerrilleros que incendiaron Guerrero en aquellos años.

NADA DEL OTRO MUNDO

Y un día como cualquier otro, los espíritus te dicen que eres el elegido, lo crees, te preparas, te organizas y cambias la historia de México.

« Nosotros, que nos reímos de Madero y su espiritismo, prometemos no burlarnos más cuando un espírita se proponga derribar a un déspota de la América hispana». Así decía una nota del periódico *The Globe* a principios de junio de 1911, cuando Porfirio Díaz ya era historia.

Meses antes, cuando la revolución avanzaba en el norte del país, el secretario de Hacienda, José Limantour, también se burló de Madero:

> El movimiento carece de importancia. El jefe de los revoltosos es un hacendado de Parras, a quien juzgo una persona de buena fe, pero un tanto desequilibrado. No hace mucho se creyó apóstol y se dio a predicar el Espiritismo; ahora, atendiendo al consejo del espíritu del gran Juárez, pretende derribar al Gobierno y reformar la sociedad.

Francisco Ignacio Madero es el único presidente de México en funciones que ha sido espiritista. No hablaba propiamente con los muertos, pero bajita la mano recibía comunicaciones del más allá y las ponía por escrito, porque durante su juventud, mientras estudiaba en París hacia 1889, los espíritus le revelaron una facultad que desconocía: era médium escribiente, o sea, entraba en trance y empezaba a escribir lo que los espíritus le dictaban.

El espiritismo no fue una anécdota para Madero, fue su vida, su guía, su luz, lo fue todo una vez que lo descubrió a través de la *Revista Espírita* de Allan Kardec —padre del espiritismo francés—, que su papá coleccionaba. Luego de su estancia en París, donde se empapó de esa filosofía, regresó a establecerse en San Pedro de las Colonias, Coahuila, y fundó el Círculo de Estudios Psíquicos de San Pedro. A partir de 1901 la vida de Madero estuvo determinada por los dictados del más allá con puntos y comas.

Los espíritus le leyeron la cartilla a Madero de 1901 a 1904; todos los consejos que le dictaron eran de orden ético y moral: no bebas, no juegues *pool*, no vayas a los burdeles; madruga para trabajar, haz caridad..., todo con un solo fin: que sometiera sus pasiones y enalteciera su espíritu.

Madero fue muy disciplinado y cumplió. Los espíritus llegaron a la conclusión de que estaba preparado para dar el siguiente paso, así que a partir de 1907 los consejos ya no fueron de orden moral, sino de orden cívico y político. Nuevos términos aparecieron en las comunicaciones: lucha, libertad, justicia, patria. Los espíritus llamaron a Madero «soldado de la libertad y el progreso» y «luchador infatigable por la causa de la libertad». La preparación espiritual también incluía un conocimiento claro y metódico de la historia. Le recomendaron la lectura de *México a través de los siglos* y otras obras de historia mexicana. Debía leer los periódicos, llevar notas y un diario de sus actividades, seguir paso a paso el desarrollo de la política nacional, así como practicar oratoria y anotar en libretas foliadas sus reflexiones sobre la situación del país.

El 30 de octubre de 1908, día de su cumpleaños número 35, los espíritus le revelaron su misión.

Querido hermano: Estás en condiciones de dirigir a los demás, de impulsar a tus conciudadanos por determinada vía cuyo fin verás con la clarividencia de los elegidos. Has sido elegido por tu Padre Celestial para cumplir una gran misión en la tierra. Sobre ti pesa una responsabilidad enorme. Has visto, gracias a la iluminación espiritual, el precipicio hacia donde se precipita tu patria; cobarde de ti si no la previenes. Has visto igualmente el camino que debe de seguir para salvarse. Desventurado de ti si por tu debilidad, tu flaqueza, tu falta de energía no la guías valerosamente por ese camino. Querido hermano: has dado un gran paso en la vida de tu evolución de donde recibirás la fuerza necesaria para luchar y para vencer».

Madero les tomó la palabra a los espíritus, creyó ser el elegido y actuó en consecuencia. Y lo que hizo dentro del espiritismo lo hizo dentro de su vida política, paso por paso, como si fuera un espejo. Organizó un Círculo de Estudios Psíquicos para difundir la filosofía espírita. Constituyó el Partido Antirreeleccionista para difundir sus ideas democráticas. Fundó un periódico espiritista: *La cruz astral*; fundó un periódico político: *El Antirreeleccionista*. Escribió un libro para difundir sus ideas espiritistas: el *Manual Espírita*; escribió uno para difundir sus ideas políticas: *La sucesión presidencial en 1910*. Sostuvo una amplia relación epistolar con otros espiritistas, así como también una abundante relación epistolar con sus seguidores políticos. Y en los dos terrenos tuvo éxito.

¿Por qué los espíritus no le advirtieron a Madero que Huerta lo iba a traicionar?, suele preguntarse cuando se aborda el tema. Para decepción de propios y extraños, las comunicaciones espiritistas no eran nada del otro mundo. No había descripciones del cielo o el infierno en HD; ni aparecen Dios, el diablo, san Pedro ni cualquier otro personaje del imaginario cristiano o de cualquier otra religión. Simplemente fueron lecciones de ética y civismo que Madero creyó y siguió a pie juntillas.

La última comunicación que Madero recibió de los espíritus es de noviembre de 1908 —todas fueron publicadas por la editorial Clío en el año 2000—; un mes después, publicó su controvertido libro *La sucesión presidencial en 1910*. A partir de ese momento, nada volvió a ser igual.

LA COMPETENCIA DEL DOCTOR CHUNGA

Le llamaban «la ouija del diablo». Costaba 20000 dólares la unidad y pasaba por ser un arma insuperable para combatir al narco. Su creador acabó en prisión, acusado de estafa. El gobierno federal compró casi 2000 unidades.

Todavía se le podía ver por ahí de mediados de los 2000, aunque arrancó a fines de los 80, en los grandes actos deportivos, acompañando al comentarista José Ramón Fernández: los Olímpicos, el Mundial. Se presentaba como un científico coreano: doctor Chunga. Lo interpretaba ese notable actor cómico que es Andrés Bustamante, y se ganaba la vida con inventos ridículos: un sistema para subir el *rating* consistente en un traje de hombre con doble fondo, que dentro llevaba un bikini; un traje de baño con un dispositivo contra ahogamientos consistente en un globo de fiesta que se inflaba al oprimir un botón. Junto con otros personajes —Ponchito, el Hooligan, Frustrado Alcántara, Kodov, el chef de Chernóbil, ese que cocinaba sin brazos—, Chunga ayudó muchísimo a Bustamante en el largo y pedregoso camino de eso, de ganarse la vida. No supo a tiempo que pudo ayudar de otra forma a su creador: vendiendo sus inventos al gobierno federal mexicano por grandes cantidades de dinero.

¿Por qué no? El GT-200 era la panacea. Uno de esos dispositivos, según nos anunciaron con entusiasmo Ejército y Marina, podía detectar literalmente a kilómetros hasta un nanogramo de droga. Pero no solo de droga: también, de básicamente cualquier sustancia ilegal o peligrosa, explosivos, por ejemplo, o incluso de armas de uso exclusivo de las fuerzas armadas. Permítannos ahorrarles la búsqueda: un nanogramo es la milmillonésima parte de un gramo.

Era un buen momento para contar con semejante herramienta. El gobierno de Felipe Calderón enfrentaba en 2007, cuando adquirió 2000 unidades del GT-200, una lucha furibunda contra el crimen organizado. Toda ayuda era poca. México, sus fuerzas del orden, tenían ya que apelar a la tecnología de supervanguardia. Y sí. Ahí andaban nuestros uniformados, en aeropuertos, controles carreteros, barriadas de las ciudades fronterizas, con una empuñadura de plástico que daba soporte a algo extraordinariamente parecido a una antena de coche. Y, nos dijeron orgullosos militares y marinos, funcionaba: había hecho posible una importante cantidad de cateos. Por eso, a 20000 dólares la unidad, algunos llegaron también al ISSSTE y Pemex, entre otras instituciones. «Detección molecular», se le llamaba a ese prodigio científico.

Si tienen la costumbre de guardar, por decir algo, una latita con mota en el cajón, finos lectores, y las líneas anteriores los invitan a tirarla al WC para evitar represalias por aquello de la detección molecular, por favor no lo hagan y sigan leyendo. En 2013 era sentenciado a siete años de prisión el digamos empresario británico Gary Bolton, dueño de Global Technical Ltd. ¿El motivo? Nos permitimos citar al juez que dictó sentencia: «Soldados, fuerzas policiacas, oficiales fronterizos, elementos de seguridad de hoteles, y otros más, confiaron en un equipo que no funciona mejor que si hubieran actuado solo al azar. El jurado encontró que tú lo sabías, pero que aun así continuaste vendiendo tus aparatos durante cuatro años». Lo adivinaron: el aparato era el GT-200. Bolton se embolsó unos 45 millones de libras esterlinas. Porque el gobierno mexicano estaba lejos de ser el único estafado. Lo acompañan en el oprobio India, Arabia Saudita, Paquistán o Egipto, para no mencionar a varias hermanas repúblicas centroamericanas, al comité de los olímpicos de Sidney y la British American Tobacco. Lo de los 45 millones no es difícil de explicar. El costo de elaboración por unidad, con la empuñadura de plástico y la antena, era de unos 20 pesos mexicanos. Ventajas de comprar al mayoreo. Nuestras fuerzas del orden enfrentaban a las mafias armadas con cuernos de chivo con el equivalente tecnológico de la loción crece-pelo o la varita detectora de agua.

La historia tendría una cierta gracia de picaresca y punto si no fuera porque el Ejército recibió unas 500 demandas por detenciones y cateos injustificados, uno de los cuales, al menos, culminó en un tiroteo con muertos. Bastaba que la antenita pareciera apuntar hacia tu cajuela o tu azotea para que te pasaras, de menos, un muy mal rato con armas apuntándote a la cabeza y etcétera. El Ejército se empeñó todavía un tiempo en sostener su eficacia. No así Bolton, cuya única defensa ante el juez fue decir que con la depresión que cargaba no podía sobrevivir a un encierro tan prolongado. Por si se lo preguntan, el juez lo sentenció de cualquier forma.

Pero no todos los mexicanos fueron estafados por Bolton. Un físico de la UNAM, Luis Mochán, determinó, peritaje de por medio, que el GT-200, conocido como «la ouija del diablo», era una estafa en forma. Fue lleva-do a Londres para el juicio en el que la competencia del doctor Chunga dio con sus huesos en prisión. Ojalá que el genio coreano aproveche la oportunidad, y rápidamente. La lucha contra el crimen, a fin de cuentas, no ha terminado, pero Andrés Manuel López Obrador anunció que la violencia criminal se detendría instantáneamente en su administración, por obra y gracia de la amnistía, el fin de la corrupción y la justicia social que nos va a llegar, por fin, a todos.

EL CHARRO

Empiezas usando huaraches y terminas comprando Jimmy Choo, Tom Ford, Louis Vuitton. Así es la vida de los líderes obreros.

Bolsos Louis Vuitton, relojes Hublot, Patek Philippe, Chopard y otras marcas mamonas; automóviles de lujo, aviones privados, yates, grandes propiedades, mansiones, cuentas millonarias en paraísos fiscales, *shopping* en Rodeo Drive, en Champs Élysées. A todo eso puede aspirar un líder sindical... en México.

Los líderes sindicales representan una de las caras más podridas del sistema político y de la sociedad, porque se vendieron al gobierno y traicionaron a sus agremiados. Las centrales obreras —primero la CROM y luego la CTM— no fueron creadas para defender a los trabajadores sino para controlar a los sindicatos, lo cual no costó trabajo debido a que los líderes demostraron que eran fácilmente corrompibles y entregaron su voluntad a cambio de diputaciones, senadurías, gubernaturas, negocios particulares al margen de la ley y cuotas sindicales de las que se apropiaron para amasar grandes fortunas, sin tener que rendirle cuentas a nadie.

Los líderes que no se cuadraron fueron perseguidos, denostados, vilipendiados por el régimen, y muchos terminaron en Lecumberri como presos políticos, hasta que no quedó un solo líder sindical honesto.

Personajes como Luis N. Morones, Fidel Velázquez, *la Güera* Rodríguez Alcaine, Carlos Jonguitud, Elba Esther Gordillo (sindicato de maestros), Napoleón Gómez Urrutia (sindicato minero), Carlos Romero Deschamps (sindicato petrolero), Víctor Flores (sindicato ferrocarrilero, en un país en el que casi desaparecieron los ferrocarriles) se apropiaron de sus sindicatos, combatieron a la disidencia, evadieron la ley, evadieron el fisco. Su ambición y voracidad es inaudita para un país que carga con 60 millones de pobres.

«Los políticos no salvarán nunca a la clase obrera a pesar de todas sus promesas», escribió el intelectual zapatista Antonio Díaz Soto y Gama, sin imaginar siquiera en lo que se convertiría el movimiento obrero. Uno de los mayores logros del sistema político surgido de la Revolución fue haber prostituido con todo éxito el sindicalismo nacional.

Contrariamente a lo sucedido en otras partes del mundo, donde los obreros lograron consolidar su posición frente al gobierno a través de sindicatos honestos y efectivos y se convirtieron en un factor de poder independiente dentro de la estructura del Estado, en México los sindicatos se convirtieron en feudos cuyos líderes se perpetuaron en el poder, totalmente antidemocráticos y reacios a transparentar el uso que le han dado a recursos y cuotas.

El sindicalismo mexicano creó su propia categoría para definir a sus líderes. Su gran aportación a la historia sindical, además de las páginas de represión, es esa figura oscura, zalamera, servil y detestable —y en este caso no hablamos de diputados— mejor conocida como «líder charro», surgida durante los años del alemanismo.

Miguel Alemán llegó a la presidencia en 1946 con aires modernizadores en términos económicos, pero antidemocráticos en términos políticos. Para llevar a México por la senda del progreso material era necesario aplastar cualquier disidencia obrera que se atravesara en su camino y pusiera en riesgo su proyecto.

El sindicato ferrocarrilero era el más aguerrido, ya que siempre había actuado con independencia frente al gobierno —como lo haría cualquier sindicato honesto—, por lo que Alemán decidió arremeter en primer término contra los ferrocarrileros.

Desde 1947 comenzó una sutil ofensiva en contra de los líderes ferrocarrileros Luis Gómez Z. y Valentín Campa, que habían logrado mantener una sana distancia respecto del gobierno. Dentro del sindicato se creó el Comité Ferrocarrilero de Depuración Sindical para «moralizar a la compañía», lo cual no era otra cosa que lanzarse contra Gómez Z. y Campa, según el gobierno, por el mal manejo de las cuotas sindicales y la mala administración del sindicato. A pesar de todo, los líderes aguantaron candela y salieron bien librados, pero el gobierno de Alemán ya tenía preparado el siguiente golpe.

En septiembre de 1947 Gómez Z. eligió a Jesús Díaz de León como candidato para ocupar la secretaría general del sindicato ferrocarrilero; su candidatura fue apoyada, además, por la izquierda sindical representada por Hernán Laborde y Valentín Campa. A Díaz de León lo apodaban «el Charro» porque acostumbraba vestirse como tal para toda ocasión, incluso llegaba a ir al sindicato con su traje de charro bien puesto. Seguramente se sentía Pedro Infante o Jorge Negrete, pero en versión ferrocarrilera.

El Charro Díaz de León ganó las elecciones y ocupó la secretaría general en febrero de 1948. Pero era la versión sindical de Judas y el gobierno fácilmente lo compró. A las primeras de cambio, Díaz de León chaqueteó, y entre agosto y octubre arremetió contra sus viejos compañeros acusándolos de fraude y apropiación indebida de fondos sindicales —claro, con la venia del gobierno—. El comité ejecutivo general y de vigilancia del STFRM todavía pudo reaccionar y suspendió a Díaz de León del cargo de secretario general, por haber traicionado la integridad del sindicato.

Pero fue demasiado tarde; apoyado por el gobierno, miembros del ejército, policía y agentes de la recién creada Dirección Federal de Seguridad ocuparon las oficinas del sindicato; el Charro retomó el poder, Gómez Z. fue detenido y tiempo después también Campa. Y así, de un plumazo, el gobierno acabó con la independencia sindical. Pasado un breve periodo, el gobierno de Alemán hizo lo mismo con los sindicatos minero, petrolero, electricista y todos los demás. Había nacido una nueva figura en la historia política de México: el líder charro —en honor del *Charro* Díaz de León—, aquel que se vendía en cuerpo y alma al gobierno en perjuicio de sus agremiados, o que en un grado mayor de cinismo político era elegido por el propio sistema y no por los obreros.

LOS GÓBERS PRECIOSOS

Alguien dijo que la corrupción de los gobernadores es la prueba del fracaso de nuestro federalismo. Documenten su pesimismo, por favor.

Ah, nuestros gobernadores... No sabemos qué haremos sin ellos, ahora que están al borde de la extinción gracias a que el régimen de Andrés Manuel López Obrador ha decidido, para todo fin práctico, reemplazarlos por «delegados» de la autoridad central. *México bizarro* les debe toneladas, torrentes de información, de anécdotas, de momentazos, de capítulos. Desde siempre, sí, porque el tema es viejo. Pero olvidemos por un momento los excesos de Maximino Ávila Camacho, de Tomás Garrido Canabal, de Gonzalo N. Santos, consignados en su momento por estos humildes cronistas, o incluso de Mario Marín, el *góber precioso*, mandamás de Puebla del que hablamos en el volumen uno por su relación con el caso de la periodista Lydia Cacho, y concentrémonos en las últimas generaciones de jefazos estatales, a quienes quisiéramos rendir un merecido tributo por sus aportaciones a este trabajo.

El sexenio de Enrique Peña Nieto pasará a la historia como el de la Casa Blanca. También, como el del socavón de Gerardo Ruiz-Esparza, que le costó la vida a dos personas en la carretera México-Cuernavaca, pero no la chamba al secretario de Comunicaciones y Transportes. Como el de

Odebrecht. Como el de la Estafa Maestra. Pero nadie podrá arrebatarles el protagonismo tan bien ganado a los gobernadores que en esos años evitaron la, entraron a, siguieron en o salieron de prisión.

Está César Duarte, *el Señor de los Ranchos*. Dueño de los destinos de Chihuahua entre 2010 y 2016; ya como candidato, se dio vuelo al comprar tres de sus seis ranchos, a los que sumó tres más como gobernador electo entre abril y septiembre de 2010. Todo un récord. Prófugo de la justicia, este Houdini del peculado hizo un contrato de fideicomiso con Banorte, fondeado con recursos ilícitos, que luego sirvió para comprar acciones del Banco Progreso Chihuahua, del que es socio su secretario de Hacienda, Jaime Ramón Herrera. Pero Duarte tiene una explicación. Se la dio a la periodista Denise Maerker: «Lo firmé, no lo leí. A lo macho que no lo leí».

Está Roberto Borge, exgobernador de Quintana Roo. Arrestado el 4 de junio de 2017 y extraditado desde Panamá a principios de 2018, es famoso por la devastación del manglar Tajamar, destinado a ser un corredor pese a la disposición de la Profepa. Un destacamento de policías estatales blindó el área hasta que desapareció ese espacio natural. Pero no fue detenido por eso, sino por lavado de dinero. También está acreditado que tiene propiedades por muchos millones de dólares, y que durante su administración —lo investigaron la revista *Expansión* y Mexicanos Contra la Corrupción y la Impunidad— se creó una red de administradores públicos para, sin más, arrebatar el patrimonio a empresas y particulares.

Duarte y Borge provienen del PRI, como del PRI proviene Roberto Sandoval que, al convertirse en gobernador de Nayarit en 2011, tenía una casa de dos millones en Guadalajara, y al salir en 2017, entre otras joyitas, un rancho de 17 hectáreas en San Blas, con lago artificial y 12000 cabezas de ganado. Las noticias más frescas dicen que a una de esas propiedades está ligado el boxeador Saúl *Canelo* Álvarez, cinco veces campeón mundial. También lo estaba Hugo Ismael Sánchez Sandoval, su sobrino, pero fue asesinado el mismo día que dejó el cargo. Al gobernador, dicho sea de paso, lo acompañó en el camino ese prohombre que es Édgar Veytia. Fiscal durante su administración, está hoy tras las rejas en Estados Unidos por una cosita de nada: narcotráfico. Ya en 2010 empezó a notar la Policía Federal que el trasiego usaba como vehículos, preferentemente, camiones de Autobuses Coordinados de Nayarit, entre cuyos dueños se cuenta la esposa de Veytia. Aunque se le relaciona con muchos otros crímenes. En ese estado, por ejemplo, se conoce su costumbre de sembrar droga en los hoteles para «asegurarlos» y luego quedárselos, pero la comisión de la verdad que encabezan la poeta Alma Vidal y el exfuncionario Rodrigo González tiene testimonios de secuestros y extorsiones. Como el Diablo: así se conoce a Veytia.

La verdad es que cualquier listado que podamos ofrecerles implica una injusticia, queridos lectores, porque entre 2012 y 2016 hubo 28 gobernadores priistas en 22 estados, y en conjunto dejaron de justificar 140 000 millones de pesos recibidos del erario. Cómo olvidar a Rubén Moreira, cacique en Coahuila, acusado de desviar 475 millones de pesos a empresas fantasma, entre 2014 y 2016, y nombrado secretario general del PRI nomás dejó la gubernatura. Pero tal vez sí sea posible olvidarlo, porque inolvidable, inolvidable, el récord de su carnal Humberto, gobernador justo antes que él, hasta 2011. Humberto hizo crecer la deuda estatal en algo más de un 11 000 por ciento, un récord mexicano. Pero hasta eso ha pasado a segundo plano, porque lo destacable, en serio destacable, es que un informe de la Universidad de Texas lo señala como cercano al grupo criminal de los Zetas, que durante su gestión se hizo poco menos que dueño del estado. Y sí: 1 600 desaparecidos y 8 000 asesinados, eso dejó la más sangrienta de las bandas mexicanas en Coahuila de 2005 a 2011.

Pero, sobre todo, sin competencia, avasalladoramente, el de Peña Nieto es el sexenio de Javidú, al que vamos a tener que dedicarle un espacio en exclusiva en este volumen, aunque sea por su calidad de autor de la huelga de hambre más ridícula de la historia. Honor a quien honor merece.

«QUE LE PREGUNTEN AL PERRO»

La sociedad mexicana se hizo a imagen y semejanza del sistema político priista: corrupta, impune, gandalla, y con un desprecio por las reglas que por momentos resultaba aterrador.

Durante la segunda mitad del siglo XX el sistema político priista construyó una sociedad de menores de edad. Una sociedad a la que había que indicarle —increíblemente—: «Tira la basura en su lugar»; «La familia pequeña vive mejor»; «Ciérrale» (a la llave del agua); «Dale la espalda al contrabando». Una sociedad a la que le imponían la ley seca en diversas circunstancias, porque existía el temor de que no supiera comportarse.

El 25 de octubre de 1970, durante el Gran Premio de Fórmula 1, una parte de la sociedad sacó el cobre. El Autódromo tenía capacidad para recibir a 120 000 personas, pero se colaron 80 000 más. Los aficionados al automovilismo habían adquirido sus entradas con anticipación para garantizar su lugar en el Gran Premio.

Ese domingo por la mañana se había desarrollado una carrera ciclista en las inmediaciones de la Magdalena Mixhuca Al terminar, el público seguía entusiasmado y quiso extender su mañana de entretenimiento en el Autódromo, pero ya no había boletos. No importó. La gente se aglomeró en las principales entradas y de pronto sobrevino el portazo.

Verdaderas hordas tomaron el Autódromo por asalto, y al encontrarse con todas las secciones ocupadas por los aficionados decidieron rebasar la zona de seguridad e invadieron ambos lados de la pista. «Los vándalos ayer en la Deportiva —señalaba la nota de *El Universal* del 26 de octubre— estuvieron tan activos que las barras en la Puerta 6 fueron arrancadas de tajo de su base para ser colocadas sobre los muros de contención a fin de ver mejor las carreras [...]».

La turba estaba incontrolable, y para las dos de la tarde, completamente ebria. Los cuerpos de seguridad brillaron por su ausencia, y cuando aparecían de vez en vez la gente les chiflaba, les mentaba la madre y les aventaba envases de refresco y de cerveza que caían en la pista.

> Cuando encendí el televisor —recuerda Manuel Cano, aficionado a la Fórmula 1—, no podía creer lo que veía. En la recta principal, antes del inicio de la carrera, la gente se atravesaba como si paseara en la Alameda. Jorge Labardini, el comentarista de la empresa Telesistema Mexicano, estaba hecho una furia y censuraba la actitud de la chusma que invadía impunemente la pista y sus guarniciones. La carrera se pospuso una hora. Simple y sencillamente no había manera de controlar a las turbas.

La situación en los pits no era menos dramática; los pilotos se paseaban desesperados junto a sus autos; si la carrera se cancelaba la gente podría estallar en cólera y arremeter contra los equipos, pero si se corría, había grandes posibilidades de que la competencia terminara en una tragedia.

La carrera llevaba 95 minutos de retraso cuando Pedro Rodríguez y Jackie Stewart, uno de los pilotos consentidos de los mexicanos, marcharon a los sitios más peligrosos para persuadir al público de que se alejara de las zonas de riesgo. Para ganarse la buena voluntad de la gente, durante varios minutos firmaron autógrafos, saludaron de mano a muchos fanáticos y se tomaron fotos.

Finalmente, a las 3:45 de la tarde comenzó la carrera. Varios pilotos dieron algunas vueltas, regresaron a pits y no volvieron a salir a la pista. Pero el surrealismo mexicano tuvo su momento de oro en la vuelta 33. «De repente, Jackie Stewart hizo su arribo a los pits —recuerda Manuel

Cano—. El escocés entró a toda velocidad, rozando materialmente a los invasores, que incluso estaban apostados en esa zona, y de milagro no arrolló a ninguno. El piloto bajó de su auto mentando madres y dijo: "I hit a dog". "I hit a dog"».

No era broma. Junto con la turbamulta que había entrado al Autódromo se colaron varios perros que husmeaban en los alrededores de la pista. Uno en particular se les aventaba a los automóviles cuando disminuían la velocidad para pasar por las eses, y entonces los perseguía ladrando incesantemente. En la vuelta 33 el perro falló en su cálculo y Jackie Stewart lo arrolló. El golpe le arruinó la dirección y tuvo que retirarse de la carrera.

> «Jackie Stewart no es un hombre supersticioso, pero estaba malhumorado ayer cuando tuvo que abandonar a causa ¡de un perro! que se le atravesó cuando corría a 200 kilómetros por hora» —decía la nota de *El Universal* del 26 de octubre de 1970—. ¿El resultado? La muerte del perro y la rotura de la horquilla del carro de Stewart. Cuando quisieron entrevistarlo para que diera su opinión, sonriente solo dijo: «¡Que le pregunten al perro!».

La carrera terminó sin más incidentes que lamentar, pero Clay Regazzoni, uno de los pilotos de Ferrari, puso el dedo en la llaga: «Esta ha sido la peor carrera de mi vida. La gente con su actitud expuso en gran parte su vida y la de nosotros. Todo es producto de la mala organización. Deberían mejor organizar carreras a pie o en bicicleta». Sin duda, tenía razón. La sociedad mexicana no sabía comportarse y la Fórmula 1 no volvió a México sino hasta 16 años después.

EL SIMISOCIALISMO ES ETERNO

Vende medicinas dudosas, pero hasta un 80 por ciento más bara-
tas. Se rodea de chicas. Asegura haber conjugado lo mejor del so-
cialismo y el capitalismo. Enfrentó a Provida. Quiso ser presidente.
Es Víctor González Torres.

L a imagen no es una que se hubiera adivinado fácilmente. Rigoberta Menchú, premio Nobel de la Paz, entregaba el Premio Nacional al Altruismo a Víctor González Torres. ¿A quién homenajeaban con ese premio las 400 organizaciones reunidas en la Asociación Mexicana de Instituciones de Asistencia Privada? Nacido en 1947 en tierras chilangas, el hombre conocido como Doctor Simi viene de una familia heterodoxamente exitosa. Uno de sus hermanos, Jorge, tiene el privilegio de haber fundado el único partido ecologista del mundo que defiende la pena de muerte, el Verde, que dirigió por años. Otro, Enrique, sacerdote jesuita, fue director de la Universidad Iberoamericana. Y luego están los dueños de farmacias: Javier, de las Fénix, y él, que patentó la botarga más famosa del país de las botargas y que, a la hora de escribir estas líneas, ha logrado abrir seis mil sucursales de las Farmacias Similares en México y otros países. Y no de una manera ortodoxa, no. Viene en la familia.

González Torres vende medicamentos genéricos, es decir, medicinas mucho, mucho más baratas que las de las farmacias comunes y corrientes, avaladas por lo que se llama «estudio de biodisponibilidad» o «bioequivalencia». Traducimos el término, queridos lectores, con su permiso, o mejor: sus aparentes implicaciones. Los críticos les dirían que los medicamentos de Simi no son genéricos intercambiables porque las autoridades mexicanas exigen una batería extra de pruebas que la empresa de González Torres se salta a la torera. Sí, los componentes son los mismos. Pero no necesariamente la alquimia que los amalgama. Resultado, según sus críticos más acérrimos: sus medicinas pueden ser tres veces más baratas, pero necesitas cuatro veces la dosis habitual de ellas para tener resultados cercanos a los deseables. Sin embargo, nada detiene a Simi, que, dice, lo que hace es tratar de ayudar a los pobres, que no tienen para medicamentos digamos normales y que padecen las insuficiencias, ineficiencias y displicencias del sistema de salud pública. Y sí: Víctor González Torres puede no ser un luchador social que sigue, según sus propias palabras, el camino del Che, del que de todas formas dice que «No, no he leído mucho». Pero sin duda tiene ojo para el negocio. Para eso, y para la publicidad, también heterodoxa. Tiene el don del escándalo, don Víctor.

No nos referimos solo a la combinación imposible de ignorar entre botargas hipertrofiadas y música a volúmenes atentatorios que distingue ya a cada pueblo y cada ciudad de este México nuestro.

Tenemos, de entrada, su guerra contra Provida, la asociación de ultraderecha, por los «simicondones». Las Similares encontraron una ventana de oportunidad en la venta de preservativos, impulsada por la campaña «Condón sí, sida no», en 2003. Provida le declaró la guerra: que tenía 15 días para bajar esos espectaculares antes de que llamara a los católicos de México a boicotear su cadena de farmacias. ¿Cómo promocionaba González Torres sus «Simicondones», vendidos en paquetes de tres? Ofreciendo un millón de pesos a quien pudiera demostrar que el condón se le había roto durante el acto sexual —si a algún lector se le ocurre cómo se podía demostrar eso en un tiempo en que los teléfonos con cámara distaban de ser omnipresentes, le agradeceremos que nos escriba—. Que Simi promovía el «libertinaje sexual», pasaban a decir esos católicos indomesticables.

Y sí. O algo parecido. Una parte central de las campañas de Simi fueron las «Simichicas», un elenco cambiante de bellezas que lo mismo aparecían en las publicaciones de la cadena de farmacias, que en los espectaculares, que haciendo compañía por Argentina a don Víctor, cuando hace algunos años, en sociedad con Rigoberta, acompañado por Néstor Kirchner, fue a inaugurar 200 de sus farmacias a aquel país. A propósito, una de las simichicas fue Teresita Milanés, de quien se dice que es sobrina de Pablo, el nuevatrovero. «Mi novia», la llamaba don Víctor, aunque no solo a ella: siempre se ufanó de salir con seis mujeres a la vez.

Lo llama el socialismo, a don Víctor. En 2005 empezó a usar el término «simisocialismo», una forma moderada de este, aseguraba, distinta a la de Chávez, Castro o López Obrador, un «populista simpático» a cuyo desafuero se oponía porque tenía ganas de enfrentarlo en la elección como candidato independiente. Y lo enfrentó, no sin decir antes que había recibido amenazas de muerte de dos Jorges: su hermano, el presidente del Verde, y ¡Castañeda!

También para enfrentarlo fue heterodoxo. Tuvo una sonada fiesta navideña en el Zócalo, con repartición de dulces, concursos y personajes tan coloridos como el elenco de Odisea Burbujas —sí: Memelovsky, Mafafa y compañía— o Beatriz Paredes, exdirigente nacional del PRI, a la que llamó su «esposa política».

Tuvo también sus rifirrafes con Fidel Castro, por qué no. Rigoberta Menchú, la «simi Nobel», intentó ayudarlo a introducir su cadena de farmacias en la isla. Don Simi, como tantos, fue esquilmado: pagó un derecho de piso millonario por ningún piso, sin reembolso. «Simiinforma» se unió a la lucha contra el totalitarismo de izquierdas.

¿Está muerto el simisocialismo? Jamás. Simi, sabemos, no ganó las elecciones. Prometió entonces retirarse a su «simidepartamento de lujo» en Cancún. Pero que nadie lo descarte. Mientras los servicios públicos de salud funcionen como funcionan en América Latina, podemos pensar, Víctor González Torres nos llenará de medicinas, en proporción de cuatro a uno. Protejan sus estómagos.

LA GUERRA DE LAS VÍRGENES

En esta esquina, la Virgen de Guadalupe; en esta otra, la Virgen de los Remedios… Pelearán a dos de tres caídas, sin límite de tiempo.

No se recordaba un pleito semejante desde los días en que Huitzilopochtli descuartizó a su hermana Coyolxauhqui y luego la arrojó desde lo alto del cerro de Coatepec para dejarla desmembrada. Era un pleito de familia. Coyolxauhqui estaba molesta porque Coatlicue, su madre, estaba embarazada de un desconocido e iba a dar a luz a Huitzilopochtli, así que conspiró con sus hermanos —los cuatrocientos surianos— para matarla.

Pero todo le salió mal. Antes de perpetrar su crimen, nació su hermano vestido de guerrero y no hubo piedad ni para los cuatrocientos, a los que derrotó —y se convirtieron en estrellas—, ni mucho menos para ella, cuya cabeza arrojó al cielo, donde se convirtió en la Luna.

Eso había ocurrido en tiempos inmemoriales, o al menos eso refería la tradición indígena. Pero para 1810 los dioses aztecas ya eran historia, el cristianismo había ocupado su lugar en la Nueva España y con el inicio de la guerra de Independencia se preveía un nuevo enfrentamiento de alcance divino, que se venía cocinando desde tiempo atrás: la Virgen de Guadalupe contra la Virgen de los Remedios, sin límite de tiempo.

Ambas vírgenes ya se traían ganas o, mejor dicho, sus fieles. Ellas literalmente estaban más allá del bien y el mal; de hecho, eran la misma persona, es decir, la madre de Dios, nada más que en diferentes advocaciones. Como sea, la Guadalupana era la virgen del pueblo. Desde 1531, la historia que refería su aparición en el cerro del Tepeyac, donde los aztecas rendían culto a la diosa Tonantzin —«nuestra madrecita»—, no tenía lugar a dudas; era venerada por criollos, mestizos e indígenas.

La imagen de la virgen morena se ganó el corazón de la mayoría de los novohispanos, sobre todo de aquellos que habían nacido ya en territorio americano o cuyos antepasados tenían siglos de habitar en él. La devoción se desarrolló de manera natural y fue en aumento desde 1531, pero no fue sino hasta el 27 de abril de 1737 cuando se le declaró patrona de la ciudad de México. Nueve años más tarde ya lo era de toda la Nueva España. Hacia finales del siglo XVIII ya era un símbolo de identidad novohispano.

La Virgen de los Remedios era la principal devoción de los españoles. Según cuentan, Juan Rodríguez de Villafuerte, uno de los hombres de Hernán Cortés, la trajo a territorio americano «para su consuelo». Era un regalo de su hermano, que al entregársela le había dicho «que tuviera en ella mucha confianza, porque a él le había librado de grandes peligros en las batallas en que se había hallado y esperaba que le sucediera lo mismo en el Nuevo Mundo». La virgen tenía experiencia en combate.

Al llegar a la capital del imperio azteca, Cortés ordenó a Villafuerte que colocara la imagen de la Virgen de los Remedios en el Templo Mayor, donde se efectuaban los sacrificios humanos. Ahí fue expuesta por algunas semanas hasta que estalló la guerra y no se supo nada más de la pequeña imagen.

Hacia 1540 un indio cacique de nombre Juan de Águila caminaba por los parajes cercanos al pueblo de Tacuba y vio en el cielo a la Señora «que con voz sensible le decía: "Hijo, búscame en ese pueblo"». Poco después encontró la vieja estatuilla de madera, que desde 1520 había desaparecido, debajo de un maguey. Hacia 1575 su templo estaba concluido en Naucalpan y su imagen ya era venerada.

Alejandro de Humboldt percibió la rivalidad entre ambas devociones y escribió: «El espíritu de partido que reina entre los criollos y los gachupines da un matiz particular a la devoción. La gente común, criolla e india, ve con sentimiento que en las épocas de grandes sequedades el arzobispo haga traer a México la imagen de la Virgen de los Remedios. De ahí aquel proverbio que tan bien caracteriza el odio mutuo de las castas: *hasta el agua nos debe venir de la gachupina.* Si a pesar de la misión de la Virgen de los Remedios continúa la sequía [...] el arzobispo permite a los indios que vayan a buscar la imagen de Nuestra Señora de Guadalupe».

Aunque no lo tenía previsto, cuando Hidalgo tomó el estandarte de la Virgen de Guadalupe como bandera de la causa insurgente le otorgó un sentido religioso a la guerra de Independencia. De ahí la respuesta del pueblo, que se sumó en decenas de miles a la lucha. Y aunque el estandarte se lo arrebataron los realistas a las primeras de cambio, la Guadalupana estuvo presente del lado insurgente durante toda la guerra.

Al virrey Francisco Xavier Venegas le pareció que la lucha era desigual, así que mandó traer la Virgen de los Remedios para que se pusiera al frente de los ejércitos realistas. Todo se salió de control. El virrey le otorgó a la Virgen de los Remedios grado militar y le llamaron «la Generala». Las monjas del convento de San Jerónimo la vistieron con los blasones y la banda correspondiente y la llevaron en procesión a la catedral, con su bastón de mando y su hijo portando un sable. La Virgen y su hijo, Jesucristo, en pie de guerra.

Como es sabido, insurgentes y realistas —con todo y sus vírgenes— se dieron con todo. Al final ganó la Guadalupana, pero la Virgen de los Remedios no desapareció; regresó a su santuario en Naucalpan, donde sigue siendo venerada.

LA FAMILIA Y OTROS ANIMALES

Empresario de casinos, presidente municipal de Tijuana, candidato a gobernador, hijo de un priista de cepa, Jorge Hank Rhon será recordado, ante todo, por coleccionar animales exóticos.

Pablo Escobar se hizo famoso, entre otras cosas, por su compulsión de introducir animales exóticos en su rancho colombiano. Cuando la caída del capo, las autoridades se llevaron, amén de armas, coches, dinero y lo que se quiera, una buena cantidad de bichos, incluida alguna jirafa desconcertada y algún rinoceronte. Pero los cuatro hipopótamos se libraron del cateo, seguramente por su capacidad anfibia o tal vez porque a ver quién se atreve a acercárseles, y así, sumergidos, no solo se han perpetuado en Antioquia, sino que se han reproducido hasta convertirse en una plaga. Se calcula que habrá, hoy por hoy, unos cincuenta. No parecen extrañar las profundidades del África indómita.

¿Habrá motivado esa historia que el tapatío Juan Pablo Villalobos escribiera *Fiesta en la madriguera*, esa buena novela, tan mordaz, sobre un narco mexicano obsesionado con cumplirle a su hijo el capricho de un hipopótamo enano? Es posible, aunque uno se imagina que Juan Pablo conoce bien a nuestro gran importador de especies prohibidas, ese prodigio de hombre que, según ciertas versiones, podría haberse traído incluso una orca, la famosa Keiko: Jorge Hank Rhon. Porque lo de Keiko puede ser *fake news*, pero de que a Hank le gustan los animalitos, vaya, no hay duda.

Es un hombre versátil, el hijo del legendario Carlos Hank González, *founding father* del grupo Atlacomulco. Versátil e impredecible. Nacido en Toluca en el 56, terminó por afincarse en Tijuana, donde, anclado en el negocio de los casinos, ha logrado hacer una robusta vida empresarial que incluye hoteles, centros comerciales, un galgódromo y casas de apuestas en un par de decenas de estados del país, amén, claro, del Club Tijuana de futbol, los Xolos. Pero hay más en esa vida loca: hijo de tigre, es militante priista, y en esa calidad logró la presidencia municipal de Tijuana. Intentó alcanzar la gubernatura de Baja California, faltaba más, pero no le alcanzaron los votos para noquear al panista José Guadalupe Osuna. Insistirá, claro: es tenaz. En alguna nota reciente de prensa pudimos enterarnos de que no, no quiere una silla en el Senado, como se ha rumoreado, pero que probablemente sí vaya por la gubernatura en 2021. Y es que el tiempo le rinde. Jorge ha pasado unos cuantos ratos, también, en separos, juzgados y titulares de nota roja. Se le investigó, por ejemplo, por el asesinato del cardenal Posadas, cuando dos sobrecargos testificaron que había compartido asientos de avión con dos implicados en el crimen, un capo del narco y su escolta. Las investigaciones, va la aclaración, no condujeron a su encarcelamiento. Pero también ha vivido detenciones y sanciones, cierto que ninguna muy prolongada o muy onerosa para un hombre de sus posibilidades. En el 91 fue multado por trasladar sin permiso un cachorro de tigre siberiano. Veinticinco mil dólares que probablemente no le hicieron mella. En el 96 fue detenido en el aeropuerto chilango con seis abrigos de ocelote, un animal en extinción, marfil y dos chalecos incrustados de madreperla, para que se vea que no le tiene miedo al cliché de la ostentosidad folclorizante. Salió libre en cuestión de horas. Tampoco pasó mucho tiempo bajo arresto luego de que el Ejército irrumpió en su casa para detenerlo y se topó con ochenta y ocho armas y nueve mil cartuchos, el 4 de julio de 2011: salió libre diez días después. Cierto que las autoridades estatales lo detuvieron justo en ese momento para interrogarlo sobre el asesinato de una mujer en 2009, pero tampoco eso se prolongó: siete horas más adelante estaba en casita. Tampoco le afectó judicialmente que los asesinos del periodista Héctor *el Gato* Félix del semanario *Zeta*, Antonio Vera Palestina y Victoriano Medina, pertenecieran a su equipo de seguridad.

Pero es que Hank tiene que ser inquieto: coleccionar especies exóticas es caro. Hay que rascarle al presupuesto. Su colección, si ese es el término, podría alcanzar los veinticinco mil ejemplares. Y es que el hijo de tigre tiene tigres, sí, pero también jirafas, leones (doce según un reportaje de la revista *Quién*), jaguares, boas y algún oso gris.

Tal es su pasión por las criaturas de Dios que optó por construirles un zoológico, tal vez para impedir que pasen cosas como la de ese pobre chita que logró darse a la fuga y terminó muerto por el atropellamiento de una *pick up*. Pero Hank no solo tiene pasión por los animales que él llama «irracionales». Viudo, tiene diecinueve hijos con cinco esposas distintas. Y es que en algún momento de su campaña para gobernador dijo que su animal favorito era «la mujer». Hubo muchos indignados, pero, a esas alturas, probablemente ningún sorprendido.

CON EL IVA INCLUIDO

No era necesario ser especialista en lenguaje de señas para entender lo que el PRI había hecho miles de veces: chingarse a los mexicanos de todas las formas posibles.

«No fue una señal obscena, fue un movimiento rítmico de arriba hacia abajo», esa fue la estúpida explicación que dio Roque Villanueva en algún aniversario de la famosa «roqueseñal», que en 1995 todos los mexicanos vimos y entendimos como: «Nos los chingamos», «Nos los cogimos», «Nos los empinamos».

La roqueseñal se ganó un lugar en la historia porque fue la forma en que Roque Villanueva y todos los diputados del PRI festejaron que se habían chingado en el Congreso a toda la oposición y al país entero al aprobar el aumento del IVA del 10 al 15 por ciento.

No hay en México relación más espinosa que gobierno-impuestos-sociedad. Pase lo que pase, siempre queda la sensación de que el gobierno le ha visto la cara a los mexicanos permanentemente; que una gran parte de los mexicanos no paga impuestos —que no sean directos— y se jode a la parte que sí lo hace; que los ingresos por impuestos nunca se reflejan, ni se reflejarán, en la vida cotidiana de los mexicanos, y que esos impuestos terminarán en las cuentas de buena parte de la corrupta clase política.

Hay quienes quieren ver en las guerras floridas el inicio de los impuestos absurdos en la historia de México. Los aztecas obligaban a Texcoco, Tlaxcala y Huejotzingo a enfrentarse con ellos para obtener prisioneros —tributo en especie— que luego sacrificaban en honor a Huitzilopochtli.

La interpretación es sin duda excesiva, pero, ciertamente, los impuestos y la recaudación han sido por momentos surrealistas.

En el último gobierno de Santa Anna (1853-1855), el viejo dictador jalapeño se voló la barda. Como necesitaba dinero para mantener su corte, Su Alteza Serenísima estableció impuestos por el número de perros que se tuvieran como mascotas; por el número de puertas y ventanas que tuvieran las casas; por el número de ejes de los carruajes de uso cotidiano, y hasta por el número de nodrizas que estaban al servicio de las familias.

El antecedente del tristemente célebre ISR fue establecido hacia 1921 y se le llamó «Impuesto del Centenario»: como se cumplían cien años de la consumación de la Independencia, el gobierno de Obregón necesitaba dinero para organizar los festejos y las arcas estaban vacías —¿cuándo no?

La famosa tenencia, cuya derogación ha sido bandera electorera, fue un impuesto que el gobierno dijo que sería temporal, diseñado para recaudar más recursos con miras a los Juegos Olímpicos de 1968. Hoy está de plácemes: en 2018 cumplió 50 años. La tenencia ha visto incluso derivaciones aún más absurdas: en 2013, en Sonora, se estableció un impuesto «sobre la tenencia, traslado y sacrificio de asnos y equinos», lo que propició una airada respuesta y la «marcha de los burros».

Aunque el consumo directo siempre ha tenido algún tipo de impuesto, el IVA llegó a nuestras vidas en 1978, aunque entró en vigor en 1980 y de ahí pa'l real. Ha oscilado entre el 10 y el 16 por ciento de acuerdo con la real gana del gobierno en turno, como ocurrió en 1995 con el asunto de la roqueseñal.

El gobierno nunca le ha encontrado la cuadratura al círculo en el tema de los impuestos, o no ha querido encontrarla. En julio de 1925 el secretario de Hacienda, Alberto J. Pani, convocó a los gobernadores a la primera Convención Nacional Fiscal. Por entonces, la legislación, complicada, lenta, costosa e ineficaz —como siempre— hacía «recaer el peso del impuesto sobre unos cuantos» y permitía la corrupción —como ahora—. Las leyes federales y locales caían continuamente en contradicciones, se duplicaban impuestos y el sistema de recaudación era demasiado complejo.

La Convención se realizó entre bombos y platillos, pero los acuerdos tomados —que incluían importantes reformas a la Constitución en materia fiscal— nunca se llevaron acabo. Los gobernadores se convirtieron en uno de los mayores obstáculos, y sumada a los asuntos políticos del momento —el conflicto religioso en ciernes y la discusión de la reforma constitucional para permitir que Obregón se reeligiría—, la Convención quedó en el olvido.

En mayo de 1932 el gobierno del general Abelardo L. Rodríguez convocó a la segunda Convención Nacional Fiscal, tuvo lugar durante la última semana de enero de 1933. Muchas palabras, muchas propuestas, ningún resultado; la sucesión presidencial de ese año echó por la borda la reforma fiscal.

Un intento más tuvo lugar en noviembre de 1947. El presidente Miguel Alemán lanzó la convocatoria para la tercera Convención Nacional Fiscal y reconoció que el país se encontraba nuevamente «frente al antiguo problema fiscal». Hoy le llaman Convención Nacional Hacendaria y siguen tratando de encontrarle la cuadratura al círculo, más IVA. Pero en un país que se refunda cada seis años, sin un proyecto a largo plazo, la roqueseñal estará presente hasta la consumación de los tiempos.

EL HOMBRE MÁS RÁPIDO DE MÉXICO

*Corrió un maratón completo en algo más de dos horas y media.
Lo acusaron de hacer trampa. Fue una prueba más en la vida de
un hombre competitivo que también fue gobernador de Tabasco y
candidato a la presidencia. Sobra decir por qué partido.*

Los corredores más capaces deben haber temblado cuando el competidor número 33751 del maratón de Berlín de 2007, en el que participaban 40000 personas, cruzó la meta con un tiempo de dos horas y cuarenta y un minutos, impresionante cuando se habla de una carrera de 43 kilómetros. «Un nuevo, temible competidor», habrán pensado, por ejemplo, los kenianos, estrellas de este deporte brutal, de alta demanda, o el mismo ganador de la carrera, la leyenda etíope Haile Gebrselassie. Y con buenas razones. El 33751 correspondía a un mexicano de 55 años, chilango de nacimiento, tabasqueño de origen, que había sido gobernador de Tabasco, presidente del PRI y candidato presidencial en 2006 por el mismo partido, y que a ese récord personal nada desdeñable acababa de sumar otro, deportivo, de libro *Guinness*: la carrera la terminó en el lugar 146 y como ganador de su categoría, la de varones entre 55 y 59 años, pero los 15 kilómetros que mediaban entre el 20 y el 35, esos que se recorren a mitad de la prueba, cuando el cuerpo ha sufrido una cuota importante de castigo, los hizo en 21 minutos. Para que se den una idea del logro extraordinario de ese atleta, de ese hombre de hierro, el récord mundial para esa distancia era de 41 minutos.

Roberto Madrazo no ha tenido una trayectoria típica, en ningún plano. Hijo de Carlos Madrazo, renombrado político de la izquierda priista —se formó con Tomás Garrido Canabal y Vicente Lombardo Toledano— que también dirigió el partido y fue gobernador de Tabasco antes de morir en un accidente aéreo que muchos, entre ellos su hijo, han calificado de asesinato político, Roberto se lanzó por la gubernatura tabasqueña en 1994, con, digamos, éxito. Y es que ganó, pero en unos comicios tan irregulares que el entonces presidente Ernesto Zedillo tomó la decisión de promover su remoción, mientras otro tabasqueño, un tal Andrés Manuel López Obrador, impugnaba la elección, llamaba a la resistencia civil, marchaba a la ciudad de México y enseñaba 250 000 documentos que dejaban claro, aseguraba, que los gastos de Madrazo como candidato rebasaban 40 veces el tope permitido por el Instituto Electoral. Madrazo aguantó, sin embargo, ambas embestidas: se plantó, amenazó con separar al estado de la federación y gobernó hasta el 99. No se logró quitar de encima, sin embargo, la etiqueta de tramposo.

De algo parecido lo acusó otra protagonista de *México bizarro* (vean el volumen 1), la lideresa sindical Elba Esther Gordillo, en 2005. Madrazo acusó a la maestra de estar contra el partido que él había logrado dirigir y del que era candidato a la presidencia. La Gordillo lo llamó mentiroso, lo desafió a un debate con polígrafos conectados y remató, ostentando una desconcertante propensión a la redundancia, con los epítetos de «cobra» y «serpiente».

Madrazo perdió la elección con 22 por ciento y piquito de los votos, muy lejos de López Obrador y de Felipe Calderón, el ganador. Pero tampoco se libró de la acusación de tramposo, al avalar un resultado que, según su viejo rival tabasqueño, era producto de un fraude.

Madrazo, llamativamente, desapareció de la arena política durante dos sexenios largos, hasta que, luego del triunfo avasallador de López Obrador en las elecciones de 2018, salió a decir que siempre sí, sí había ganado el candidato izquierdista la elección. Fraude, dijo. Hubo fraude. No lo reconocí antes, dijo, para no dinamitar la democracia mexicana. Logró lo impensable: que los seguidores de AMLO, esos que se habían dedicado a denostarlo durante dos décadas largas, dijeran que sí, que Madrazo era una fuente superconfiable. Pero tampoco logró el consenso. Dos sexenios no bastaron para que muchos no olvidaran las turbulencias de su carrera política y se preguntaran cómo podía darse credibilidad a un... tramposo. Pero ese silencio tuvo una excepción, que fue justamente el maratón berlinés.

Y es que los alemanes, no sin sorna, también acusaron a Madrazo de tramposo. Como sabe cualquier aficionado a competir en carreras de fondo, hace tiempo que la tecnología irrumpió en los maratones bajo la forma de chips que dan una información precisa, detallada, del desempeño de cada corredor. Y el desempeño de don Roberto era humanamente imposible de lograr. Los jueces fueron concluyentes: el «hombre más rápido de México», según el apelativo que se había ganado en la prensa, siempre irónica, simplemente se había saltado esos 15 kilómetros, de ahí que, al cruzar la meta, con ese festejo tan llamativo, estuviera tan fresco, tan libre del molesto sudor. El ganador fue un corredor alemán que, sin atajos, llegó tres minutos después que Madrazo al final. Gebrselassie podía dormir tranquilo, otra vez.

¿Qué hizo el exgobernador, expresidente del PRI, excandidato? Como con las elecciones de 2006, reconocer que sí, que había hecho trampa. Como en aquellas elecciones, apeló a motivos de salud. Pero, en ese caso, no de salud democrática, sino física. Que el médico le había recomendado no hacer la carrera completa, explicó. Ese médico es un sabio. Con una trayectoria tan accidentada, el cuerpo termina por resentirse.

MI REINO POR UNOS HUESOS: LA TUMBA DE CUAUHTÉMOC

De los creadores de Los restos de los Niños Héroes, un fraude óseo, *llega a las pantallas* Los restos de Cuauhtémoc, pero de cuando era niño.

Los restos de Cuauhtémoc no se encuentran en Ixcateopan, Guerrero. Esos restos no son los del tlatoani, nunca lo fueron y nunca lo serán. Hasta ahora (2019) no se sabe dónde descansa el último emperador azteca y es posible que jamás lo sepamos. Tan fácil que es decirlo sin tapujos, pero tan difícil que resulta aceptarlo, sobre todo para los habitantes de Ixcateopan, a quienes el presidente Miguel Alemán en 1949, y luego el presidente Luis Echeverría y el gobernador Rubén Figueroa, *el tigre de Huitzuco*, en 1976, les vendieron la idea de que sí lo eran. La manipulación histórica en su máxima expresión.

La historia comenzó en noviembre de 1946. Unos días antes de que Miguel Alemán asumiera la presidencia del país, se anunció que se habían descubierto los restos de Hernán Cortés en el templo del Hospital de Jesús. De inmediato los investigadores los estudiaron, los analizaron a conciencia y los autentificaron. El 9 de julio de 1947 fueron inhumados en el mismo lugar y se colocó una placa con la inscripción: «Hernán Cortés 1485-1547».

Pero como el nacionalismo estaba a tope —con su sobredosis de indigenismo—, para el gobierno de Alemán resultaba incómodo que se hubieran descubierto los restos del conquistador español y no los del primer defensor de la soberanía nacional, el emperador Cuauhtémoc. Había que hacer algo.

La maestra y arqueóloga Eulalia Guzmán (1890-1985) tenía un prestigio bien ganado; había sido asistente de Alfonso Caso cuando este exploró Monte Albán y le había dedicado tiempo a distintas expediciones arqueológicas; además, era totalmente indigenista. A principios de 1949 llegó a sus oídos el rumor de que en Ixcateopan, Guerrero, vivía Salvador Rodríguez Juárez —el apellido no podía ser más adecuado para la ocasión—, un lugareño que decía ser descendiente de Cuauhtémoc y que conservaba un escrito, que había pasado de generación en generación en su familia, firmado por fray Toribio Benavente, Motolinía, que señalaba el lugar exacto donde se encontraba la tumba de Cuauhtémoc.

Ni tarda ni perezosa, la maestra organizó su expedición, a la que se sumaron varios periodistas —como si tuvieran la certeza de lo que iban a encontrar—, entre ellos un muy joven Julio Scherer García, reportero de *Excélsior*. Una vez en Ixcateopan, Eulalia inició las excavaciones a la «viva México»: sin seguir los protocolos establecidos, sin controles arqueológicos, sin llevar un diario de campo que registrara cada paso. El 26 de septiembre, a las 4 de la tarde, debajo del altar del templo de Nuestra Señora de la Asunción encontró unos restos óseos que de inmediato identificó como los de Cuauhtémoc.

El pueblo estalló en júbilo, se echaron las campanas al vuelo, la maestra y sus compañeros derramaron lágrimas de emoción y el hallazgo se llevó la nota de ocho en *Excélsior* del 27 de septiembre de 1949 —curiosamente, en la conmemoración de la consumación de la Independencia—. En los días siguientes Silvio Zavala y Eusebio Dávalos viajaron a Ixcateopan para autentificar el descubrimiento, pero concluyeron que no eran los restos de Cuauhtémoc. Dos años más tarde, Manuel Toussaint y Alfonso Caso, con otros reconocidos investigadores, confirmaron lo dicho: los restos —entre los que había ocho osamentas y un cráneo de mujer— no correspondían al último emperador azteca.

A pesar de la contundencia de los argumentos en contra, el gobierno de Alemán decretó que sí eran los restos de Cuauhtémoc y «háganle como quieran». No faltaron personajes que lo apoyaron. Salvador Novo escribió: «Claro es que ni Cuauhtémoc ni nadie lleva en los huesos la marca de fábrica ni el nombre, y que Motolinía no tuvo el cuidado de tomarle al cadáver del emperador las huellas digitales ni la fotografía sin retoque que por lo visto hubiera podido persuadir de su identidad a los sabios del dictamen adverso». También el famosísimo doctor Alfonso Quiroz Cuarón, el primer criminalista mexicano, quien presumía de haber dado con el nombre y apellido verdaderos del asesino de Trotsky, defendió a capa y espada la autenticidad de los restos.

Eulalia manchó su prestigio para el resto de su vida, pero nunca se retractó. Imbuidas del nacionalismo indigenista del momento, las autoridades del municipio de San Pedro Piedra Gorda, Zacatecas, de donde la maestra era originaria, decidieron cambiarle el nombre por el de Cuauhtémoc como homenaje a ella. Por su parte, el gobierno construyó en Ixcateopan el Altar a la Patria y la retórica de que ahí estaba el *tlatoani*, con todo y su fiesta cívica anual.

Años más tarde, en 1976, con la moda nacionalista de nuevo en boga debido a la crisis que asomaba en México, el presidente Echeverría ordenó la creación de una comisión más, la tercera, porque «tenemos la convicción cívica y la emoción patriótica de declarar que aquí fueron enterrados los restos de Cuauhtémoc», dijo en Ixcateopan. Por esos días, el gobernador Rubén Figueroa fue aún más contundente cuando recibió a los miembros de la comisión —entre los que se encontraba el arqueólogo Matos Moctezuma—: «[...] esperamos que hagan pronto su trabajo y digan que aquí está Cuauhtémoc para que puedan regresar a la capital, pero con cabeza [...]».

Con todo y la presión, la comisión no se arredró, se tomó su tiempo, hizo su trabajo y concluyó que todo había sido una farsa; que los documentos, «tanto los que dieron origen al hallazgo como los presentados posteriormente», eran apócrifos y de ningún modo del siglo XVI, sino elaborados después de 1917.

Se dice que entre los restos hallados había huesos de infantes. Cierto o no, a la prensa no le importó. Lo único que expresó fue que los restos hallados en Ixcateopan sí eran de Cuauhtémoc, pero de cuando era niño.

EL MOCHAOREJAS Y SUS PROTECTORES

Combinación única de psicopatía y sociopatía, intrépido, ambicioso, amante de la mutilación, fue el secuestrador más famoso de un país de secuestradores. Pero su carrera hubiera sido mucho menos exitosa sin sus socios: policías y políticos.

Los lectores más jóvenes o más desmemoriados podrán pensar que la crisis de inseguridad que sufre el estado de Morelos es reciente. Que los tiroteos y el cobro por «protección», y sobre todo el secuestro son producto de la última administración, o las últimas dos. Lamentamos desengañarlos. Morelos fue uno de los territorios preferidos por uno de los personajes más ominosos de la historia del crimen en México, Daniel Arizmendi, *el Mochaorejas*.

En 1997, *The New York Times* aseguraba que algunos gobernadores mexicanos cobraban dinero del crimen organizado. Uno de ellos era el general Jorge Carrillo Olea, exsubsecretario de Gobernación y fundador del Cisen, el órgano de inteligencia civil. Un año después, el 98, Carrillo Olea renunciaba a la gubernatura, que había asumido el 94, luego de protestas masivas en su contra y, dicen, de que el presidente Ernesto Zedillo decidiera tomar cartas en el asunto. Lo de Morelos era grotesco, sí. A tres cuadras de la casa de Carrillo, por ejemplo, se escondía nada menos que otro Carrillo, Amado, el más buscado de los narcotraficantes por aquellos días. Pero las protestas se debían sobre todo a que en Morelos se había desatado el secuestro, cuya figura más famosa era Arizmendi.

Nacido en Morelos en el 58, el luego llamado Mochaorejas creció en Iztapalapa y Ciudad Nezahualcóyotl. Hijo de un hombre alcohólico y violento, alcohólico y violento él mismo, fue un muy mal estudiante hasta secundaria, trabajó en un taller de tejidos y como conductor de transporte público antes de entrar a la Judicial de Morelos. No duró más de dos meses la experiencia, pero aprendió a robar coches con gran pericia, un oficio que practicó junto a su hermano Aurelio, agente de la misma corporación, dedicado para más datos a investigar... robos de autos. La banda llegó a revender unos 20 coches usados al mes, pero Arizmendi y su hermano acabaron en la cárcel. Tenía 26 años, y no tardaría en iniciarse en el rubro criminal que lo haría famoso. Se dio cuenta de que el secuestro era fácil y redituable. Integró una banda atroz, como es frecuente, con varios familiares.

Su primer secuestro fue en 1995, pero fue en el cuarto que, por primera vez, mutiló a un secuestrado. Con unas tijeras de pollero, le cortó la oreja al próspero dueño de varias bodegas en Ixtapaluca. Como en sus días de ladrón de coches, operaba en el Estado de México y el Distrito Federal, pero también en Morelos, donde aseguraba que podía actuar con absoluta impunidad. Con dinero, mucho, compró a policías que lo ayudaron sin pudores. Y así siguió, de mutilación en mutilación, a hombres y mujeres, muchos de los cuales fueron asesinados cuando sus familias no pagaron el rescate. Nada ni nadie parecía poder detenerlo. En el 97 secuestró a Avelino Ruiz, de las tiendas de abarrotes La Europea. Le pidieron 10 millones de dólares a su hijo, que encontró la oreja de su padre en una caja de cereal, en una sucursal de la Comercial Mexicana. Especializado en secuestrar a personas con mucho dinero, es decir, con acceso a los círculos de poder, con contactos en la policía, en inteligencia, en el Ejército, Arizmendi y los suyos actuaron con una soltura extraordinaria. Pero cometió un error: se cebó con la comunidad española, ante la que se presentaba con el nombre de Cuauhtémoc. Los españoles, justamente, pidieron audiencia con Jaime Mayor Oreja, ministro del Interior en aquel país —la broma era obligada: «Usted es Mayor Oreja y nosotros los sin oreja»—, y tanto el secretario de Gobernación, Emilio Chuayffet, como el procurador general, Jorge Madrazo, tuvieron que arremangarse. Y con ellos, lo nunca visto, cuanta instancia de inteligencia y seguridad: PGR, Cisen, la Unidad Especializada en Delincuencia Organizada. Vaya, que la seguridad pública mexicana empezó a hacer trabajo policiaco. Y empezaron las detenciones de su entorno, y con las detenciones, las pistas: por ejemplo, que se escondía en hoteles de Morelos, y que en Morelos escondía a su familia. Enseguida, cayeron varios de sus parientes —para empezar su hijo, que fungía como su chofer—, y con su familia 18 propiedades, abundantes armas de fuego y 50 millones de pesos en efectivo. Pero no el Mochaorejas, que resistió cualquier tentación de entregarse. El cerco, sin embargo, se apretaba. Pronto cayó su hermano Aurelio. Daniel tuvo tiempo aún de algunas aberraciones, como maquillar a un secuestrado que murió por resistirse, cortarle las orejas con un cuchillo y pedir rescate por él. Pero finalmente, en agosto de 1998, cayó.

Y no solo. Detrás del Mochaorejas se fueron, como fichas de dominó, todos los mandos morelenses que lo protegieron, desde el procurador estatal, hasta el jefe de la Policía Judicial, hasta, México bizarro puro, el jefe de la unidad antisecuestros, cachado *in fraganti* mientras se deshacía del cadáver del Moles, un secuestrador de la competencia, de esos que iban por la libre, cruelmente torturado.

Daniel Arizmendi, *el Mochaorejas*, fue condenado a 393 años de cárcel, que en lenguaje judicial mexicano se traduce en como 70, el máximo periodo de encierro según nuestras leyes. Está en el penal del Altiplano, en el Edomex.

Carrillo Olea estuvo a punto de salir de la jubilación en 2018, cuando el equipo de Andrés Manuel López Obrador, ya presidente electo, lo invitó a formar parte del grupo de asesores de Seguridad Nacional, suponemos que por aquello de la lucha contra la corrupción. No aceptó la chamba.

LA CORRUPCIÓN SOMOS TODOS

Que tu mayor logro como presidente haya sido romper el récord del mayor número de personas gritándote «¡Culero!» al mismo tiempo no tiene precio.

De frente De la Madrid para presidente» fue uno de los lemas de la campaña electoral de 1982, tan gris como el candidato que había destapado López Portillo a fines de 1981 para sucederlo en el poder. Quizá lo eligió por eso, porque no tenía brillo ni carisma ni oratoria ni era un seductor, y con todo y petróleo —cuyos precios se habían desplomado— ya no tenía la riqueza que había tenido el presidente en sus manos. México estaba en la mayor de las ruinas económicas... hasta ese momento.

Miguel de la Madrid quiso ver en la corrupción el origen de la crisis; de ahí sus otros dos lemas de campaña: «La corrupción somos todos» y «por la renovación moral de la sociedad», que nunca cumplió. Y aunque prometió combatir la corrupción hasta las últimas consecuencias, los mexicanos se dieron cuenta de que las «últimas consecuencias» llegaban hasta el exdirector de Pemex, Jorge Díaz Serrano, por un supuesto fraude en contra de la paraestatal, y al exjefe de la policía del Distrito Federal, Arturo *el Negro* Durazo, el mejor ejemplo de la terrible corrupción y abuso de autoridad policiaca solapados por López Portillo. El primero era un chivo expiatorio, el segundo merecía el infierno.

Si algo logró el sistema político mexicano hacia la década de 1980 fue la normalización de la corrupción. México estaba corrompido hasta la médula y nadie veía con malos ojos que el presidente López Portillo hubiera recibido un par de casitas, o más, en su sexenio, como él mismo escribió el 21 de diciembre de 1981: «El sindicato de petroleros empeñado en regalarme el rancho de Tenancingo, y como no lo quise ahora me quiere regalar una casa en Acapulco. Preciosa, por cierto. Sería una sangronada negarme». Y como nunca había sido sangrón, pues la aceptó. La otra fue la Colina del Perro.

Miguel de la Madrid prefirió afirmar que la corrupción éramos todos para no responsabilizar al sistema político priista —desde el presidente hasta el último funcionario—, y le dio base por bola a López Portillo. El presidente no tenía ni los tamaños ni la voluntad de acabar con la regla no escrita de no tocar al expresidente.

«Cuando Miguel de la Madrid llegó a la presidencia tenía un auténtico mandato para la renovación moral —escribió Gabriel Zaid—. Quizá fue el último presidente mexicano que tuvo la oportunidad de encauzar las aspiraciones modernas de la sociedad a través de la fe premoderna en el Señor Presidente. Si hubiera llamado a cuentas al expresidente López Portillo, civilizadamente y con todo respeto a la ley, hubiera sido aclamado como el fundador de una nueva era en la vida nacional. El respeto a la presidencia hubiera aumentado, no disminuido». Primero se hundían los mexicanos que combatir la corrupción dentro del sistema político priista.

De la Madrid enfrentó dos grandes catástrofes con la indolencia del mediocre. La explosión de San Juanico —en noviembre de 1984—, que evidenció más corrupción, pero esta vez en Pemex, y el terremoto que destruyó parte de la ciudad de México el 19 de septiembre de 1985, arrebato de la naturaleza que dejó diez mil muertos oficialmente y demostró la incapacidad del gobierno para responder a una emergencia.

Nadie olvidará aquella desafortunada declaración —por decir lo menos— que De la Madrid hizo a los medios, cuando a sus espaldas la ciudad de México yacía destruida y olía a muerte. «¡No!» a la ayuda internacional: «Estamos preparados para atender esta situación y no necesitamos recurrir a la ayuda externa. Agradecemos las buenas intenciones, pero somos autosuficientes». Veinticuatro horas después, cuando comprendió que gobernaba un país en bancarrota y en ruinas, reculó y pidió ayuda a todo el mundo. Su estupidez anunció el nacimiento de la sociedad civil mexicana.

Miguel de la Madrid pasó a la historia por haber logrado que ciento veinte mil voces le gritaran al mismo tiempo el «¡Cuuuuuuleeeeeero, cuuuuuuleeeeero!» más estruendoso de la historia, acompañado de una rechifla épica. Fue la manera en la que la gente se desahogó de tantos agravios, y además frente al mundo, pues ocurrió durante la inauguración del Mundial de Futbol de 1986 en el Estadio Azteca.

Y eso que todavía no llegaba 1988. La noche de la elección presidencial que tenía a Cuauhtémoc Cárdenas en los cuernos de la luna y a Salinas de Gortari llorando por los rincones como la muñeca fea, De la Madrid autorizó a su secretario de Gobernación, Manuel Bartlett, a meter mano en la elección, y así se perpetró el fraude más escandaloso de la segunda mitad del siglo XX.

Un par de horas después de iniciar el conteo de votos, ante la mirada atónita del país, Bartlett anunció a los medios que el sistema se había caído. Decían que era muy moderno y a prueba de fallas, pero no a prueba del PRI. Cerca de las diez de la noche del día de la elección de 1988, el secretario de Gobernación, como juez y parte en el proceso electoral, anunció que se suspendía la información de resultados. Las horas de espera representaron votos a favor del PRI. El tiempo transcurrió y el lunes 7 de julio el fraude estaba consumado: Salinas de Gortari sería presidente.

De la Madrid dejó el poder en diciembre de 1988. Sobrellevó su propio gobierno con la tibieza del pusilánime. Dejó pasar, dolorosamente, seis años más en un país que no podía perder más tiempo.

EL SÍNDROME DEL JAMAICÓN

Fue el mejor lateral derecho mexicano, miembro de las Chivas y la Selección, capaz de parar a Garrincha. Pero la historia es cruel. Se le conoce por el «síndrome del Jamaicón»: no sabía estar lejos de la birria y los sopes.

Francamente, la carrera de José Villegas Tavares es digna de aplauso. Empezó en El Imperio y Reboceros de La Piedad, pero fue conocido sobre todo porque jugó veinte años con el Guadalajara y logró conquistar ocho campeonatos, un récord que nadie ha superado y que solo ostentan él y su coequipero Sabás Ponce. No era cualquier Guadalajara, además. Era el Campeonísimo, es decir, las Chivas del *Tigre* Sepúlveda, *el Tubo* Gómez, *el Bigotón* Jasso, Chava Reyes y Héctor Hernández. No le hizo feos tampoco José a la selección mexicana, con la que jugó en los mundiales de Suecia y Chile, el 58 y el 62, honrando la tradición vigente en aquellos días de volver a casa terminadita la primera ronda. No eran tiempos muy venturosos para nuestra selección, no. José regresó a México con un empatado, dos perdidos y menos siete de goleo, el 58, y con uno ganado, dos perdidos y menos uno, el violento 62, ese Mundial en el que todos, un tal Pelé para empezar, recibieron y dieron patadas a mansalva. Pero su currículum, en cualquier caso, es notable. Lateral izquierdo con reputación de impasable, cosechó aplausos por unanimidad luego de conseguir en un partido contra el Botafogo brasileño lo que nadie conseguía: detener a un tal Manuel Francisco dos Santos *Garrincha*, el que el lugar común quiere que sea el mejor extremo de la historia, dos veces campeón con Brasil, que, desesperado, llamaba al joven Villegas «Preto de merda». De ahí la injusticia de que a José se le conozca, ante todo, como al dueño de los derechos sobre ese hallazgo que llamamos «síndrome del Jamaicón».

No se sabe bien a bien por qué le llamaban *Jamaicón*, aunque parece que el sobrenombre se le quedó pegado en sus días en la Colonia Experiencia, donde nació en el año 33, cuando trabajaba como obrero textil. Tampoco sabemos bien a bien cómo surgió lo del síndrome. Hay dos versiones.

La más extendida quiere que en el 62 nuestro personaje haya viajado con la selección para un partido preparatorio contra Inglaterra. Había confianza: confianza en el equipo y sobre todo confianza en él. Cuando el entrenador, Nacho Trelles, le notificó al portero suplente, *el Piolín* Mota, que saldría como titular en esa jornada londinense y este expresó su franca preocupación, digamos que no con mucho temple competitivo, la respuesta del inmortal entrenador del Cruz Azul fue que no pasaba nada, que estaba Villegas para dar seguridad. Bien, pues el lateral prodigio, el hombre de hierro, el vencedor de Garrincha, jugó infamemente. Perdimos 8-0. Pero lo que lo consagró no fue el resultado sino la justificación que ofreció luego del partido: extrañaba a su «mamacita», llevaba días sin comerse una birria y, ultimadamente, la vida no era vida lejos de su tierra.

La otra versión nos remonta incluso unos años más, hasta el 58, y la ofrece el historiador futbolero Carlos Calderón en *Anecdotario del futbol mexicano*. Fue en una cena para la selección en Lisboa, cuando a Trelles le extrañó no encontrar al Jamaicón entre los comensales. Dio con él mientras deambulaba por el jardín, bajo la luz negra del sol de la melancolía, ese que sale sobre todo de noche. Cuando le preguntó qué le pasaba, el implacable lateral contestó: «Cómo voy a cenar si tienen preparada una cena de rotos. Yo lo que quiero son mis chalupas, unos buenos sopes y no esas porquerías que ni de México son».

El caso es que, desde entonces, a partir de alguno de esos dos momentos definitivos en la historia nacional, se conoce como «síndrome del Jamaicón» a la imposibilidad psíquica de estar lejos de nuestro Mexiquito, a la nostalgia patria, a la depresión del trasterrado.

¿Lo hemos superado? Da la impresión de que sí, al menos desde que Hugo Sánchez se fue a España y trajo de regreso, como regalo, esos cinco Pichichis, esas ligas con el Madrid y ese hermoso acento castizo que nunca se le irá. Se multiplican nuestros jugadores en clubes europeos, en los que juegan durante varias temporadas sin que la sangre se les tiña de verde. Pero el Jamaicón dejó escuela. Carlos Hermosillo, espigado delantero que logró hacer campeón al Cruz Azul por última vez, se fue al Standard de Lieja a marcar… un gol. Alberto García Aspe, enérgico interior izquierdo, regresó del River Plate argentino cinco meses después de tomar el vuelo en el Aeropuerto Benito Juárez. Luis Hernández se fue a jugar con el enemigo eterno del River, el Boca. Resultado: cero partidos de liga, apenas unos de Supercopa y de vuelta a casa. Jared Borgetti se fue al Bolton inglés. Una temporada. De ahí a Arabia Saudita a jugar en el Al-Ittihad, donde hizo diez goles pero salió por patas: no había modo de adaptarse al país.

¿Y el Jamaicón original, el inmortal José? A sus 83 años vive donde tiene que vivir. En la tierra de la birria, la chalupa y el sope. En la tierra de su mamacita. En Jalisco.

FUE FRAUDE

*En aquellos tiempos se trataba de carro completo; el partido ofi-
cial no dejaba nada, ni un solo cargo de elección popular para
nadie que no fuera de sus filas. Con esmero y dedicación, el PRI hizo
del fraude electoral un arte.*

México tiene una de las peores leyes electorales del universo. En
una elección presidencial, el candidato triunfador puede ganar
por un solo voto de diferencia y siempre tendrá menos votos que
la suma de todos los candidatos derrotados; aún así, asume la
presidencia.

Es casi una obligación que los candidatos derrotados denuncien el
fraude: si la victoria no les favorece, es fraude; si perdieron por un voto o
un millón, es fraude. «Fue fraude» es la frase más ensayada por todos los
partidos; en México, el reconocimiento de la derrota no es cuestión de
madurez cívica: es humillación.

La cerradísima elección de 2006 que llevó a la presidencia a Felipe
Calderón con alrededor de doscientos cincuenta mil votos de diferencia
sobre López Obrador permitió la construcción de un nuevo mito: la retórica del fraude.

El llamado fraude de 2006 fue sostenido por verdades a medias o
mentiras completas, por rumores, por acusaciones sin pruebas, por declaraciones del momento. Si realmente lo hubo fue de una sofisticación
nunca antes vista: le quitó la presidencia a López Obrador, pero le dejó
a su coalición 36 senadores, 160 diputados, más de 96 ayuntamientos,
el gobierno del Distrito Federal y algunas gubernaturas. En ningún otro

momento de su historia el PRD tuvo una votación tan copiosa en todo el país. Además, el resto de los cargos de elección se repartieron entre el PAN y el PRI y otros partidos menores. Fue un fraude muy democrático y plural.

Sin embargo, imperó la retórica del fraude, y hoy, hasta las elecciones para jefe de grupo de cualquier secundaria son cuestionadas. Pero lo que hemos visto en las elecciones del siglo XXI nada tiene que ver con otros tiempos: hasta el fraude tuvo su época de oro en México. Desde que el PRI llegó al poder bajo el nombre de PNR en 1930, y hasta 1988, el sistema desarrolló todo un catálogo de trampas para toda ocasión.

Cada elección federal o local era un reto al ingenio de la triquiñuela electoral. Durante las campañas, el PRI hacía gala de su imaginación: llegó a interrumpir mítines llevando sinfonolas a las plazas para hacerlas sonar al mismo tiempo; logró llevar cientos de marranos pequeños a los que sus operadores jalaban la cola para que con su chillido interrumpieran el discurso opositor; usaban tamboras; se robaban el equipo de sonido; encarcelaban a los organizadores; o, para no perder tiempo, amenazaban a los candidatos que no eran de su partido.

Cada elección era un vodevil. En las de 1929, 1934 y 1940 los operadores del partido oficial se fueron por la fácil: con ametralladora Thompson en mano, Gonzalo N. Santos y sus hombres o se robaban las urnas, o pasaban a rafaguear las casillas donde la oposición podía ganar.

En los siguientes años, para hacer más creíble la ficción democrática, redujeron los actos violentos y se dieron vuelo inventando cualquier cantidad de fraudes. En León, el mismo papel sirvió para credencial de elector y boleta de votación; en Baja California fueron reclutados 500 «alambritos» —como se conocía a los espaldas mojadas— para que sabotearan las elecciones, y a cambio el PRI les prometió ayudarlos a cruzar la frontera sin documentos; en Aguascalientes el PRI puso a disposición de su comité regional diez mil credenciales de elector «con el fin de que procedan a lo conducente».

Y así fue creciendo el catálogo: carrusel —brigadas de priistas votaban en varias casillas—; urna embarazada —las entregaban en la casilla pero ya estaban repletas con votos a favor del PRI—; el tamal —alimentos con purga que se entregaba en las casillas a los representantes de

los otros partidos—; cambio de actas —consistía en alterar los resultados sin contar los votos—; compra de credenciales; compra del voto;
soborno a los funcionarios de casilla; muertos a votar —se entregaban
las credenciales de los fieles difuntos—; ratón loco —robo de paquetes
electorales en varias casillas para concentrarlas en un solo lugar.

El último gran fraude electoral conocido hasta nuestros días fue la
«caída del sistema» perpetrado en 1988 por el secretario de Gobernación
Manuel Bartlett, quien ordenó que le bajaran el *switch* al conteo de votos
la noche del 6 de julio, cuando Cuauhtémoc Cárdenas parecía encabezar
las preferencias electorales. Los datos dejaron de fluir, los mexicanos nos
fuimos a dormir con la incertidumbre y despertamos con la noticia de
que el ganador había sido Carlos Salinas de Gortari.

Hoy se habla de fraude con una liberalidad que es casi una falta de
respeto a su época de oro, pero eso sucede cuando logras que la gente
crea que elección y fraude se vuelvan sinónimos.

«COOPELAS O CUELLO»

Le encontraron montañas de dinero en su casa, 205 millones de dólares para empezar. Lo acusaron de participar en el narco. Dijo que él solo le guardaba el dinero al presidente. Es el inolvidable Zhenli Ye Gon.

Disculparán la lluvia de cifras, pero a veces son más elocuentes que cualquier discurso. Ese día de 2007, en esa casa de Las Lomas, en una ciudad de México que todavía era DF, la policía encontró algo más de 205 millones y medio de dólares, algo más de 17 millones de pesos, algo más de doscientos mil euros, algo más de cien mil dólares de Hong Kong, todo en efectivo, más once centenarios, una tremenda cantidad de joyas y veinte mil dólares gringos en cheques de viajero. Un récord, diría uno. Probablemente. Un récord que debe atribuirse Zhenli Ye Gon, un empresario mexicano de origen chino.

¿De dónde salió semejante cantidad de dinero? Elijan la versión de su preferencia, finos lectores.

En 2007 México estaba ya sumido en una vorágine sangrienta. El crimen organizado había empezado a rebasar todos los límites de violencia en la última etapa del sexenio de Vicente Fox, que en realidad optó por no tomar medidas muy profundas —en ese ámbito como en tantos otros—. Completamente distinta fue la apuesta de su reemplazo también panista, Felipe Calderón, que soltó incluso al Ejército en las calles. El operativo contra Zhenli Ye Gon fue parte de esa pugna implacable entre el Estado y el narco. El empresario se dedicaba a la importación de químicos. Con ese paraguas, empezó a introducir en México, ilegalmente, acetato de pseudoefedrina, un componente básico de la metanfeta-mina. El año anterior a su arresto, 2006, la Procuraduría General de la República se apoderó de casi veinte toneladas de esa sustancia en el puerto de Lázaro Cárdenas, en Michoacán. Ese decomiso los puso en la pista de la casa de Las Lomas y su dueño.

Ye Gon negó siempre que ese dinero proviniera de la fabricación de metanfetamina. Su versión fue que el secretario del Trabajo, Javier Lozano, lo amenazó: «Coopelas o cuello», dice que le dijo y aportó una frase imperdible al folclor mexicano. Que el dinero era de la administración panista, añadió el empresario, y que estaba destinado a las elecciones, lo que significaría que la administración panista decidió lanzar un operativo destinado a requisar su propio dinero negro. En eso pensaba el presidente Calderón, es de suponerse, cuando habló de «cuentos chinos». Entre si son peras y son manzanas, el empresario se puso en fuga. Siguió una búsqueda por varios países que terminó en un restaurante de Maryland, donde fue capturado por la Drug Enforcement Administration, la DEA.

La historia pudo terminar ahí: un operativo exitoso, las autoridades federales incautándose de una fuerte suma de dinero del narco, un buen puñado de detenidos. Pero sabemos que en México rara vez las historias «terminan ahí»: vuelven una y otra vez, a lo mejor porque, efectivamente, como proponen ciertas cosmovisiones prehispánicas, el tiempo es cíclico, aunque en general las explicaciones son más sencillas.

En abril de 2018, el PRI, hundido en las encuestas previas a las elecciones, con su candidato noqueado por el peso de la corrupción de tantos y tantos integrantes del partido, necesitado de un mínimo de credibilidad, de sanar su reputación a como diera lugar, tomó una decisión estratégica, una de esas genialidades que se le suponen siempre al partido que mantuvo el poder durante siete décadas: nombró secretario de Gestión Social del CEN a Ernesto Enríquez Rubio, protagonista de varias notas de prensa por ser señalado —aunque no acusado— por al menos un caso de lavado de dinero en Costa Rica; apoyar no muy pudorosamente a compañías cigarreras y cerveceras cuando estuvo a cargo de la Comisión Federal para la Protección contra Riesgos Sanitarios, la Cofepris y, sorpresa, estar implicado en el tráfico de precursores químicos orquestado por Zhenli Ye Gon.

Luego vinieron, por supuesto, las liberaciones de varios procesados, porque, caray, qué sería de una investigación policiaca mexicana sin la violación del debido proceso y la investigación malhechota, chapucera, de rigor. Pero si en México somos malos para investigar, somos tal vez peores para darnos cuenta. Nos toma tiempo. A Eric Raymundo, exempleado de *valet parking*, abogado de la UNAM, nativo de la colonia Doctores, empleado de Zhenli, le pidió la Subprocuraduría Especializada en Investigación de Delincuencia Organizada que lo acompañara para una cosita de nada, dar un testimonio. Era 2007. Salió de la prisión de alta seguridad del Altiplano en 2013, libre de todos los cargos. También fue detenido en 2007 Juan José Escandón como número dos del presunto narcoempresario. En octubre de 2017 la magistrada Sara Olimpia Reyes decidió que quedaba igualmente libre de cargos. Como que las pruebas no eran sólidas, fíjense...

Claro que tampoco es que los gringos sean precisamente unas balas, tal vez porque con Zhenli valía la pena tomarse las cosas con calma. Su larga, tortuosa historia incluye una aparente ludopatía que le costó más de 60 millones de dólares dejados en mesas de casinos y una derivación inquietante de su caso. En 2012 un reporte del Senado norteamericano reveló que el control de las cuentas del banco HSBC en México era, digamos, bastante flexible, lo que permitió al narcotráfico lavar miles de millones de dólares. El banco aceptó sus culpas y pagó una multa de 1900 millones de esa misma divisa.

Zhenli fue finalmente extraditado a México en 2016. ¿A alguien le sorprende que siga a la espera de sentencia?

MAXIMILIANO 2.0

A finales del siglo XX se conoció una historia digna de una novela de intriga y misterio, como para un thriller *cinematográfico al más puro estilo hollywoodense: Juárez le salvó la vida a Maximiliano.*

Benito Juárez seguramente se revolcó en su tumba cuando supo que el investigador salvadoreño Rolando Deneke anduvo declarando en medios que Maximiliano de Habsburgo no había muerto fusilado en el Cerro de las Campanas en Querétaro en 1867, sino que escapó con ayuda del gobierno de Juárez para establecerse en El Salvador, en donde murió en 1936 a la edad de 104 años.

Ese era solo el principio de la insólita y absurda historia que establecía que, de acuerdo con un pacto de masonería, un masón no puede matar a otro masón. Juárez y Maximiliano lo eran. Luego entonces, don Benito honró el pacto, le perdonó la vida al emperador y lo ayudó a salir del país.

Seguramente la escapatoria resultó muy fácil: un hombre de casi dos metros de altura, rubio, ojos claros, que masticaba apenas el español, pasó desapercibido entre cientos de mexicanos, morenos, de 1.65 de estatura, atravesando caminos, pueblos y ciudades en manos de las fuerzas republicanas, y se embarcó sin que nadie se percatara de su extraña presencia.

Maximiliano llegó al país centroamericano en 1868, se cambió el nombre, adoptó el de Justo Armas y echó raíces, permaneciendo oculto hasta el final de sus días. Por el conocimiento que el archiduque tenía de la vida en la corte, por su cultura, su educación y su refinamiento, le fue fácil acercarse a la burguesía salvadoreña y dedicarse al protocolo de los grandes eventos sociales de la clase gobernante.

Justo Armas era un personaje excéntrico, reservado y que siempre iba descalzo por una manda que le había hecho a la Virgen. Decían que había sido víctima de un naufragio, pero cuando murió su historia comenzó a tomar la forma del águila imperial mexicana. En su casa se encontraron vajillas, muebles y cristalería con una característica común: tenían el monograma del emperador Maximiliano. Además, se hallaron fotografías de la familia imperial austriaca, de Max, de Carlota, de México.

Todo lo que un buen coleccionista hubiera deseado o se hubiera encontrado en un naufragio, pues se sabe que en 1866, cuando Max pensó en abdicar, embarcó sus archivos en la corbeta *Dandolo,* y gran parte de su mobiliario que tenía en el vapor *Mérida*. El destino de ambas embarcaciones era Austria. La *Dandolo* llegó sin contratiempos, pero del *Mérida* no se volvió a saber nada. La versión oficial fue que naufragó en el Atlántico.

A pesar de las inconsistencias, de la ausencia de los «cómo», de detalles aclaratorios, lo increíble de la historia de Rolando Deneke no fue su descabellada versión de los acontecimientos, sino que mucha gente en México la creyó sin chistar, comenzó a darle eco, y hoy incluso tiene cierta credibilidad. Tan dados a la conspiración como somos los mexicanos, no falta quien afirme que la historia fue ocultada por el gobierno para no desprestigiar la imagen de Juárez.

Pero frente a las cuatro o cinco especulaciones y teorías sin fundamento de Ronaldo Deneke, existe cualquier cantidad de documentos para demostrar que Maximiliano quedó bien frío en el Cerro de las Campanas. El emperador fue ejecutado en Querétaro, junto con los generales Miramón y Mejía, el 19 de junio de 1867 a las 7:05 de la mañana. De su muerte y del primer embalsamamiento dio fe su médico particular, Samuel Basch. De acuerdo con la autopsia, cuatro balas entraron en el pecho y cuatro en el vientre, más el tiro de gracia en el corazón.

Su primer embalsamamiento lo llevó a cabo el doctor Vicente Licea, que fue procesado por lucrar con partes del cadáver y las pertenencias del emperador. El cuerpo fue trasladado a la ciudad de México y depositado en el templo de San Andrés, donde se le practicó un segundo embalsamamiento.

El presidente Juárez visitó el cadáver de Maximiliano en octubre de 1867 —de lo cual dejó testimonio Juan de Dios Peza en su poema *La calle de Xicoténcatl*—. El cuerpo fue entregado oficialmente por el gobierno mexicano al representante del gobierno austriaco, vicealmirante Tegetthoff, en noviembre de 1867. Una vez en Viena, la familia del archiduque lo sepultó en la cripta imperial, también conocida como Cripta de los Capuchinos. Pero antes se levantó el acta de identificación del cadáver, que decía:

> A fin de hacer constar legalmente la muerte del emperador Maximiliano, una comisión pasó al panteón de la familia imperial para proceder a la inspección del cuerpo del difunto, levantado el acta que transcribimos a continuación. «Los infrascritos llamados a examinar el cuerpo del difunto emperador Maximiliano, reunidos en el refectorio del convento de Capuchinos, se han trasladado al panteón donde reposan los individuos de la familia imperial. Se ha abierto el féretro traído de México por el vicealmirante Tegetthoff y depositado el sábado 13 de enero de 1868, después de los funerales celebrados ese día, y se ha encontrado en él un cadáver embalsamado y en buen estado de conservación, que los infrascritos han reconocido ser el de SM el difunto emperador de México, Fernando Maximiliano archiduque de Austria, y después de acreditar la identidad de dicho cadáver ha vuelto a cerrarse el féretro».

Y con él, la historia del Segundo Imperio.

E

LA MEJOR AFICIÓN DEL MUNDO

Nos vanagloriamos de animar los mundiales de futbol como ninguna otra afición: el colorido, el vocinglerío jovial del mexicano. Pero hemos hecho ridículos pasmosos, en general trago en mano.

La escena se hizo viral. Luego del triunfo de México sobre Alemania en el Mundial ruso, en plena calle, un aficionado mexicano finge el acto sexual con la bandera de Alemania, tirada en el piso. El papelón queda agravado porque más o menos al mismo tiempo se hacía igualmente viral un video en el que los aficionados alemanes salen del estadio con la cara desencajada, pero no sin felicitar educadísimamente a sus pares aztecas.

No hay duda de que la afición mexicana se hace notar en todas las competencias futboleras por su disposición a la fiesta, un deporte de alto rendimiento en el que sí destacamos. Nos honra, incluso, que a pesar del coito con el lábaro germano, fue la mexicana calificada por la prensa extranjera como la mejor afición del mundo. Ah, ese Ángel de la Independencia lleno de coros y banderas tricolores; ah, esa imagen del embajador coreano en hombros de los nuestros luego de que el triunfo de su selección le dio el pase a la nuestra; ah, ese tipazo que intentó detener una pelea de rusos sobremusculados diciendo, inolvidablemente, «¡Tranquilovsky!». Nadie nos gana. Pero, para decirlo muy suavemente, lo que sí nos gana de pronto es el entusiasmo. No todo ha sido embajadores de la buena voluntad.

222

Olvidemos por un momento el grito que nos ha hecho famosos, el «Eeeeeeee... ¡Puto!» por el que la FIFA amenazó con de plano suspender a la selección. En el mundial ruso, otro conciudadano provocó nuestros sonrojos al bailar desnudo en el aeropuerto de Moscú. Pero remontémonos unos años. ¿Recuerdan los lectores el Mundial de Sudáfrica, el de 2010? Un compatriota fue detenido por intentar ponerle un sombrero de charro a la estatua de Nelson Mandela. Sí, de *Madiba*, el héroe nacional que pasó décadas en prisión por luchar contra el racismo y luego llegó a presidente. El compatriota pasó unas horas de encierro, pagó una multa y fin de la historia, pero la cancillería mexicana tuvo que ofrecer una disculpa por lo que los sudafricanos consideraron, con todas sus letras, una «ofensa nacional». ¿Fue la única huella que dejamos en ese país? En modo alguno. En julio de ese año era cesado Miguel Gómez Mont, titular del Fondo Nacional de Fomento al Turismo, hermano del asimismo recién cesado Fernando, secretario de Gobernación, e hijo de uno de los padres fundadores del panismo, Felipe. Otro video inmortalizó al funcionario en el acto de emprenderla a golpes e insultos contra los familiares de algunos seleccionados nacionales, en el palco del estadio Soccer City, en Johannesburgo. Otra vez, habíamos caído derrotados ante Argentina, lo que al parecer le pareció al ilustre blanquiazul un motivo suficiente para emprenderla contra la esposa de Guille Franco y el hermano de Cuauhtémoc Blanco. Fue retirado por la policía. Aunque ofreció disculpas posteriormente, pidió que no se le juzgara por una «exaltación futbolera».

Queda también para la posteridad, no menos penosamente, gracias a YouTube, la secuencia de los aficionados que fueron sorprendidos en Brasil 2014 robándose las chelas de un contenedor en el estadio. Eran siete, seis de ellos con camisetas de la selección. Y es que fue un Mundial accidentado para los mexicanos, el de ese año. Fue el mismo en el que otro aficionado, trágicamente, decidió, luego de unas 48 horas ininterrumpidas de alcohol, tirarse al mar desde el piso 15 de un crucero que cubría la ruta entre Fortaleza y Recife. «Tómame con tu celular», parece ser que dijo reiteradamente a sus compañeros de viaje antes de desaparecer para siempre entre las olas. De nada sirvió el despliegue de la Marina brasileña. En el barco, dicho sea de paso, viajaba Sergio

Sarmiento, muy conocido periodista, que fue uno de los que contó la historia.

Por si quedan dudas sobre el carácter cosmopolita de nuestro hooliganismo, también hemos dado la nota en el Lejano Oriente. Durante el Mundial de Corea y Japón, un pasajero del tren bala pulsó el botón rojo de emergencia. Cuando las autoridades japonesas llegaron a comprobar qué había sucedido, se encontraron un orden impecable en el vehículo, salvo por un mexicano sellado de borracho.

Pero nada supera el oso nacional de Francia 98. El 11 de noviembre de 1923, el ministro de guerra francés, héroe de la Primera Guerra Mundial y orgulloso dueño de la Legión de Honor, André Maginot, encendía en la base del Arco del Triunfo, sobre la tumba del Soldado Desconocido, una llama a mayor gloria de todos los franceses caídos en combate, y vaya que no han sido pocos. Tendría que haber sido una llama eterna. Pero no hay eternidad que derrote a un mexicano enfiestado. Setenta y cinco años después, Rodrigo Rafael Ortega extinguía la llama con una espumeante, cálida y debemos imaginar que duradera micción. Encenderla de nuevo exigió una ceremonia de gran solemnidad, con presencia de la embajadora Sandra Fuentes Berain, ofrenda floral en mano y, es de imaginarse, cara de «Neta, no todos los mexicanos somos así». La portavoz de los veteranos de las dos guerras mundiales, Geneviève Senechal, dijo que esperaba que el bombero de la gloria francesa estuviera borracho, porque eso al menos significaría que su acto no fue premeditado. A *México bizarro* le complace informarle, madame Senechal, que puede estar tranquila: lo estaba. Completamente. Él también.

EL PRIMER INSURGENTE

Podían acusarlo de cualquier cosa, pero nadie podía negar que te-nía muchos güevos para viajar a la Nueva España, hacerse pasar por virrey y buscar la independencia.

Guillén de Lampart (1615-1659) era un loco idealista de origen ir-landés con formación humanística educado por los jesuitas. Desde joven se opuso a la invasión inglesa a Irlanda, defendió el catolicis-mo, y como le pusieron precio a su cabeza, huyó a España.

Tenía el don de la palabra y era de buen talante, por eso pudo acercarse a la corte para buscar el apoyo de la corona en la lucha irlan-desa contra Inglaterra. Pero se percató de que tan déspotas eran los in-gleses como los españoles, así que agarró sus cosas y en 1640 viajó a la Nueva España infiltrado entre la gente que acompañaba al nuevo virrey, el marqués de Villena.

Cuando llegó a México, Guillén tenía 25 años; era un joven carismáti-co, bien parecido, alto, con cierta sofisticación subrayada por el dominio de varios idiomas —español, inglés, italiano, alemán— y una vasta cultu-ra. Su porte inspiraba respeto y confianza, además de que le rompió el corazón a más de una dama novohispana. Tenía clase y educación, así que nadie dudaba de él.

Durante dos años se dedicó a tejer relaciones, a conocer la vida co-tidiana de los novohispanos, a tratar de comprender cómo eran, qué pensaban, cuáles eran sus debilidades; analizó las intrigas de la corte, las relaciones de poder y se acercó a las autoridades civiles y religiosas, mientras fraguaba un plan para liberar a la Nueva España poniéndose a la cabeza del reino.

La oportunidad se presentó en 1642, cuando el siguiente virrey, don Juan de Palafox y Mendoza, se retiró del cargo. Lampart aprovechó el lapso en el que llegaban las noticias de España con el nuevo nombramiento para falsificar una serie de documentos, hacerse pasar por hijo natural de Felipe III y comunicar que había sido designado nuevo virrey. La farsa no tardó en descubrirse; el irlandés fue aprehendido y conducido a las cárceles de la Inquisición. Entre los papeles que le confiscaron se le encontró una amplia justificación para liberar a la Nueva España.

Como era de esperarse, fue juzgado por la Inquisición y se le formaron dos causas: una de fe y otra por infidencia. Además, le colgaron otros milagritos: sedición, hechicería y hasta ser calvinista: se le acusó de «apóstata y sectario de Calvino».

Lampart pasó ocho años en las mazmorras de las cárceles de la Perpetua —llamadas así porque quien entraba lo hacía a perpetuidad—, hasta que logró escapar en las primeras horas de la Navidad de 1650. Cualquiera en su sano juicio hubiera huido de la ciudad de México de inmediato, pero Guillén no solo no dejó la capital novohispana, sino que marchó al Palacio Real, y no precisamente para llevarle regalos al virrey, sino para dejar un pliego que hizo arder a toda la corte.

En el documento, que preparó meticulosamente, el irlandés denunciaba a los inquisidores. Los acusaba de corrupción, de tráfico de influencias, de doble moral —pues había visto cosas de sus vidas y costumbres que les habrían costado la condenación—; de torturar a los presos, y de que habían acusado falsamente de judaizantes a sesenta familias para quedarse con sus haciendas, las cuales representaban más de un millón de pesos que se habían repartido los inquisidores.

Las autoridades civiles y religiosas, pero sobre todo los nada honorables miembros de la Inquisición, pasaron una amarguísima Navidad luego de conocer el documento de Lampart, y se desató en ellos un irrefrenable deseo de venganza y de verlo arder a fuego lento en las llamas del infierno. Y con el ánimo navideño que imbuía sus corazones, le pusieron precio a su cabeza.

Para evitar que huyera, el tribunal solicitó de inmediato cualquier información y dio a conocer «las señas de su rostro, cuerpo y talle y la edad». No habían pasado 48 horas cuando se presentó un vecino de la calle de Donceles para delatarlo. De inmediato fue aprehendido y conducido de nuevo a las cárceles del Santo Oficio.

La Inquisición lo condenó a la hoguera, pero se tomó su tiempo, mucho tiempo, para ejecutarlo. Guillén estuvo preso nueve años más en las mazmorras del Santo Oficio, humillado, vejado, sin posibilidad del perdón y, quizás, hasta sin posibilidad de redención, pues lo condenaron por delitos contra la fe.

El 18 de noviembre de 1659, fecha fijada para su ejecución, Lampart ya llevaba 17 años preso. A esas alturas la muerte ya no era un castigo, representaba su liberación. En su *Diario*, Gregorio M. de Guijo describió el día en que Lampart fue sacado de la cárcel para ser ejecutado junto con otros reos:

> [...] tras ellos empezaron luego a salir los penitenciados, que fueron en número treinta y dos, y entre ellos negros y negras que habían renegado, y dos mulatas hechiceras [...] y luego se siguieron ocho hombres [...] para ser quemados, y entre ellos don Guillén de Lombardo (Lampart), que hacía diez y siete años que estaba preso [...].

Lampart vio morir a varios de los reos, y aunque su sentencia era ser quemado vivo, prefirió dejarse caer sobre la argolla de hierro con la que lo habían sujetado por el cuello contra el poste y se rompió el cuello. Consternados e indignados porque el irlandés no respetó la sentencia del tribunal, los inquisidores ordenaron que su cuerpo fuera quemado.

Una estatua del revolucionario irlandés se encuentra dentro del Monumento a la Independencia. Es considerado uno de sus precursores.

EL ABOGÁNSTER

Chanchullero, trepa, borracho, de riguroso traje a medida y pistola al cinto, es el santo patrón de los abogados corruptos. Hablamos de Bernabé Jurado, más conocido como «el Abogado del diablo» y sobre todo como «el Abogánster».

El término está extendidísimo, vaya que sí. «¡Ese mi abogánster!», se oye el viernes en la cantina cuando llega ese hombre trajeado y con sonrisa de las que dan miedo, o «¡Uta! ¡Guarden las carteras! Ya llegó el abogánster», por ejemplo. Uno diría que el término surgió de manera natural, por la reputación de los del gremio. Que es un sobrenombre que nació así: compartido, colectivo. Y no. Los abogados decentes que no merecen el apelativo y los otros, los que se lo ganaron a pulso, se lo deben a una figura con nombre y apellido: Bernabé Jurado.

Nacido en Durango en 1909 en la Hacienda del Canutillo, propiedad de su padre, que fue expoliado y fusilado por Pancho Villa, emigró con su familia a tierras chilangas tras la Revolución. Tuvo, muy joven, un periodo de militancia en la causa cristera. Fue un mal estudiante en la Escuela de Derecho, que lo expulsó al constatar que su afición a las fiestas no desmayaría, pero encontró cobijo en la Nacional de Jurisprudencia, donde tuvo más una carrera de la vida que una carrera académica: sus profesores le enseñaron, de manera práctica, a trampear juicios. Y se hizo de una pronta reputación, no tal vez como un litigante fino, pero sí como un experto en las bases del Derecho mexicano: la compra de jueces y testigos, la desaparición de pruebas verdaderas y la fabricación de otras que desde luego no lo eran. Con esas estrategias fue que se hizo famoso, luego de ganar varios casos célebres.

Para empezar, el de William Burroughs. Poeta y narrador central de la literatura norteamericana del siglo XX, miembro de la llamada Generación *Beat*, heroinómano, bebedor de grandes ligas y aficionado a las armas, Burroughs llegó a México en 1949, un poco para huir y otro poco para reinventarse, pero sobre todo para divertirse a bajo costo. Aunque era gay, llegó acompañado de su mujer, Joan Voller, que tampoco le hacía feo a los estados alterados. En una fiesta en la colonia Roma, el poeta, tras varias horas de beber ginebra Oso Negro, le propuso a su esposa que jugaran a Guillermo Tell. Que nunca fallaba, dijo. La bala de la .380 entró por la sien y Joan murió un rato después en la Cruz Roja de Polanco. Con testigos y rastros de pólvora, todo apuntaba a una condena sin paliativos. Pero Bernabé puso a trabajar su alquimia. La familia del escritor tenía dinero: el abuelo inventó la calculadora con ese nombre. Los sobornos lograron que en la declaración final no apareciera lo de Guillermo Tell, que los testimonios confirmaran que a Burroughs el arma se le disparó accidentalmente, y que la relación de ese matrimonio pareciera como de película de Joaquín Pardavé: se querían apaciblemente, lejos de las turbulencias de la anfetamina y la psicosis de ella y de las peculiaridades de él.

Pero no era el soborno la única de las artes que dominaba Jurado. Durante la campaña que hizo presidente a Manuel Ávila Camacho, pistola en mano, se hizo acompañar de un piquete de gatilleros que disparaban al aire y personal sindicalizado para «controlar» las urnas. Fue su lanzamiento como amigo de los estamentos políticos, que sin embargo le pusieron algún calambrón. Mujeriego, logró casarse con una actriz conocida, Susana Coria, a la que le puso los cuernos todas las veces que pudo. Pero Susana tenía un protector: Maximino Ávila Camacho, cacique de caciques. Los soldados detuvieron a Bernabé y lo pusieron en ruta a las Islas Marías, donde pasó una buena temporada ayudando al juez con el papeleo, abundante y malhechote. La enemistad con Maximino duró hasta la prematura y sospechosa muerte del cacique poblano, al que Jurado, por muy bragado que fuera, nunca se atrevió a toserle.

No tenía muchos pruritos Bernabé, no. La leyenda cuenta que alguna vez, en pleno juicio, frente al juez, se comió, literalmente, un puñado de papeles que eran la prueba contra su defendido. Pero fue capaz de mentir diciendo que era hermano de la actriz Katy Jurado para acceder a la élite franquista en España, cuyo líder supremo, el Caudillo, Francisco Franco mismo, lo condecoró. Y fue un visionario: defendió a un par de barones del narco sinaloense, los hermanos Izquierdo Ebrard, Hugo y Arturo, acusados de asesinar nada menos que a un senador, Mario Angulo, en 1948. Consiguió el amparo. Los hermanos, aparte de a traficar goma de opio, se dedicaban a brindar seguridad al presidente Miguel Alemán: eran escoltas.

¿Puede sorprendernos que Bernabé, un día, haya dejado de defender asesinos para convertirse en uno él mismo? Como le gustaban los trajes caros y los perfumes, le gustaban los coches. Forrado de dinero, decidió un día permitirse una licencia de las caras: un Buick Road Master. Poco le duró el gusto del olor a nuevo. El mismo día que lo estrenó, el infortunado joven Mario Saldaña lo chocó. Jurado, fuera de sí, convencido porque la paranoia avanzaba, de que era un atentado, lo mandó a tiros al hospital. Murió poco después, pero el hombre al que todavía llamaban «el Abogado del diablo» se enteró desde Nueva York. Siguió un periplo que lo llevó a Madrid —en ese viaje conoció a Franco—, a París y a Marruecos, donde cuentan que tuvo tiempo de extorsionar a Burroughs.

El resto es cliché: las varias mujeres a las que maltrató sistemáticamente, el mucho alcohol, la decadencia coronada con un tiro en la sien. Le queda la gloria de haber rebautizado a un gremio.

EL PASO DE VENUS

«¡Compadre! ¡Cómo lo quiero, compadre! Y solo por eso, por puro cariño, le voy a entregar a usted la presidencia de la república».

El general Manuel González nunca se imaginó sentado en la silla presidencial porque era un guerrero nato, un militar que había defendido a la patria tantas veces como fue necesario y que en noviembre de 1876 llegó de último minuto a Tecoac para salvar a Porfirio Díaz del desastre y entregarle la victoria y la presidencia de la república.

González yacía herido en el campo de batalla de Tecoac, con el muñón del brazo derecho abierto y sangrando. Porfirio se le acercó y le dijo: «Compadre, se ha ganado usted la presidencia». Al «manco» González no le quedó muy claro, pero por lo pronto aceptó ser ministro de la Guerra en el primer gabinete de Díaz. De ahí a la silla presidencial solo había un paso y cuatro años de espera (1876-1880).

El compadre Díaz cumplió, y guardando todas las formas constitucionales se retiró del poder al terminar su primer periodo de gobierno. Manuel González asumió la presidencia sin tener muy claro de qué se trataba —aunque en la historia de los presidentes de México pocos han sabido realmente de qué se trata gobernar—. Pero al fin y al cabo era un guerrero y vio la presidencia como una más de sus conquistas militares; otra plaza tomada luego del asedio; una batalla ganada.

«Se sobreponía en él —escribió Justo Sierra— no sé qué espíritu de aventura y de conquista que llevaba incorporado en su sangre española y que se había fomentado en más de veinte años de incesante brega militar en que había derrochado su sangre y su bravura [...] El presidente creía haber conquistado a ese precio, en los campos de Tecoac, el puesto en que se hallaba; era suyo y lo explotaba a su guisa».

De esa percepción nacía su incapacidad para gobernar con eficacia. En los cuatro años que duró su mandato, Manuel González no ejerció el poder, lo usufructuó. De nada le valieron sus cualidades militares. El impulso a la construcción de ferrocarriles, el crecimiento de la red telegráfica y la fundación del importante Banco Nacional de México —logros nada despreciables— palidecieron ante los escándalos de corrupción que envolvieron a su gobierno.

Una crisis hacendaria impidió al ejecutivo cubrir durante diez meses el sueldo de los empleados públicos. La emisión de moneda de níquel —que intentaba sustituir a la plata y se depreció en un 60 por ciento— originó un violento motín en la ciudad de México. La quiebra del Nacional Monte de Piedad puso de manifiesto la falta de experiencia de la administración, y el reconocimiento de la deuda inglesa desencadenó una serie de rumores que involucraban al presidente en negocios turbios.

Si bien el general no había podido ganarse la confianza de los ciudadanos y su gobierno estaba muy lejos de cumplir con las expectativas de la sociedad, la prensa se había ensañado. Era un secreto a voces la existencia de una campaña de desprestigio en contra del «manco», orquestada desde el anonimato por nada menos que su compadre Porfirio Díaz. La intención era clara: exponer a González al escarnio público para que no le tomara gusto a la silla presidencial.

El peor de los ataques sostenía que a raíz de la pérdida de su brazo el general había desarrollado un desenfrenado apetito sexual, y para calmar sus pasiones había mandado construir en Palacio Nacional una habitación contigua al jardín, con una puerta secreta que daba a la calle por donde desfilaban núbiles jovencitas de piel suave y firme para saciar el apetito presidencial. En poco tiempo el secreto pasadizo ya era conocido como «Paso de Venus».

Tal era el supuesto desenfreno del «manco» que uno de sus detractores —Salvador Quevedo y Zubieta— escribió que el general había mandado traer a una insaciable mujer de la región rusa de Circasia, cuya experiencia en las artes y placeres sexuales hubiera hecho envidiar a la diosa Venus. De acuerdo con Zubieta, «el vulgo hablaba de una *circasiana* importada expresamente para él» que alojó en su hacienda de Chapingo, adonde el presidente acudía cotidianamente para deleitarse con la magia sexual de aquella mujer exótica.

Nunca pudo comprobarse el asunto de la circasiana —aunque en Chapingo existe la fuente de las Circasianas—, pero ciertamente el presidente González utilizó su poder para favorecer a doña Juana Horn, su segunda mujer. En 1884 reformó el código civil de 1870 que establecía como obligación heredar exclusivamente a la familia legítima, con lo cual se beneficiaban su primera esposa, Laura Mantecón Arteaga, y sus hijos. En la reforma se determinó que una persona podía heredar libremente.

Los escándalos acabaron con la reputación de Manuel González, pero a pesar de conocer el origen de los ataques, jamás desenmascaró a su compadre. Al concluir su periodo presidencial en 1884, su lealtad se mantuvo inquebrantable: le entregó el poder a Porfirio Díaz.

Retirado del escenario nacional, González ocupó la gubernatura de Guanajuato hasta su muerte; ese fue su premio de consolación, el poder regional. Curiosamente, los ataques desaparecieron por completo y nadie cuestionó su gestión como gobernador. Hombre de lealtades, de su boca jamás salió un reproche para su compadre. Durante su entierro, se hizo famosa una frase que resumía como epitafio la personalidad del viejo guerrero: «Tenía un solo brazo, pero de hierro; y una sola mano, pero de amigo».

MEDALLA AL MÉRITO BIZARRO: LUIS ECHEVERRÍA

Reprimió a los estudiantes y trató de congraciarse con ellos. Fue obsecuente con Díaz Ordaz, pero destruyó su política económica. Fue del brazo con Fidel Castro y desató la Guerra Sucia. Hoy vive encerrado y sin respeto.

Ha vuelto a la palestra don Luis Echeverría, el longevo expresidente mexicano (1922), en gran medida porque parece haberle nacido un discípulo en Andrés Manuel López Obrador, el nuevo dueño de la Silla con mayúsculas.

De don Luis sabemos y sospechamos mucho.

Sabemos que se afilió al PRI en el 46, y que durante los siguientes años se desempeñó en diversos cargos con esa forma tan mexicana de entender la política, un terreno en el que puedes, como él, saltar de la dirección nacional del partido a la Marina, de ahí a Educación Pública, otra vez al Comité Ejecutivo Nacional del PRI... Luego, llegó a casa. Llegó a Gobernación, como subsecretario en el 58 y como secretario en el 64. Y así, como secretario, le tocó el ominoso, el indigno aniquilamiento de estudiantes en la Plaza de las Tres Culturas, en Tlatelolco, el 2 de octubre del 68.

En un país más o menos civilizado, una mancha como esa te convierte en un apestado de la política: te borra para cualquier aspiración. En el México de los 60 te hacía presidente. En el 69 fue nombrado candidato, o sea, eso: presidente. Asumió un año después. ¿Qué hizo al llegar a Los Pinos? Desmarcarse de la represión de los estudiantes, como si los secretarios de Gobernación, en aquel México, nada tuvieran que ver con el aparato represivo del Estado. El Echeverría de arranque de sexenio dio un bandazo: lejos del conservadurismo nacionalista a lo Díaz Ordaz, se travistió en un nacionalista *progre* que lo mismo le daba asilo a la viuda de Salvador Allende que se fotografiaba con Fidel, casi siempre en guayabera. Ese nacionalista progre fue el que hizo todo lo posible por conquistar el corazón de los estudiantes y la intelectualidad díscola. Y pareció conseguirlo: Carlos Fuentes, por ejemplo, lo elogió sin tregua. Pero el 10 de julio del 71, un grupo paramilitar, los Halcones, reprimió salvajemente una manifestación de estudiantes en el Casco de Santo Tomás. Echeverría, en realidad, no lograba ser un Echeverría diferente al del 68, cuando fungía como segundo de Díaz Ordaz.

Sabemos que, amén del halconazo, el echeverrista fue el sexenio por excelencia de la Guerra Sucia. Tras el 68, muchos jóvenes tomaron el camino de las armas. Se multiplicaron las guerrillas, muchas de signo guevarista o maoísta, muy violentas. ¿Cómo respondió el gobierno del amigo de los estudiantes? Con redadas, ejecuciones extralegales, centros clandestinos de detención, torturas.

Sabemos también que no le tembló el pulso a la hora de estrangular a los medios díscolos. Conocidamente, auspició el golpe contra el periodista Julio Scherer, el 76, cuando dirigía *Excélsior*.

Y sabemos que no le fallaban las salidas de tono. Se puso en papel. Papelote. Papelón.

Sabemos, por ejemplo, del caso de Las Truchas, que debía ser un coloso metalúrgico y terminó en un fracaso colosal… El señor presidente expropió 980 hectáreas fértiles, se arremangó y decidió no escatimar. Pero sobraron cosas: esos asesores ingleses que cobraron una fortuna y se fueron sin dejar una certeza; la deshonestidad del coordinador técnico, Flavio Romoli; poner a un contador a cargo de Operación y, desde luego, la gerencia administrativa de Gastón Avellaneda, impúdico a la hora de meterle mano a los recursos. Sobraron también varios miles de empleados, y decisiones descaradamente nepotistas en favor, por ejemplo, de su yerno, dueño de una empresa acerera que ganó un sustancioso concurso. Un año después de la salida de don Luis, el 77, de veinte mil empleados quedaban cinco mil.

Sabemos de gastos suntuarios, de relaciones públicas demenciales, como el «avión de redilas», como se llamó a ese vuelo donde 100 intelectuales, incluidos varios de los más rebeldes e independientes, lo acompañaron de viaje a Argentina para conversar con sus pares locales.

Sabemos que su secretario de Hacienda, Hugo Margáin, terminó por renunciar, aterrado por la hipertrofia del gasto público, y que Echeverría, con la frase «La economía se maneja desde Los Pinos», nombró para el cargo a su cuate, abogado, letraherido, futuro presidente: a José López Portillo. Resultado: hiperinflación.

Sabemos que un día decidió «arreglar» el conflicto entre israelíes y palestinos, para lo cual mandó a la zona a su secretario de Exteriores.

Sabemos que se propuso como secretario general de la ONU.

Y sabemos de la exacerbación de su nacionalismo, manifiesto en la proliferación de huipiles y danzas folclóricas en cuanta visita oficial, en su prohibición de que entraran al país los expertos foráneos en cultura maya, o en la decisión de que en las recepciones del gobierno se diera agua de Jamaica en vez de champaña.

A los estudiantes no los conquistó: es famosa su visita a la UNAM, de donde salió corriendo, abucheado, amenazado, aunque luego de clamar a los vientos el *Goya* de rigor.

Al final, cedió la estafeta con palabras que cuesta olvidar visto el desempeño de su reemplazo: «Por eso entregaré con toda mi esperanza, con toda mi certidumbre de mexicano, el mandato supremo de la república a José López Portillo».

Luego está lo que se sospecha de él. Que fue agente de la CIA, por ejemplo. Que fraguó un plan para asesinar a Jolopo, ya presidente electo, en un afán reeleccionista.

Acabó enjuiciado por genocidio. Vive enclaustrado, lejos de todo. Cincuenta años después, ningún estudiante lo celebra.

MEXICANOS AL GRITO DE GUERRA

Escuchas el Himno Nacional *lleno de orgullo y de pronto recuerdas que se lo debes nada más y nada menos que a Antonio López de Santa Anna.*

Diez mil niños cantaron el *Himno Nacional* a todo pulmón en el Zócalo de la ciudad de México frente al presidente Adolfo Ruiz Cortines en 1954. El espíritu patriótico estaba a tope; ya era el tiempo de los héroes infalibles y perfectos de la historia oficial. Se cumplían cien años del fallido estreno del *Himno Nacional*; fallido porque no llegó Santa Anna aquel 15 de septiembre de 1854 y tuvo que repetirse el acto el día 16 —así que el *Himno Nacional* tuvo dos estrenos—, pero no importó, dieron por buena la fecha del estreno no oficial.

Un año después, en 1955, los diez mil niños cantores fueron llevados al Auditorio Nacional para recibir un reconocimiento de manos del propio presidente. Vestidos de blanco, los alumnos de las escuelas del Distrito Federal portaban orgullosos un botón al pecho con la leyenda: «*Himno Nacional*. Yo lo canté en su centenario». Y tuvieron que aplaudir cuando el presidente, en un tono casi de iluminado por la Patria, expresó: «Ojalá este acto se hubiera efectuado donde todo el pueblo de México pudiera estar presente, para que se emocionara tan profundamente como yo».

Por entonces, escuchar el Himno, o entonarlo, ya causaba emoción entre los mexicanos. Sin embargo, hay muchas ironías y contradicciones en su historia. El 3 de febrero de 1854 el *Diario Oficial* anunció que el poeta Francisco González Bocanegra era el ganador del concurso literario-musical convocado por el gobierno de Santa Anna en 1853 para «obtener un canto verdaderamente patriótico, que adoptado por el Supremo Gobierno sea constantemente el *Himno Nacional*».

Lo curioso es que el ganador, siendo un niño allá por el año de 1829, había pasado las de Caín con su familia debido a que su papá era de origen español y fue expulsado de México —como todos los españoles— por el iracundo decreto que expidió ese año el presidente Vicente Guerrero, lo cual resultó desastroso para el país porque los dueños de los negocios, la industria y el capital eran españoles.

A pesar de la amargura del destierro, nadie se explica por qué la familia Bocanegra regresó a México años después y Francisco hizo carrera burocrática en el gobierno, aunque también se hizo poeta. Cuando salió la convocatoria del concurso no tenía intención de participar, pero Guadalupe González del Pino, su prima y el amor de su vida, le pidió que concursara. Francisco se negó y Lupita lo encerró en una habitación para que se pusiera a escribir algo digno del concurso. Luego de varias horas, Bocanegra le pasó por debajo de la puerta las estrofas que escribió y todos fueron felices. Ganó el primer lugar, y gracias a la generosidad inmensa del presidente Santa Anna, recibió como premio «unos libros lujosamente empastados».

Santa Anna quería su himno nacional lleno de referencias a su propia historia —estrofas que escribió Bocanegra, ya suprimidas en la versión que se canta en la actualidad—, y su concurso tuvo muchas irregularidades: el ganador de la música fue Giovanni Bottesini, pero con el argumento de que a nadie le gustó, Jaime Nunó le entró al quite y ganó con su composición *Dios y libertad*. No pocos intelectuales de la época, como el periodista Ignacio Ramírez, señalaron lo evidente: cómo era posible que la música del *Himno Nacional* «mexicano» hubiera sido compuesto por un español. La explicación era muy santanista: era amigo del presidente.

A Nunó tampoco le fue muy bien con el premio. Santa Anna se hizo guaje, pero le permitió vender sus partituras a las bandas militares del gobierno; logró colocar 870 ejemplares, las cuales vendió a tres pesos cada una: 2 610 pesos fueron sus regalías.

El *Himno Nacional* se estrenó el 15 y 16 de septiembre de 1854 y la crítica fue implacable, no con el presidente por no asistir el 15, sino con el himno:

Se cantó el himno del señor Nunó, diciendo las estrofas la señora Steffenone y el señor Salvi. Encontramos que falta mucho a esta composición para ser un canto popular y guerrero; al coro se le añadió una sílaba que no escribió el poeta. Las estrofas evidentemente tienen algún mérito, pero no creemos que puedan ser cantadas fácilmente sino por artistas como la Fiorentini, la Steffenone o Salvi y así nunca se oirán en la boca del pueblo.

Luego de su estreno y con la caída de Santa Anna en 1855, el Himno fue ignorado por todo mundo: liberales, conservadores, imperialistas, republicanos. Porfirio Díaz lo rescató del olvido hacia 1901 y le quitó las partes incómodas donde hablaba de Santa Anna, pero también pasó sin pena ni gloria los siguientes años. No fue sino hasta el régimen de Manuel Ávila Camacho cuando la gente comenzó a identificarse con el Himno gracias a la política de unidad nacional.

Hoy, el Himno es un símbolo de identidad, sin importar ideologías, posiciones políticas o partidos. Sin embargo, no deja de ser paradójico que dos de los principales símbolos patrios, el Himno y la bandera, sean un legado de dos de los máximos villanos de nuestra historia: Santa Anna e Iturbide.

ASESINO EN SERIE Y PATRIOTA

Se enfrentó a los yanquis en un verano loco que terminó con un muerto: él. Antes, dejó en el camino treinta y dos cadáveres descuartizados a mayor gloria de la patria. Con ustedes, Felipe Espinosa, el primer asesino en serie mexicano.

Los mexicanos tenemos una relación paradójica con nuestro país. Por un lado nos la creemos completita: celebramos en el Ángel de la Independencia triunfos deportivos muy menores, o cantamos las loas de nuestra gastronomía como si fuera un destino manifiesto, o abonamos leyendas como que nuestro himno es considerado el segundo más hermoso del mundo —es que quién puede competir con *La Marsellesa*—, o bombardeamos a nuestros amigos extranjeros con huipiles y vajillas atroces con la certeza de que, como nuestra artesanía, ninguna. Somos de un nacionalismo a prueba de misiles, vaya. Por otra parte, hay terrenos en los que acusamos un incomprensible complejo de inferioridad; en los que somos incapaces de entender que tal vez no somos una primera potencia, pero que hemos hecho aportaciones más que dignas a la historia de la humanidad. Es el caso de los asesinatos en serie.

Hay un consenso en torno a que el líder indiscutido en lo que se refiere a los psicópatas multihomicidas es el vecino del norte, Estados Unidos, con su Jeffrey Dahmer, su asesino del Zodiaco y su Ted Bundy. Están los británicos, incluidos clásicos como Jack el Destripador o enigmas vivientes como Denis Nielsen, ese burócrata amabilísimo que asesinaba jóvenes y los sentaba en la sala. Y están los rusos, siempre dispuestos a disputar la hegemonía gringa, con su Carnicero de Rostov, por mencionar uno. Pero, de Goyo Cárdenas a la Mataviejitas, al Caníbal de la Guerrero, al Chalequero, México tiene algo que decir. Y tiene algo que decir desde el siglo XIX, cuando Felipe Nerio Espinosa Chávez decidió usar las estrategias del psicópata para vengar el orgullo de su país con el invasor.

Nacido en 1832 en una familia pobre y rural, Felipe se crio en las conflictivas tierras de Nuevo México (algunas fuentes dicen que era de Veracruz), territorio todavía mexicano pero sometido a una colonización incontenible por parte de los gringos. Como es sabido, tensiones como la de Nuevo México desembocaron, en 1847, en la invasión por parte de Estados Unidos, cuya consecuencia fue una guerra cruenta en la que realmente no tuvimos nunca una oportunidad, y una tragedia para muchísimos compatriotas. Para Felipe, por principio de cuentas.

La historia se pierde en las aguas turbias del pasado, pero parece un hecho que Felipe, todavía niño, vio cómo eran asesinados seis miembros de su familia; no sabemos —las versiones, de nuevo, varían— si después de que la Marina estadounidense bombardeara por accidente su casa o, mucho más horriblemente, luego de que un comando irrumpiera en esa casa y violara y asesinara a sus habitantes. Fue esa chispa la que, con el tiempo, empezó el incendio. Hirviendo de odio contra el gringo, mudado a la tierras de Colorado a causa de la marginación impuesta a los pobladores de origen mexicano en su Nuevo México, dedicado al asalto de carretas y sumido en un trance entre patriótico y religioso —decía que la Virgen de Guadalupe le había ordenado hacer una masacre de norteamericanos: cien por cada familiar asesinado hasta sumar seiscientos—, en 1863 Felipe, con el apoyo férreo de su hermano José Vicente (las fuentes norteamericanas lo llaman a menudo, desconcertantemente, «Vivian»), ejecutó a su primera víctima, a la que luego le arrancó el corazón y la descuartizó. Ese sería su *modus operandi*. Rodeado de una cuadrilla de parientes y amigos, deambulaba por las tierras del estado en busca de víctimas a las que, sin excepción, ejecutaba a plomo antes de descuartizarlas y exponer sus cadáveres. No eran tiempos apacibles, pero aquello desbordaba todos los usos y costumbres.

Felipe no llegó a la cifra de seiscientos. Ni cerca. Pero sembró el terror en el verano del 63: asesinó a treinta y dos personas. Desesperado, el gobernador llamó a una leyenda de la cacería de personas: el rastreador, trampero y militar Tom Tobin, fogueado en las guerras indias al lado de leyendas aún mayores del Viejo Oeste como Buffalo Bill o Wild Bill Hickock. Implacable, Tobin, acompañado de quince soldados, persiguió a los Espinosa hasta arrinconarlos. Luego de un tiroteo, decapitó a Felipe, cuya cabeza fue conservada en un frasco, a la vista de todos, en Colorado, y transportada en un saco junto a las de sus camaradas. El patriota con métodos de psicópata fue ejecutado a la manera de los psicópatas. Para psicópata, psicópata y medio.

Fue así como nació y murió el primer asesino serial mexicano, y uno de los primeros de América. O tal vez no. Espinosa parece concitar formas raras del revisionismo histórico. Expertos más cercanos a la causa mexicana dicen que Espinosa fue un patriota, pero de ninguna manera un asesino en serie. Que lo de los destripados y los descabezados fue una leyenda negra urdida por las autoridades gringas.

LOS MAYAS GALÁCTICOS

Que los espíritus le hayan dicho a Madero que era el elegido es una cosa, pero que los extraterrestres se sumaran a la campaña de Vicente Fox en 2000, no tiene precio.

nos días antes de la elección presidencial de 2000, comenzó a transmitirse en televisión un anuncio que iniciaba con una voz en *off*: «México, 3 de julio de 2000». En la primera imagen, un joven ondeaba una gran bandera nacional; luego comenzaba a verse gente eufórica, en la playa, en los pueblos, en las ciudades, corriendo, caminando, en automóvil, asomada a un balcón, saltando de alegría, festejando con cientos de banderas tricolores y confeti, mientras en el fondo no dejaba de escucharse «¡México ya! ¡México ya!».

Era un anuncio realizado por Santiago Pando, publicista de Vicente Fox, que así vislumbró el triunfo del candidato panista y la llegada, finalmente, de la tan anhelada alternancia presidencial. La campaña había sido *sui generis* porque Fox recurría a fórmulas, frases y dichos que rompieron la tradicional solemnidad de las campañas en las que siempre ganaba el PRI.

De una manera increíble, en uno de los debates, Francisco Labastida, con toda candidez, repitió todos los insultos que le recetaba Fox en sus mítines. Así, en cadena nacional, pudimos ver a Labastida diciendo: «Me ha llamado chaparro, me ha llamado mariquita, me ha dicho *lavestida*, me ha dicho mandilón».

Pero lo más extravagante, insólito y extraño de la campaña de Fox fue el apoyo que le proporcionaron los mayas galácticos para hacer realidad su triunfo, gracias a la intermediación de Santiago Pando. Palabras más palabras menos, los mayas galácticos son navegantes interplanetarios y cartógrafos que se comunican telepáticamente; seres que desde los tiempos en que floreció la civilización maya entendieron los secretos del universo. Son los mismos que predijeron que el 21 de diciembre de 2012 iniciaría un nuevo ciclo estelar.

Santiago Pando había tenido mucho éxito en el medio de la publicidad y puso su talento al servicio de la campaña de Fox; logró crearle un estilo y una imagen que resultaron novedosas, transmitieron una forma distinta de hacer política y la posibilidad real de ganarle al PRI. Fue uno de los estrategas que lograron posicionar dos frases de campaña que hicieron época y definieron su campaña: «Hoy, hoy, hoy» y «Ya ganamos».

Sin embargo, su participación fue «al infinito y más allá»: Pando es un convencido de la existencia de extraterrestres, y según refiere, los chamanes y gurús a los que consultaba le ordenaron que siguiera la luz de los mayas galácticos y ser su vocero en la revolución de conciencias que se estaba gestando en México y en el mundo en el año 2000. Y en esa revolución, a Vicente Fox le había tocado un papel «muy cabrón —gobernar México—, pero que nadie más podría haber hecho porque era un hombre muy fuerte, con mucha fe y energía para aguantar toda la andanada en su contra».

Los mayas habían estado muy tranquilos hasta 1949, año en que el arqueólogo Alberto Ruz Lhuillier descubrió un sarcófago dentro del Templo de las Inscripciones en Palenque; era la tumba de Pakal, gobernante de la ciudad de 603 a 683 d.c. Pero, como la lápida estaba tallada y entre los glifos aparecía labrada la figura de un hombre con atuendo maya —que no era otro que el gobernante—, los seguidores del fenómeno OVNI aseguraron que era la representación de un viajero del espacio. Así, se creó la historia del Astronauta de Palenque, desechada absolutamente por todos los arqueólogos, pero con la que los fanáticos asociaron a los mayas con los extraterrestres.

Me estuvieron preparando hace mucho tiempo para esto —expresó Santiago en una entrevista a *Proceso* en 2002—. Recibo vibras. Oigo todo el tiempo voces. Son entes, son seres de luz. Al principio, no sabía qué era, pero poco a poco fui dándome cuenta de que cuando siento un hormigueo y me duele la cabeza… es el momento en que cojo una pluma y me pongo a escribir, pues es cuando los mayas galácticos se quieren comunicar conmigo.

De acuerdo con lo que los mayas galácticos le transmitían, en el año 2000 estaba ocurriendo la primera revolución, «una implosión a nivel de la conciencia… México se ha convertido en el faro de lo que será la gran rebelión mundial… Los mayas lo han señalado y el Tíbet le acaba de pasar el faro del mundo, ya que México es un entorno clave».

La revolución anunciada era pacífica, era una toma de conciencia en la que imperaría el amor y México regresaría a ser el paraíso que fue y del que estaban muy lejos el PAN, el PRI y el PRD —según lo señaló Pando en 2002, luego de dos años de gobierno de Fox—. Los mayas galácticos también le dijeron que el presidente de México en 2012 no saldría de ninguno de los partidos tradicionales, sino que llegaría al poder un indígena. «Eso me lo dijeron. Me han dicho que soy su vocero y que escogieron a México porque su pueblo cree en su espiritualidad y en el lado mágico, y porque nuestras raíces son de dioses y nosotros somos dioses».

Para desgracia de México, ni siquiera los mayas galácticos pudieron impedir el regreso del PRI en 2012.

SI YO FUERA DIPUTADA

Exitosa empresaria teatral, punto y aparte en el cine de ficheras, malhablada, carrillera, Carmen Salinas también fue congresista. Imposible olvidarla.

Prefieres pensar que las cosas empezaron bien y luego se torcieron, porque la vida es así, o porque misteriosos son los caminos del Señor, o porque tomar una decisión equivocada, una mínima, pinche decisión, puede ser suficiente para cambiar tu camino y volverte lo que no tenías que volverte. Puedes pensar que arrancar en el teatro en los 60, con esa foto en blanco y negro en la que apoyas la sien en el índice y evitas con tanta astucia mirar de frente a la cámara, incluida esa sonrisa que casi no sonríe, puede ser un buen primer paso para evadir la sordidez del mundo político, la jodida grilla, la certeza de que hay que vivir en el presupuesto, porque vivir fuera del presupuesto ya sabemos que es vivir en el error. Puedes pensar que el salto rápido a la tele, por la venturosa intervención de Ernesto Alonso, el primer gran jefe del negocio telenovelero en México, te vacunaba. Puedes pensar que entrarle al cine como lo hiciste, puenteando entre los productos más piñatonamente comerciales y el cine culto, de autor, te van a consagrar en un mundo mínimamente elevado, sofisticado, refinado.

Y no: un día volteas y eres esa diputada que dice: «Se pueden meter sus firmas por el trasero o por donde más les quepa, *mijitos*; yo estoy apoyada por mi partido», luego de una iniciativa en change.org para darte de baja en la Cámara. La última vez que nos asomamos, la campaña había reunido setenta y seis mil firmas. No cualquiera.

Si algo hay que decir de doña Carmen Salinas Lozano, nacida en Torreón el año 33, es que no se inhibe y no hace ascos. Su carrera, decíamos, transita con llamativa naturalidad del teatro a la TV y al cine, y en el cine de María Novaro o Arturo Ripstein a *Las glorias del gran Púas* o *Masacre en el Río Tula*. Pero lo suyo, lo suyo, es el cine de ficheras. Ahí, en *La Pulquería* y sus dos secuelas, en *El rey de los albures*, en *Se me sale cuando me río*, en *Bellas de noche*, entre vedetes con ropas escuetas o nada de ropa, entre dobles sentidos, con Sasha Montenegro y Alfonso Zayas y Chatanuga y *el Flaco* Ibáñez y *el Caballo* Rojas, ahí, Carmen Salinas se comporta, diría Oscar Wilde, con «sospechosa naturalidad», esa naturalidad deslenguada y barriobajera.

La misma naturalidad deslenguada que ha llevado a otros terrenos. Por ejemplo, al de los espectáculos. Como ese momento en que entró en conflicto con Belinda, luego de que la cantante se negó a grabar con uno de sus ahijados, y tuiteó (*sic:* respetamos puntuación y ortografía): «La chava no tiene un éxito ahorita muévanse y compren sus discos para que no ande pidiendo». O ese otro en el que, tras enterarse de que Thalía padecía la enfermedad de Lyme, una infección producida por la picadura de una garrapata y capaz de afectar, por ejemplo, el sistema nervioso y el corazón, dijo: «¡Pues que bañe a los perros!».

O al terreno político. No, no es solo eso del trasero. Carmen Salinas fue envestida como diputada en septiembre de 2015. Y no ha parado de dar nota, vaya que no…

Cuando se le preguntó por el *gasolinazo*, la señora diputada dijo: «El que tenga coche, que lo mantenga. No hay de otra, carnal».

Luego está aquel tuit histórico: «Que *(sic, sic)* hacen los delegados? La ciudad está llena de baches, de basura, las jardineras y árboles secos, vuelvan a botar *(resic)* por ellos». Le reprocharon la «b», por supuesto. Y contestó: «Si *(reresic)* pero para mí son unas pelotas, que lo único que han hecho es jugar con el pueblo por eso hay que botarlos nada hacen».

Pero no podemos olvidar tampoco ese instante en el que al parecer se echó una siesta en el Congreso, un coyotito con la paz que te da la conciencia limpia. Aunque lo negó: «Lo que pasa es que estaba viendo mi teléfono y la cámara te agarra en ese momento, pero nunca me he quedado dormida y si lo hubiera hecho me vale. Por eso duermo muy rico en mi cama».

Tantas polémicas provocó doña Carmen que ella, la que no tiene pelos en la lengua, la que no se guarda una, acabó por cerrar su cuenta de Twitter. Pero no todo es Twitter en esta vida. También se maneja en Periscope, donde, a la pregunta de qué iniciativas tenía como diputada, contestó: «No la hagas de pedo, no las tengo».

En abril de 2018 renunció a la Cámara con la idea de dedicarse a su negocio de toda la vida, que sí, le ha dejado buenos dividendos. Que se iba a hacer *Nosotros los guapos*, entre otras cosas, dijo, pero que iba a extrañar a sus compañeros de la Cámara. Tal vez no sorprenda a los amables lectores saber que accedió a la curul como plurinominal, es decir, sin necesidad del voto ciudadano. Probablemente tampoco los sorprenda saber que el partido que la llevó a San Lázaro, su partido, es el Revolucionario Institucional.

EL DIOS DE LA LLUVIA LLORA SOBRE MÉXICO

Le quitas su piedra ancestral a un pueblo y a cambio le das una réplica, una escuela y un centro de salud. Eso pagó el gobierno de López Mateos por Tláloc.

En los rostros de la gente se reflejaba una profunda tristeza. Era como si le hubieran arrancado el corazón. El monolito tenía 14 siglos ahí, a un costado del arroyo Santa Clara, en el pueblo de San Miguel Coatlinchán, cerca de Texcoco, en el Estado de México.

Los pobladores sabían de su existencia desde hacía siglos, pero no fue hasta 1884 cuando el erudito Alfredo Chavero lo mencionó en el tomo I de *México a través de los siglos* y lo identificó como Chalchiuhtlicue, la diosa de los lagos y corrientes de agua.

Pero Leopoldo Batres, el arqueólogo del porfiriato, le enmendó la plana en una acalorada polémica, y luego de hacer excavaciones en 1903 llegó a la conclusión de que el monolito correspondía a Tláloc, el dios de la lluvia. Batres se quedó con las ganas de trasladarlo a la ciudad de México, y el monolito recostado horizontalmente siguió acompañando la vida cotidiana de los habitantes de Coatlinchán.

En 1964 el sistema político priista se encontraba en su cenit. Era el último año del sexenio de Adolfo López Mateos. El milagro mexicano —en la economía— daba sus frutos, y como todo presidente que se precie de serlo, López Mateos se la pasó inaugurando obras públicas por todos lados. La joya de la corona cultural era el magno Museo Nacional de Antropología, y para rematar la obra al gobierno se le ocurrió que era tiempo de ir por Tláloc.

Las autoridades de Coatlinchán habían firmado un convenio desde 1963 en el cual aceptaron —lana de por medio— que el gobierno federal sacara de la barranca el monolito —que los lugareños conocían como «la piedra de los tecomates»— y se lo llevara a la ciudad de México para colocarlo a la entrada del Museo Nacional de Antropología, sobre el Paseo de la Reforma.

Pero una cosa eran las autoridades, bastante sumisas, y otra los habitantes, que veían en el monolito el corazón del pueblo. La gente se reunía en los alrededores en horas de esparcimiento; los lugareños seguían asociándolo con el agua para sus tierras; era un símbolo, su esencia. Los pobladores se opusieron al traslado y se rebelaron contra sus autoridades. Se resistían a lo que consideraban un despojo e intentaron sabotear el traslado. La respuesta del gobierno fue la de siempre. Envió al Ejército a ocupar el pueblo y los soldados se encargaron de custodiar el convoy durante el trayecto hacia la ciudad de México.

«Si se mueve esa piedra, se va a caer el pueblo», decía la gente de San Miguel Coatlinchán mientras presenciaba con el rostro desencajado cómo desenterraban el monolito y lo subían a la plataforma. Tláloc medía siete metros de altura y pesaba 167 toneladas, pero con la estructura en la que fue colocado el peso llegó a las 250 toneladas.

La madrugada del 16 de abril de 1964, el monolito fue colocado sobre una plataforma de 23 metros de largo con 72 llantas Goodrich Euskadi y el tráiler comenzó a moverse a las 6:15 de la mañana a una velocidad de cinco kilómetros por hora. Los habitantes del pueblo lloraban e intentaron por última vez detener el convoy y lograron ponchar dos llantas del tráiler; arrojaron nopales y piedras a los trabajadores; mentaron madres y corrieron detrás de la caravana algunos kilómetros, pero todo fue inútil. «Nos regresamos con las cabezas gachas. En la noche vimos por la televisión cómo llegaba al Distrito Federal. Era de nosotros, pero ya no estaba en nuestras manos. Al otro día Coatlinchán se murió», recordaría Guadalupe Villarreal, profesora de la comunidad.

En la ciudad de México, en cambio, todo era fiesta. El convoy con el quinto monolito más grande del mundo entró a la ciudad de México al caer la tarde y, curiosamente, Tláloc se hizo presente: a pesar de ser mediados de abril cayó un aguacero torrencial que inundó varias zonas de la capital.

Cerca de sesenta mil personas llenaron las calles por donde pasaría el dios de la lluvia. La operación Coatlinchán, encabezada por el arquitecto Pedro Ramírez Vázquez, costó 750 mil pesos; se calculó metro a metro la resistencia del camino; fue necesario cortar 300 cables de energía eléctrica, incluyendo 50 líneas de alta tensión.

Tláloc era iluminado con grandes reflectores en los puntos principales de su recorrido. El Ejército no dejó de acompañar en ningún momento al convoy, aunque la resistencia del pueblo había quedado atrás desde las primeras horas del día. El recorrido duró 19 horas. A la 1:13 de la madrugada del 17 de abril, Tláloc llegó a su nueva morada en el Paseo de la Reforma. Después de permanecer siglos en posición horizontal, el dios de la lluvia fue colocado en su posición original, de manera vertical.

Coatlinchán quedó en el olvido. El pueblo recibió una réplica de Tláloc para su plaza principal, una escuela, un centro de salud y la pavimentación del entronque con la carretera México-Texcoco, beneficios que tendría que haber proporcionado el gobierno sin recibir nada a cambio. Pero los turistas dejaron de visitar el pueblo.

Junto al monolito del Paseo de la Reforma hay una placa que dice: «Donado por el pueblo de Coatlinchán», lugar en donde aún lloran a Tláloc.

ATLACOMULCO
C'EST MOI

*Elegante como un lord inglés, culto, experto como nadie en políti-
ca internacional, Isidro Fabela fue también el fundador del Grupo
Atlacomulco.*

S e le atiende todavía en revistas culturales como historiador, como filó-
logo, como cercano al Ateneo de la Juventud —sí, el de Vasconcelos,
Martín Luis Guzmán, Alfonso Reyes—, como miembro de la Academia
de la Lengua y como periodista. Fue además profesor universitario.
También, un diplomático de raza, con una trayectoria dilatada y llamativa que lo llevó a Francia, Alemania, España, Chile, Inglaterra, Uruguay
y Brasil. Aunque tampoco fueron escasos sus méritos como hombre de
leyes: fue juez en la Corte Internacional de La Haya. Y, persona versátil,
fue también un político multifuncional que fungió como gobernador del
Estado de México. Por todo eso es conocido, y seguramente también por
algunos reconocimientos no desdeñables, casos de la Medalla Belisario
Domínguez o el *Honoris Causa* por la UNAM, donde estudió. O por haber apoyado a la República española cuando el alzamiento de Francisco
Franco.

Por lo que no es conocido, paradójicamente, es por su frase más famosa: «Un político pobre es un pobre político», atribuida generalmente
a Carlos Hank González y uno de los momentos culminantes del cinismo
al estilo del PRI. Y es que Isidro Fabela, nacido en Atlacomulco en 1882,

muerto en Cuernavaca el 64, fue además de todo el fundador de una de las instituciones más perdurables del México posrevolucionario: el Grupo Atlacomulco.

Si la política fuera un deporte, la alineación histórica de este grupo sería recordada entre las de los equipos más rudos, digamos los Raiders de la NFL o el Uruguay futbolero de cualquier época. ¿Se imaginan? Arturo Montiel, Del Mazo 1, Del Mazo 2, Del Mazo 3, Chuayffet, Pichardo Pagaza, Gustavo Baz y así hasta Enrique Peña Nieto, con el que el Estado de México logró tener su segundo presidente, aceptando que Adolfo López Mateos, a propósito, muy cercano a Fabela, no haya nacido realmente en Guatemala. No les han faltado salidas de tono a los chicos de Atlacomulco. Hank González, que dio forma al grupo, se hizo conocido por el modo escandaloso en que hizo negocios desde, gracias a, por la vía de la política. Arturo Montiel, el de «Los derechos humanos son para los humanos, no para las ratas», también fue acusado de enriquecimiento ilícito cuando intentaba alcanzar la presidencia del partido, sin mencionar las acusaciones de abuso por parte de su mujer. Emilio Chuayffet, aunque es reputado por recluirse a leer en su casa de Metepec cada que vienen mal dadas, muy apaciblemente, fue señalado varias veces por, digamos, irregularidades electorales considerables en el Edomex, y sobre todo porque le tocó la matanza de Acteal como secretario de Gobernación.

Pero el padre fundador de ese colectivo, el mismo que llevó a Los Pinos hace no muchos años a Enrique Peña Nieto —que tampoco ha sido ajeno a escándalos tan sonados como el de la Casa Blanca o la visita de Donald Trump cuando era candidato— fue ese caballero de camisas a medida y relojes de lujo, siempre impecable, reputado con justicia como un extraordinario internacionalista. Fabela, al margen del cinismo de la frase que no es de Hank, supo siempre ser discreto, elegante, caballeresco, un estilo que puede distinguirse en varios de sus sucesores en el grupo, el propio Peña para empezar. Pero su influencia es clara. Como gobernador del Edomex tomó varias decisiones clave en el destino del grupo. Destacadamente, la de nombrar secretario de Gobierno a Alfredo del Mazo Vélez, primero de un linaje de políticos mexiquenses que de momento tiene a su último representante en otro Alfredo del Mazo, el actual gobernador, su nieto. Y es que en realidad los de Atlacomulco son, a la manera de las monarquías europeas, una familia. Fabela, secretario de Relaciones Exteriores de Venustiano Carranza, que tampoco fue un pobre político —recuerden el verbo «carrancear»—, era tío del primero de los Del Mazo, al que sucedería el segundo, también gobernador, el año 81. A propósito, el presidente Peña es... primo de Alfredito. No hay nada como estar en casa.

Decía el periodista Miguel Ángel Granados Chapa que el «democratismo» de Fabela en asuntos internacionales contrastaba con su temple autoritario en casa. Tenía razón: en la capacidad para la intriga, en la idea de que la ley es la que me acomoda, en el vínculo sanguíneo como criterio de consolidación del poder, hay mucho de monarca europeo en el principesco Fabela. De entrada, no tenía por qué haber sido gobernador, en términos estrictamente legales. Pero hay balas oportunas. Su antecesor, Alfredo Zárate, ese sí con derechos constitucionales para ejercer, fue asesinado a tiros por Fernando Ortiz Rubio, sobrino del expresidente del mismo apellido, mientras se metían unos alcoholes en el Lienzo Charro de Toluca. Fabela asumió como interino. Mientras, un diputado local que se apellidaba no por casualidad Velázquez, Gregorio, hermano de Fidel, el líder charro pero sindical, se las arregló para cambiar la Constitución y aplanarle el camino hacia la gubernatura definitiva, que sostuvo con una mezcla de corrupción en favor de unos diputados y mano dura en contra de los desafectos, que terminaron desaforados. A fin de cuentas, según contó el propio Fabela, la idea de hacerlo gobernador era del señor presidente en persona. Gobernó activamente desde Cuernavaca, que en aquellos años también estaba en Morelos, no en el Estado de México. Ahí murió en 1964, pero su descendencia gobierna el Estado de México a la sombra de su estatua en la Cámara. Con trajes a la medida y relojes caros.

«SE LOS LLEVÓ PATAS DE CABRA»

Gobernó Guerrero como amo y señor del estado; desapareció a más de 500 personas y se retiró del poder con la satisfacción del deber cumplido.

Le decían «el tigre de Huitzuco» por la ferocidad con la que arremetió contra los guerrilleros, con el poder de las fuerzas armadas, con la ayuda de la siniestra Dirección Federal de Seguridad y con la policía de Guerrero. Rubén Figueroa Figueroa (1908-1991) fue otro de los caciques duros del régimen que engordó a la sombra del sistema político priista. Fue absolutamente fiel a Luis Echeverría y a José López Portillo, y además le heredó el poder a su hijo Rubén Figueroa Alcocer, quien, con la misma escuela de su padre, fue el responsable de la matanza de Aguas Blancas en 1995, por lo que fue obligado a dejar la gubernatura, acción a la que eufemísticamente le dicen «pedir licencia».

En sus dos primeros años de gobierno —1975 y 1976—, Rubén Figueroa fue el brazo ejecutor de Luis Echeverría para exterminar a la guerrilla de Lucio Cabañas. Como todo buen cacique, pasó por encima de la ley, los derechos humanos y todas las garantías individuales. Cuando el presidente José López Portillo decretó la amnistía en 1978, Figueroa tuvo que apechugar y suspender todas las acciones contra los guerrilleros.

El gobernador le agarró ojeriza a Cabañas porque el maestro de la normal de Ayotzinapa se lo chamaqueó y lo secuestró. Con el amor propio humillado, Figueroa solía decir que nunca lo habían secuestrado. «Eso del secuestro nosotros lo inventamos. La verdad es que como andaba en campaña para la gubernatura del estado, me fui a Houston para bajar de peso y entrar en buena forma». Pero lo cierto es que si bajó de peso fue debido a que se pasó poco más de tres meses «retenido» —otro eufemismo— por Lucio Cabañas.

Figueroa iba por lana y salió trasquilado. El 31 de mayo de 1974, mientras era candidato a la gubernatura del estado, se internó en la sierra con varios colaboradores para reunirse con Cabañas. El futuro gobernador quiso dárselas de muy valiente y alzarse el cuello logrando que el maestro rural depusiera las armas.

Luego de varias horas de marcha, Figueroa y su gente llegaron ante Lucio. Con una perspicacia asombrosa, el candidato se dio cuenta de que lo habían secuestrado cuando los guerrilleros desarmaron a sus hombres. Las «pláticas de paz» no tuvieron éxito; los días pasaron y los temas de conversación eran los mismos: retiro del ejército del estado de Guerrero, liberación de presos políticos en todo el país, mejoras sociales.

Figueroa no solo comenzó a perder peso, su cartera también adelgazó. Cuenta que llevaba alrededor de veinte mil pesos que se fueron haciendo menos, pues todos los días entregaba una cantidad para víveres. Después de varias semanas, en un arrebato de valentía —solo corroborado por Figueroa—, el candidato le pidió a Cabañas que tomara su vida a cambio de la liberación de sus compañeros. El guerrillero solo sonrió.

Al cumplirse los tres meses de la desaparición de Figueroa, el presidente Echeverría decidió tomar cartas en el asunto y lanzó al ejército en su búsqueda. El 8 de septiembre los soldados se encontraron con los guerrilleros y sus prisioneros; se desató la balacera, varios rebeldes resultaron muertos, Lucio Cabañas logró escapar y Figueroa y sus acompañantes fueron rescatados. De regreso al campamento del ejército mexicano, Rubén Figueroa marchaba muy envalentonado gritando: «Viva Luis Echeverría, gusanos hijos de la chingada».

La respuesta del gobierno al secuestro fue brutal. En octubre de 1974, 48 personas desaparecieron en Guerrero; fueron levantadas por miembros del ejército u oficiales adscritos a la Dirección Federal de Seguridad.

Días después se encontraron algunos cuerpos con señales de tortura. El gobierno buscaba afanosamente a Lucio Cabañas y no importaba si la gente levantada eran civiles o guerrilleros. Al final de la guerra sucia (1978), más de 550 personas habían sido desaparecidas en Guerrero y el gobierno siempre dijo que eran delincuentes o narcotraficantes.

La persecución de Lucio Cabañas dio sus frutos: el 2 de diciembre de 1974, el guerrillero fue cercado por el ejército y, de acuerdo con la versión oficial, «se suicidó», aunque lo más probable es que los miembros del ejército lo ayudaran a suicidarse con un par de tiros de gracia.

En 1978, cuando López Portillo decretó la amnistía, Rubén Figueroa cumplía tres años en el poder. No estaba de acuerdo con el perdón a los guerrilleros. En una ocasión un reportero le preguntó dónde estaban los desaparecidos políticos que fueron levantados por su gobierno. Sin empacho alguno respondió:

> ¿Que dónde están los desaparecidos políticos? Bueno, pues están muertos definitivamente. Murieron en su lucha armada, en diversas partes, allá en la sierra o cuando bajaban de correos. Dicen que el gobierno los mató, pero el gobierno es desde el primer gendarme hasta el presidente de la República, así es que, dentro de esa gama, busquen a los responsables. Eso de los llamados desaparecidos políticos no es más que un razonamiento ramplón... así que le repito, se los llevó Patas de cabra.

CARNE DE PERRO FRITA

Pues no, no era una leyenda urbana: en Tijuana se servía carne de perro en algunos restaurantes. Buen provecho. Aquí la crónica.

Entre que nos regodeamos y nos avergonzamos con nuestra capacidad para comer y cocinar criaturas digamos heterodoxas, del huevo de hormiga, al gusano, a la iguana. «Suaperro», llamamos los mexicanos —al menos, los chilangos— a los tacos de suadero que venden en la calle, con sorna y escepticismo. Que los perros de la calle no se comen esa barbacoa y más bien huyen del puesto ese del tianguis porque, literalmente en este caso, perro no come carne de perro, decimos y reímos luego de limpiarnos la salsa de las comisuras con un papel grasoso, el diente con una hojita de cilantro pegada. Luego está la extendida certeza de que los restaurantes chinos no solo tienen cocinas infectas, sino que te dan, otra vez casi literalmente, gato por liebre. Una certeza que, se dice uno entre calambres de culpa, igual tiene que ver simplemente con nuestros prejuicios de índole racista; con nuestra sinofobia, tan arraigada. Y es posible, pero no si el restaurante chino en cuestión está en Tijuana, allí, en la frontera.

Parecía una *fake news*, una noticia falsa, un bulo de esos que de pronto recorren las redes sociales a la manera de las antiguas leyendas urbanas, esas que antes se extendían por gracia del boca a boca, como la de la cola de rata encontrada entre el pollo frito de una cadena legendaria o el dedo en la botella de refresco. No lo era. La población china lleva tiempo en la península de Baja California y en general en el país. Las primeras oleadas de migrantes, llegadas por mar desde Hong Kong o

Cantón, desembarcaron en México con la intención de cruzar la frontera para trabajar en Estados Unidos. Unos lo hicieron para ocuparse en el ferrocarril y volvieron a México cuando fueron expulsados de forma vergonzosa de tierras yanquis, una vez que dejaron de ser necesarios. Otros se quedaron desde el principio en estas tierras. Parte de ellos, llegados a Mazatlán, se instalaron en Sinaloa, donde se dedicaron, entre otras cosas, a cultivar el opio. Otros, en Sonora, donde en el periodo posrevolucionario fueron víctimas de un racismo violento que no nos ha avergonzado como debería. Otros más, en el Valle de Guadalupe y Ensenada. Pero sobre todo se instalaron en Mexicali para trabajar en la agricultura y, asimismo, el ferrocarril. Y, claro, trajeron esa gastronomía inacabable, seductora, virtuosa... Y capaz de cocinar perros, como está perfectamente comprobado que ocurrió por más años de los que nos atrevemos a pensar en Tijuana.

En abril de 2015 un denunciante aseguró ante la policía municipal que en el restaurante Lo Yen City, ubicado en Boulevard Fundadores 6520, Tijuana, Baja California, se oían ladridos. No, no se trataba de un establecimiento *pet friendly* para la población hipster de la metrópoli fronteriza. Lejos de ello. El denunciante contó también que cuando se asomó a ver qué pasaba con el animalito, que claramente la estaba pasando mal, descubrió que dos cocineros del restaurante estaban a punto de sacrificarlo. La Municipal dio aviso a la Dirección de Inspección y Verificación y a Control Animal, que inmediatamente mandó a un grupo de inspectores al establecimiento.

Uno supone que los inspectores de restaurantes son tipos duros, tipos entrenados para soportar escenarios repulsivos. Pero es poco probable que esos inspectores estuvieran preparados para soportar lo que encontraron en el Lo Yen City. Lo primero fue a ese empleado que lanzaba algo dentro de un contenedor de plástico. Era un perro, sí. Un perro decapitado, sin patas delanteras y rasurado. Carne fresca, lista para consumirse. Hay una foto bastante clara. Luego, una vasija llena de sangre y pedazos de carne destinada a la freidora, que, sabemos, la deja crocante por fuera y jugosa por dentro. La crónica del diario *Excélsior* asegura que el dueño, de apellido Yu, juró y perjuró que las carnes de can iban destinadas a su mesa y nada más, porque, sabrán ustedes, los canes no son raros en las mesas de aquel país, y con esto queremos decir: *sobre* las mesas. Síntesis TV se dio a la tarea de recoger testimonios de clientes del malhadado local. El más elocuente es sin duda ese que dice: «Pues me sacó de onda, porque en caliente pensé en el platillo de res Mongolia». Pero la más sensata es la que dice: «No creo volver a consumir comida china. Si ahorita veo la comida mía y se me figura que estoy viendo al perro...».

Y es que, según otras fuentes —atento aviso para los lectores que planeen viajar próximamente a Tijuana—, lo de alimentar a los comensales con carne de perro no es exclusivo de Lo Yen City, sino, plausiblemente, una práctica habitual en los restaurantes chinos de la localidad. Escamado, el ayuntamiento decidió investigar otros establecimientos similares. Al menos en uno, el Nuevo Yong Li, encontraron perros vivos metidos en jaulas, mucho pelo desperdigado y sobre todo cantidades importantes de sangre.

Cinco de las personas que trabajaban en el Lo Yen City fueron detenidas. Lo merecían, sin duda. Y es que los prejuicios contra los restaurantes chinos pueden deberse a nuestra sinofobia, pero sus apuestas gastronómicas han extendido la *cinofobia*, que es como se conoce a la fobia a los perros.

EL MIEDO NO ANDA EN BURRO

Un presidente que le declaró la guerra a la Iglesia católica y consideraba que la religión era un lastre para México, pero que, al llegar al ocaso de su vida, nomás por si las dudas decidió empezar a creer en el más allá.

El médium se llamaba Luisito; el lugar era el número 3 de la calle de Guerrero, en Tlalpan. Al caer la noche se reunía un grupo de personas en ese domicilio; merendaban, charlaban y alrededor de las nueve y cuarto se acomodaban en círculo y ¡vengan los espíritus! Comenzaba la sesión espiritista.

Lo extraño no era que la gente se reuniera para hablar con los muertos —desde finales del siglo XIX el espiritismo se había ganado no pocos seguidores—; lo sorprendente era que el expresidente Plutarco Elías Calles se presentara puntualmente en esa dirección desde que había regresado del exilio en 1941, cuando todo mundo sabía que el único espíritu que decía respetar era el de la ley, y los asuntos de la fe y la religión le hacían derramar la bilis, o al menos le hincharon el hígado cuando fue presidente. Contamos esta historia en el primer volumen de *México bizarro*.

Durante su gobierno (1924-1928) Calles estuvo convencido de que había que arrancar a la juventud de las «garras» del clero; que su doctrina era egoísta, y que era la Revolución la que tenía «el deber imprescindible de apoderarse de las conciencias». Así, bajita la mano, entre el anticlericalismo de Calles y la obcecación de la Iglesia, México se fue a una guerra completamente absurda —la Cristiada (1926-1929)— que costó más de setenta y cinco mil víctimas, la cual nadie ganó y en la que todos perdieron.

Pero habían transcurrido trece años desde eso; la salud del exprimer jefe había menguado, y como dicen que el miedo no anda en burro, de pronto le pareció que era tiempo de tener fe y creer en el más allá, porque el tiempo en el más acá se le estaba acabando y no quería que, literalmente, se le apareciera el diablo. Así que encontró en el espiritismo un medio para tratar de salvar su alma.

Las minutas del Círculo de Investigaciones Psíquicas al que acudía Calles no dejan lugar a dudas de que hasta con los espíritus no dejó de ser el Jefe Máximo. En una de ellas, el espíritu de un niño que se hacía llamar Botitas se manifestó cuantas veces quiso el expresidente; en otra, el mismísimo fantasma de Rubén Darío se presentó para entablar amistad con Calles, e incluso dejó un poema dedicado a México; en una más, otro espíritu le aconsejó que se relajara, que olvidara su pasado político y escribiera sus memorias. También, unos días antes de su muerte, los espíritus le dijeron que se acercaba el fin pero que no debía tener miedo.

Plutarco Elías Calles murió el 19 de octubre de 1945, pero de acuerdo con el viejo refrán de que «el que mucho se despide pocas ganas tiene de irse», pocas semanas después de su fallecimiento, el Jefe Máximo volvió a las sesiones, pero ahora en calidad de espíritu. Y se ve que se la estaba pasando bomba, como se lo hizo saber a su hijo Rodolfo, también asiduo asistente.

Qué hermosa realidad al ver mi mundo como si aún existiera en él. Después de tanto sufrimiento me encuentro disfrutando de una vida más humana, sin tanta crueldad. Fueron muy grandes mis sufrimientos. Parece que mi viaje compensaba una despedida tan cruel. No puedes imaginarte qué satisfacción tan enorme siento al ver compensados mis esfuerzos para conocer y aceptar este mundo. Afortunadamente vine con mi espíritu preparado; mi evolución inicial fue rapidísima, fue tan violenta que cuando ustedes me besaron mi espíritu había abandonado su materia. Cómo hubiera deseado salir con bien de la operación para no haberles causado tantos desvelos e inquietudes y estar en condiciones de corresponderles con mi gratitud y cariño. Me siento feliz, muy feliz, esta compensación que estoy recibiendo borra todos mis sufrimientos. La vida espiritual es para mí no una realidad, porque lo fue hace tiempo, constituye mi nueva felicidad.

A diferencia de lo que sucedió con Madero —médium escribiente—, que luego de su asesinato ya no se manifestó en ningún círculo espírita, Calles lo hizo durante varias sesiones, y además se mostraba fascinado describiendo todo lo que veía: «Mi vida en estos momentos se concreta a conocer los diferentes planos del espíritu y me es permitido visitarlos todos», expresó en una comunicación del 22 de noviembre de 1945.

Su espíritu se encontró con gente que había estado presente a lo largo de su vida; amistades de su infancia, amigos de la política, «y entre ese gran número de compañeros de armas, el general Obregón, todos sonrientes brindándome sus consuelos y bondades».

El único problema fue que cuando se encontró al espíritu de don Venustiano, se dio cuenta de que aún no les perdonaba lo de Tlaxcalantongo, donde lo asesinaron. «Ayer, nada menos —expresó el espíritu de Calles—, saludé a don Venustiano. El pobre viejo aún no puede olvidar sus amarguras. Hemos hablado ampliamente con él Obregón y yo, logrando reanudar nuestra vieja amistad. Creo que pronto recuperará su felicidad».

El espíritu de Calles se manifestó en las sesiones espiritistas hasta diciembre de 1945; luego, seguramente se entretuvo en cosas más interesantes que hacer en el más allá que venir al más acá. Sin embargo, antes de cruzar el umbral hacia la muerte, logró una última gran reforma a nivel personal: encontró la fe.

NUESTRO JACK EL DESTRIPADOR

*Fue un asesino en serie único no por su crueldad, no por su miso-
ginia, sino porque alardeó de sus crímenes y, aun así, amparado
en la ineficiencia de la policía porfiriana, vivió libre por años. Le
llamaban el Chalequero.*

Eventualmente Goyo Cárdenas le quitó el estatus de asesino serial
más famoso de México, aquel que mató a cuatro mujeres en nombre de Dios y terminó ovacionado por los diputados mexicanos,
luego de años de encarcelamiento y de su presunta rehabilitación
(los lectores pueden conocer su historia en el primer volumen de
México bizarro). Le quedó luego, por años, el consuelo de ser el primer
asesino en serie de México, pero esa medalla también la perdió con la
llegada de Felipe Espinosa (pueden remitirse a la página 240 de este
libro), que se le adelantó unas décadas. Con todo, Francisco Guerrero
Pérez, *el Chalequero,* tiene un lugar preponderante en el santoral de la
psicopatía multihomicida mexicana.

Guanajuatense nacido en 1840, hijo número 11 de una familia miserable, cumple con varios de los clichés del *serial killer*: tuvo un padre
ausente y una madre violenta y posesiva que lo castigó sin tregua y con
crueldad. A los 22 años se vino a tierras chilangas a ganarse la vida como
zapatero. Probablemente acabó por ganársela como proxeneta. Estuvo
casado, como todo buen católico del Bajío —porque vaya que estaba

orgulloso de su devoción por la Guadalupana—, y procreó cuatro hijos con María, la señora de la casa, su esposa en toda regla. Pero no es fácil ser hijo de Dios y ser tan guapo, así que tuvo muchos hijos fuera del matrimonio y muchas mujeres dispuestas o resignadas a mantenerlo. A otras 20 mujeres, por lo menos, las golpeó y las mató, a algunas después de violarlas.

Nada de lo dicho aleja a Francisco de la ortodoxia del asesino en serie, empezando por esa misoginia salvaje, pero hay algo en lo que sí fue único: alardeaba de sus crímenes. Habitual de las calles de Peralvillo; cliente fijo de la Pulquería de los Coyotes, desde donde al parecer controlaba su negocio de prostitución; elegante al punto de la excentricidad, siempre de pantalón entallado, faja y, claro, chaleco; delgado, moreno, amable en el trato, actuó impunemente a lo largo de siete largos años, tal vez porque la policía porfiriana era tan incompetente como la nuestra, tal vez porque el miedo imposibilitó que lo delataran quienes oyeron de sus crímenes, tal vez por ambas razones. Procedía siempre de la misma forma. Sus víctimas, sin excepción, eran prostitutas. El Chalequero contrataba sus servicios, que efectivamente disfrutaba. Luego, las golpeaba y asesinaba. Los cuerpos, en general, terminaban en el Río Consulado.

Sin embargo, hasta la policía mexicana puede llegar a resolver un crimen. Mientras los cadáveres se acumulaban y conseguían resonancia mediática, los testimonios de que había sido visto con la mujer que luego aparecía asesinada, o de que la mujer en cuestión se había ido con un hombre «de chaleco», empezaron a multiplicarse. El cerco se estrechaba. Finalmente, la denuncia de un vecino lo hizo caer: los gendarmes se apersonaron en una taberna en Peralvillo y lo detuvieron por al menos 20 asesinatos. El juicio no dejó dudas: entre la investigación en curso, los testimonios de mujeres que habían sobrevivido a sus ataques y decidieron asegurarse de que pagara sus culpas y, sobre todo, la pulsión testimonial del Chalequero, que no se mordió la lengua a la hora de autoincriminarse, la sentencia fue pena de muerte. Pero la libró. A esas alturas, Francisco Guerrero era ya una figura de la prensa, esa figura que lograría lo impensable: que cuando los periódicos nacionales empezaran a hablar de Jack el Destripador, riguroso contemporáneo de nuestro multihomicida, se refirieran al «Chalequero inglés». Porfirio Díaz, por razones extrañas, conmutó la ejecución por 20 años de encierro, 20 años que Francisco, con un récord mucho más nutrido que el asesino londinense, pero, incomprensiblemente, con mucha, mucha menos fama en el mundo, no cumplió.

Cuando alguien, estimados lectores, les diga con nostalgia que el Porfiriato fue un modelo de gobernanza, recuerden la historia del Chalequero. En 1904, Porfirio decidió dar amnistía a una serie de presos políticos. Por razones indescifrables, el nombre de Francisco Guerrero apareció en la lista de presos por liberar, y logró salir de San Juan de Ulúa. Y volvió a matar. ¿Qué pasó? El «presidente» venezolano Nicolás Maduro, al parecer, no es el único hombre que se comunica con los pajaritos. En 1908, al Chalequero, según contó él mismo, le cantó un pájaro, recordó entonces a un «negro muy malo» que lo agredía en la cárcel y sintió nuevamente ganas de asesinar. La víctima fue esa vez una prostituta de casi 80 años a la que violó y degolló. La policía lo encontró con las manos ensangrentadas, meditabundo, en Río Consulado: sus rumbos de siempre. Otra vez, fue sentenciado a muerte. Otra vez, libró la ejecución. Murió de una embolia justo en 1910, a pocos días del inicio de la Revolución, en el Hospital Juárez.

Abundan los diarios con notas sobre su vida y sus crímenes, sí, e incluso con unas cuantas fotos, ninguna demasiado clara. Pero se le recuerda sobre todo por las obras que le dedicó un tal José Guadalupe Posada.

«¡ESTO ES MÉXICO, GÜEY!». LAS *LADIES* Y LOS *LORDS*

Todos sabíamos que existían, pero nunca antes se habían documentado: ¿quién no se ha topado alguna vez con una señora prepotente, con un señor abusivo, con un borracho energúmeno o con el típico bravucón en el alcoholímetro exigiendo a gritos que lo dejen libre porque «solo me tomé una»?

«Una sociedad que tolera, que permite la generalización de conductas inmorales o corruptas, es una sociedad que se debilita, es una sociedad que decae.

Y, desde luego acepto: la corrupción en el sector gubernamental es la forma más intolerable de inmoralidad social». No, no es una declaración al calor de la campaña electoral de 2018; es el discurso que el candidato del PRI a la Presidencia, Miguel de la Madrid, pronunció el 7 de marzo de 1982. Sí, aunque usted no lo crea.

Para nadie es un secreto que el mayor problema que aqueja a México desde que el sistema priista se consolidó en la segunda mitad del siglo XX es la corrupción, y aunque parezca increíble, alguien tan gris como Miguel de la Madrid puso el dedo en la llaga al señalar: «La corrupción somos todos», de ahí su eslogan de campaña «Por la renovación moral de la sociedad», pero luego sacó el dedo de la llaga, no hizo nada y todo empeoró.

«La corrupción somos todos»; eso mismo, palabras más palabras menos, dijo Enrique Peña Nieto cuando señaló que la corrupción era cultural, y ardió Troya. Quizá lo que faltó fue precisión; la corrupción no es inherente a los mexicanos ni viene inscrita con fuego en nuestro ADN, pero es un hecho: la sociedad le ayudó al PRI a construir una cultura de la corrupción a través de la mordida, el moche, «pa'l chesco», «la propina», o justificándola: «Que roben pero que dejen obra», «El que no transa no avanza», «Qué tanto es tantito». Perdón, pero no existe el pueblo bueno: corrupción hay en todos los niveles de la sociedad y en todos su ámbitos.

Y así como la corrupción permeó la sociedad, el autoritarismo y la impunidad también lo hicieron. El despotismo nada ilustrado de nuestra clase política se refleja en la ciudadanía, en las empresas, en la iniciativa privada, en los cargos más ínfimos de la burocracia. Una persona con un poco de poder —así lo tenga sobre el horno de microondas de la oficina—, se siente el amo del universo. Y junto al autoritarismo, la impunidad: lo hago porque puedo, lo hago porque quiero, lo hago porque soy el hermano, el sobrino, el amigo, el primo del diputado, del senador, del jefe, del delegado, del gobernador, del presidente. «¡No sabes quién soy!». «¡No sabes con quién te estás metiendo!».

Gracias a los teléfonos inteligentes y a las redes sociales vimos el surgimiento de un grupúsculo dentro de la sociedad hecho de corrupción e impunidad y conformado por lacras, gandallas y prepotentes. Así, entraron a la historia mexicana por la puerta grande las *ladies* y *lords* mexicanos.

En 2011, dos mujeres insultaron a un policía de tránsito que las detuvo porque manejaban en estado de ebriedad. El policía, tras amenazas e insultos, las dejó ir. Pero alguien hizo un video y de pronto ya estaba en las redes sociales. María Vanesa Polo Cajica y Azalia Ojeda Díaz —exintegrante de *Big Brother*— inauguraron la galería y fueron llamadas las *Ladies de Polanco*.

En abril de 2013 Andrea Benítez creyó que como su «papi», Humberto Benítez, era el Procurador General del Consumidor, podía comportarse como déspota con todos sus semejantes, y como no le dieron mesa en un restaurante ordenó su clausura. El hecho no quedó impune: su «papi» fue destituido y ella fue sometida al escarnio público.

Adriana Rodríguez, *Lady Chiles*, mostró su miseria humana en 2014 al maltratar a una trabajadora doméstica por comerse un chile en nogada y llevarse otro a su casa. Ese mismo año, *Lady Pioja*, la hija del *Piojo* Herrera, defendió a su papá cuando, en el último partido antes del mundial de Brasil, México cayó con Bosnia Herzegovina. Con toda la finura que heredó de su padre, escribió en redes sociales: «Haber *(sic)* tetos, es el primer partido que perdemos después de 7 y es amistoso y solo por un gol, estúpidos».

Lady Rotonda se voló la barda, o más bien, la tumba. Claudia Cervantes organizó su fiesta de cumpleaños en plena Rotonda de las Personas Ilustres del Panteón Civil de Dolores en junio de 2014. Pidió permiso para una filmación, pero de último momento pensó que mejor festejaba ahí su cumpleaños. Se filtraron videos y juró y perjuró que era un *performance*, aunque claramente se veía a sus invitados bailando y cantando: «No es serio este cementerio».

En 2016 Raúl Libién, un empresario prepotente, con oscuras relaciones con el poder, se convirtió en *Lord Me la Pelas* porque cuando sus guaruras fueron obligados a retirarse del lugar donde se encontraban indebidamente estacionados, le habló al responsable para decirle: «Me pelas la verga pinche jipioso de mierda».

Terminamos el recuento con *Lord Ferrari*, Alberto Sentíes Palacio, que le ordenó a uno de sus guaruras que golpeara al conductor de una camioneta que se le había cerrado, y con *Lord Audi*, Rafael Márquez Gasperín, que agredió a un ciclista con su auto, insultó a los policías que trataron de detenerlo, arrastró la bicicleta y se fue diciendo: «Esto es México, güey», resumen perfecto para describir la cultura de la corrupción y la impunidad.

EL SEÑOR DE LAS TANGAS

Su cruzada moral empezó en los 70, inicio de su lucha contra el aborto, el arte blasfemo, la homosexualidad y los anticonceptivos. Terminó procesado por desvío de fondos públicos.

Que moral hay una y se respeta porque se respeta lo entendió Jorge Serrano Limón, el más conocido de los dirigentes de Provida, desde joven. Tiene las ideas claras el señor Serrano, vaya que sí. Tiene claro que no se debe fumar. Por eso, a sus 20 añitos, llenaba de pólvora los ceniceros en el trabajo. Sí, uno de sus colegas sufrió quemaduras graves por aplastar la colilla encendida donde no, pero ya sabemos que el fuego purifica. Tiene claro también que hay formas aceptables de arte y otras que simplemente no lo son. Por eso, en 1988 encabezó el contingente que fue a cerrar el Museo de Arte Moderno: la exposición de Rolando de la Rosa, que incluía imágenes de la Virgen con la cara de Marilyn y de Cristo con la de Pedro Infante, sombrero de charro incluido, no iba a contaminar al pueblo bueno. Tiene claro que lo que no es admisible en un museo no lo es tampoco en una sala de cine, por eso pidió la cabeza del secretario de Gobernación, primerísimo censor de la nación según la ley mexicana, cuando se aprobó la proyección de *La última tentación de Cristo,* la película de Martin Scorsese (sí, le gusta el *gore* católico, le parece que *La pasión de Cristo* de Mel Gibson es buenérrima, aunque reconoció que verla, verla, pues no la ha visto, como tampoco vio la de Scorsese). Tiene claro que el aborto es un asesinato, por eso era tan común verlo en los debates televisivos con un fetito de plástico, por allá en los 80 y 90 —unos como muñequitos de rosca de Reyes diseñados por el creador del monstruo de *Alien*—. Tiene claro que el uso de anticonceptivos es un pecado, por eso protagonizó tantos mítines donde se quemaban condones, como ese de 2008 frente a la ONU que le causó quemaduras importantes a uno de sus compañeros de ruta (¿aplicará aquí lo del fuego purificador?).

Y suponemos que tiene claro que usar dineros públicos para comprar tangas es perfectamente ético, aunque la verdad es que don Jorge, tan elocuente, esa explicación nos la debe. Y es que, sí, Provida en su momento hizo un gasto importante en tangas. «Tanga», dice Wikipedia, por si algún lector carece de esta información no menor, es «un traje de baño o prenda de ropa interior que por delante cubre los genitales y cuya parte trasera va de una delgada cuerda hasta una tira de uno a dos centímetros... dejando al descubierto ambos glúteos».

Hoy, cuando el Partido Encuentro Social y Manuel Espino, o sea El Yunque, acompañan a López Obrador en la regeneración de la patria, parece muy normal que el antiabortismo más histérico y la homofobia más exacerbada se alineen con la izquierda. Aclaramos a los lectores *millenials* que no siempre fue así. Cuando el mundo era más simple y ordenado, la ultraderecha caminaba de la mano con el PAN, partido que a fin de cuentas está en las raíces de Provida, una «asociación civil» nacida el 78 para enfrentar la «iniciativa del Partido Comunista de legalizar el aborto a nivel nacional» y dirigida por don Serrano a partir del 87. Por eso, en el sexenio de Vicente Fox, ese en el que la Primera Dama le pedía una anulación de matrimonio a Marcial Maciel, fundador de la Legión de Cristo, le fue francamente bien. En 2003 Provida firmó un acuerdo con la Administración de Patrimonio de la Beneficencia Pública, un órgano desconcentrado de la Secretaría de Salud. Se trataba de crear diez centros de ayuda para la mujer, debidamente equipados, y adquirir antirretrovirales para pacientes contagiadas de VIH. En 2005, la PGR inició una investigación en contra suya a instancias de Nacional Financiera. El motivo: Imporvar, la empresa a la que se le habían comprado los equipos para los centros, era propiedad de integrantes de Provida que se habían dado vuelo entregando facturas falsas. No equipos de ultrasonido, no medicamentos: tangas, trajes para hombre y plumas Mont Blanc de seis mil y pico de pesitos; en eso se habían ido los recursos entregados. En 2012 Serrano fue sentenciado a cuatro años de cárcel y un pago de dos millones y medio de pesos. Se amparó. Pero la bola de nieve no dejó de crecer. En 2015, agentes de la Agencia de Investigación Criminal detuvieron por fin al dirigente antiabortista por desvíos de casi 26 millones de pesos. Terminó por salir de prisión tras pagar una potente fianza, en 2016.

Antes, en 2007, se apersonó en la Asamblea Legislativa del DF donde fue recibido literalmente por una lluvia de tangas, cortesía de los y, sobre todo, las manifestantes que lo esperaban, una o uno de los cuales logró dejar una de esas prendas mínimas, ligeras, generosas, colgando efímeramente de su oreja. ¿Qué pensamientos habrá activado ese bombardeo de lubricidad irónica en el santo varón, merecedor, faltaba más, de ciertas autoindulgencias? Porque lo de las tangas fue parte de una operación de desfalco, pero como dijo una persona sabia: siempre se puede juntar lo útil con lo bonito.

Claro que eso, probablemente, tampoco nos lo va a explicar don Jorge.

CLASEMEDIEROS

La historia oficial decidió, por sus pistolas, que para ser líder social tienes que ser pobre, marginado y muerto de hambre; si no, no vale.

En teoría, todos los habitantes de este país somos el pueblo mexicano, o alguna vez lo fuimos. Hoy ya no. Desde hace tiempo triunfó la retórica del pueblo bueno, sabio y justo que lucha contra todo y contra todos —la mafia del poder, los fifís, los privilegiados—, pero que en particular critica severamente a la clase media porque es aspiracional, individualista, neoliberal y todo lo que le quieran agregar. Obviamente, el pueblo bueno defiende todas las grandes causas y además votó por Andrés López Obrador.

Todos los gobernantes, desde que México es independiente (1821), han hablado por el pueblo, en nombre del pueblo, a favor del pueblo: lo mismo Iturbide que Guadalupe Victoria; Juárez y Maximiliano; Porfirio Díaz y Madero; Cárdenas y Alemán; Peña Nieto y López Obrador. Y todos lo han hecho del mismo modo: con unas caricias de paternalismo tan reconfortantes que ya las quisiera mi perro Simur.

Pero lo paradójico es que todos los gobernantes desde 1821 han ejercido el poder al más puro estilo del despotismo ilustrado: «Para el pueblo, pero sin el pueblo». No deja de llamar la atención que la apertura de la otrora residencia oficial de Los Pinos, a partir del 1 de diciembre de 2018, fuera equiparada con la toma de la Bastilla bajo la máxima de «el pueblo al poder».

Y lo cierto es que eso —y visitar el Castillo de Chapultepec o Palacio Nacional— es lo más cerca que el pueblo estará del poder. Esta idea —el pueblo al poder— la insertó la historia oficial en la conciencia colectiva. Durante décadas funcionó mostrarle al pueblo su propia versión heroica luchando por sus derechos, por sus libertades, derramando su sangre y sacrificándose en aras de la patria.

Sin embargo, es un hecho que en las llamadas grandes transformaciones de nuestra historia, la mayor parte de la sociedad no participó; a veces ni siquiera se enteró de lo que estaba sucediendo. La Independencia, la Reforma y la Revolución fueron organizadas y encabezadas por la clase media, a la que se sumó apenas un mínimo porcentaje del pueblo, al que desde luego hay que reconocerle que se la rifó, peleó y murió por defender causas que, si bien triunfaron, más temprano que tarde lo olvidaron.

La historia oficial polarizó a la sociedad desde el momento en que planteó el pasado bajo la lógica de «conmigo o contra mí», y el «conmigo» eran las causas de los vencedores, que en la mayoría de los casos eran legítimas y justas, aunque luego los vencedores se encargaron de distorsionarlas con todo éxito. Pero cualquier posibilidad de crítica a quien defiende o manosea los sacrosantos principios de la Independencia, la Reforma y la Revolución es considerada casi como traición a la patria.

La historia oficial también se echó otra perlita: solo quien ha sido pobre, desposeído o marginado tiene la estatura moral para ser líder, caudillo o encabezar un movimiento social. El Zapata que cabalga por el imaginario popular es un indio con calzón de manta y huaraches, que vive en la pobreza y de ahí toma su fuerza para luchar por las grandes causas. Pero la realidad es otra: Zapata era un pequeño propietario, dueño de varios caballos, amante de la cocina francesa y del coñac, y que cuando le iba bien con alguna cosecha, gastaba lo ganado en una botonadura de plata para su flamante traje de charro, pero que luchó por la causa del pueblo.

Bajo la retórica de que el pueblo bueno es sabio, la clase media es deleznable porque le gusta endeudarse a meses sin intereses para comprar el último iPhone; llena los centros comerciales en el Buen Fin; se queja de las setenta y cinco mil manifestaciones que ocurren al año en la Ciudad de México, y ¡eso sí!, se atreve a criticar a López Obrador, pero no dijo nada cuando sucedió lo de Ayotzinapa, la Casa Blanca o la conquista de México. También la repudian porque es egoístamente aspiracional.

Curiosamente, las grandes causas han sido encabezadas por clasemedieros —incluida la cuarta transformación—. La independencia fue iniciada por Hidalgo y Allende y terminada por Iturbide y Guerrero: los tres primeros eran los clasemedieros de entonces, criollos hechos y derechos; solo Guerrero hubiera calificado en la narrativa actual.

Durante la guerra de Reforma, con excepción de Juárez que sí padeció el infierno de la miseria, Ocampo, Prieto, Iglesias, Lerdo, así como varios de los principales generales —Díaz, Escobedo, Zaragoza, Corona, Arteaga— pertenecían a la clase media de entonces: eran abogados, médicos, periodistas, escritores, comerciantes, rancheros, sastres.

Y en la Revolución mexicana, con excepción de Madero, que no solo no era pobre, sino que era inmensamente rico, burgués, acomodado y demás, sus colaboradores cercanos también eran parte de la clase media —Carranza, Obregón, Calles, Ángeles, Sánchez Azcona, incluso Zapata—. A todos estos personajes de clase media los unió un tema completamente aspiracional: la movilidad social, y por eso encabezaron las tres grandes transformaciones de nuestra historia.

EL NAZI DE LA COLONIA JUÁREZ

Simpatizaba con Hitler. Aseguraba que los judíos tenían planes de conquistar el mundo. Negaba la existencia del Holocausto. Y lo propusieron para la medalla Belisario Domínguez.

Vivía en un departamento atiborrado de libros y papeles, nada lujoso, en la Colonia Juárez, en la Ciudad de México. Los vecinos dicen que era un viejecito amable, incluso cordial, siempre vestido con saco, camisa y corbata, el pelo relamido. Murió derrotado finalmente, no por la conspiración judía que tanto y por tantos años denunció, sino por la edad: tenía 102 años, a semanas de cumplir los 103. Parece haber sido un hombre trabajador. Se fogueó como redactor en las famosas *Últimas Noticias* y el *Excélsior* de los años 40; fundó y dirigió, al parecer, una importante cantidad de periódicos de la cadena García Valseca, la de *El Sol de México* y sus variedades locales, y dio clases de periodismo en la Universidad Femenina.

Sobre todo, escribió profusamente, con la compulsión de los hombres de fe. Y es que se le habían revelado verdades profundas, ocultas, a don Salvador. En su vejez, parecía un comandante alienígena de los que vinieron a infiltrarse para conquistar la Tierra, tipo *Los Expedientes X*, pero no se engañen: él sí que sabía de conspiraciones. Decía que la historia de la Segunda Guerra Mundial era muy diferente de la que nos habían contado los ganadores. Que para entenderla había que remontarse al menos a la Revolución de Octubre, a la que se refería como a una revolución «israelita» o «hebrea». En su opinión, los judíos rusos comunistas, apoyados nada menos que por los judíos norteamericanos ultracapitalistas, habían perpetrado el golpe bolchevique, y no solo eso: le habían echado el ojo a Alemania desde los inicios mismos del movimiento, un pendientito del marxismo, pasaba a decir don Salvador, desde los tiempos de sus padres ideológicos fundadores, Marx y Engels, otros dos judíos, pero de origen alemán, que habían escrito que el primer país liberado del capitalismo sería el suyo, y se habían equivocado por unos 5500 kilómetros. Así que nada de andarle echando la culpa de la guerra a Hitler y seguidores. Pero si era necesario hablar del verdadero origen de la guerra, otro tanto ocurría con su desenlace. Pasando por alto detalles como el pacto Molotov-Ribbentrop, con el que Stalin y Hitler fungieron como aliados durante una buena temporada, antes de que el segundo lanzara la Operación Barbarroja para conquistar la URSS, Borrego decía que el Führer no le quería el mal a las potencias occidentales, que solo pretendía desmantelar el bolchevismo, y que fueron los judíos, «maestros del engaño», los que sembraron esa mentira para mover a gringos y británicos a consolidar el comunismo, a pelear por su enemigo. No, Hitler no quería esa guerra. Y tampoco promovió el exterminio de los judíos europeos. El Holocausto, la muerte de seis millones de personas, era un mito destinado a «debilitar Europa», debilitar también a «Iberoamérica» y llegar al objetivo verdadero de los judíos, el establecimiento de un «gobierno mundial».

Buena parte de estas cosas las dijo en un libro del que aseguraba haber llegado a vender muchos miles de copias, *Derrota mundial*, publicado en 1952 con un tiraje inicial de dos mil ejemplares y acompañado en su segunda edición por un prólogo nada menos que de don José Vasconcelos. Muy apropiado, dicho sea de paso. Vasconcelos, colaborador por aquellos años de los periódicos de la cadena García-Valseca, trabajó como editor de una revista pagada por la embajada hitleriana en México, *Timón*, llena de complotismo judeofóbico y pseudomitología aria, y compartía con Borrego un catolicismo ultramontano muy parecido al de organizaciones posteriores como El Yunque o Los Tecos de la Autónoma de Guadalajara, entre los que no escasearían los simpatizantes del nazismo.

A *Derrota mundial* lo acompañan en la bibliografía borreguiana otros 57 títulos, entre ellos *Infiltración mundial*, *América peligra*, *Democracia asfixiante* o *Desorden mundial económico y moral*. Uy, lo que no reveló don Chava. Que el gobierno mundial, los judíos, estaban destruyendo Occidente con el aborto y el «homosexualismo», por ejemplo. O que «los partidos dividen al país», y que en Alemania, con 16 partidos políticos, había una división terrible, sangrante, hasta que llegó el nazismo y nos recordó las virtudes del partido único.

Este es el hombre que en 2017 fue propuesto por un grupo de legisladores para ganar la medalla Belisario Domínguez, esa que le da el senado mexicano a los compatriotas más ilustres, es decir, la que han ganado, por mencionar unos pocos nombres, Jaime Torres Bodet, Ignacio Chávez o Rufino Tamayo. Fueron once los senadores que tuvieron tan singular ocurrencia, la de premiar a un negacionista histórico, es decir, a un neonazi del sector, digamos, intelectual. El apoyo en las redes sociales, hay que decirlo, fue considerable.

Pudo ser un año raro para la Belisario, porque otra de las propuestas para ganarla —de una congresista de Morena— era nada menos que Kate del Castillo, la actriz que se fue a visitar al *Chapo* Guzmán. Terminó por ganar Julia Carabias, una brillante ecologista. La biología, implacable, impide que don Salvador pueda recibir personalmente esa medalla en el futuro, pero que nadie descarte que se la den *post mortem*. O que se la den a Kate. O al Chapo mismo, para el caso.

EL FUEGO NUEVO

Una de las leyes no escritas de la política mexicana es: si eres el nuevo gobierno debes destruir todo lo que hizo tu antecesor, aunque lo haya hecho bien.

E l fuego nuevo no es una forma distinta de llamarle a la cuarta transformación, ni se trata de la república iluminada por la antorcha de las libertades públicas, de los derechos civiles, de la igualdad o de todas las promesas lanzadas por el gobierno de Andrés Manuel López Obrador y que esperan su cumplimiento en los siguientes años.

El fuego nuevo no es el augurio de tiempos mejores, ni el inicio de una nueva era de bonanza económica y armonía espiritual, ni mucho menos el comienzo de un nuevo ciclo —como lo consideraban los aztecas—, sino una de las peores calamidades que arrastra la política mexicana desde hace décadas: destruir para construir.

Nuestra clase política es más azteca de lo que se piensa; al menos desde que la Revolución fue institucionalizada mediante la fundación del partido oficial (PNR-PRM-PRI) y sus miembros, y luego la oposición, adoptaron algunas prácticas similares a las que se desarrollaron bajo el manto autoritario de los tlatoanis aztecas.

La más conocida es «el tapado», que fue utilizada de Lázaro Cárdenas a Salinas de Gortari. El gobernante en turno siempre fue el gran elector e hizo de la simulación un arte. Cada seis años, cuando se acercaba la sucesión presidencial, aplicaba la *aztequiña*: el presidente barajaba varios nombres de quienes podían sucederlo en el poder —los tapados—, dirigía los reflectores hacia alguno, mandaba señales: un abrazo, un saludo prolongado o un guiño, con lo que mostraba su inclinación por uno de los precandidatos, y al final destapaba a otro. En la sucesión presidencial de 1958 una cigarrera publicó un anuncio que decía: «El tapado fuma Elegantes», y todo mundo supo que sería Adolfo López Mateos el elegido. El último destape fue el de Colosio (1993), ante el megaberrinche de Manuel Camacho Solís que pensó que sería el elegido.

Todos los tapados que alcanzaron la candidatura llegaron a la presidencia de la República; de hecho, era mucho más interesante la carrera presidencial a través del destape que las elecciones que estaban definidas desde que había candidato oficial.

El tapado ya es historia, pero otra institución que prevalece es la ceremonia del fuego nuevo. Cada 52 años los aztecas realizaban este ritual que representaba el fin de un ciclo y el principio de otro —también de 52 años— que otorgaban los dioses. Los habitantes de Tenochtitlan, encabezados por el tlatoani, destruían imágenes, objetos de culto y de uso doméstico, reedificaban templos como señal del final de los tiempos y peregrinaban hasta el cerro de la Estrella. Si se encendía el fuego nuevo —como siempre ocurrió— regresaban felices y contentos a construir todo de nueva cuenta. Destruir todo para construir todo: así de simple.

Desde Lázaro Cárdenas, cada presidente —sin importar el partido ni que su antecesor fuera del mismo color— ha llegado al poder a realizar su propia ceremonia del fuego nuevo. No ha habido un solo gobierno que no inicie su periodo cancelando obras públicas, proyectos en desarrollo a diestra y siniestra, operaciones, contratos o programas realizados por la administración anterior, sin importar si funcionaban o resultaban benéficos. La frase de Daniel Cosío Villegas aplicada a Echeverría se volvió profecía: cada nuevo presidente ponía en práctica «su estilo personal de gobernar».

Entre los aztecas, destruir para construir se entendía y justificaba a través de su propia cosmovisión, sus creencias, sus rituales, pero en una república representativa, democrática y pobre, la ceremonia del fuego nuevo sexenal siempre resultó onerosa, pues alentaba el despilfarro.

El gobierno encabezado por López Obrador y autoridades que lo acompañan nomás no pudieron escapar a la tentación de realizar su propia ceremonia del fuego nuevo. La reforma educativa derogada; la desaparición del Estado Mayor Presidencial por su responsabilidad en 1968 —como si la institución fuera la responsable y no los mandos de entonces—; la inhabilitación de Los Pinos como residencia oficial después de 84 años de haber funcionado bien y con seguridad; la cancelación del nuevo aeropuerto internacional de la Ciudad de México en Texcoco, sin importar que llevara 30 por ciento de avance y miles de millones de pesos invertidos; la desaparición de ProMéxico; el cambio de nombre de varias secretarías como la de Desarrollo Social que ahora es de Bienestar.

Todo nuevo gobierno tiene el derecho de iniciar su administración de la manera que considere conveniente de acuerdo con su proyecto, pero lo menos que hemos esperado siempre de cada nueva administración es prudencia y mesura. En la ceremonia del fuego nuevo sexenal no hay lugar para el sentido común, ni para el análisis meticuloso, serio y responsable de obras y proyectos, ni para la austeridad —aunque se cante a los cuatro vientos—. Los antiguos tlatoanis respondían a la voluntad de sus dioses; los presidentes de México, aun en 2018, responden a su voluntad y capricho revestidos de «interés nacional».

EL PERIODISTA Y LA POLICÍA

Manuel Buendía, periodista entre periodistas, fue asesinado en 1984. La lista de imputados por el crimen parece una copia de la nómina de la policía secreta.

A pareció muerto con cuatro tiros en un estacionamiento en la calle de Londres, ahí donde se cruzan las muy chilangas avenidas Reforma e Insurgentes. Era 30 de mayo, 1984. Michoacano del 26, autor de varios libros —*La CIA en México*, *La ultraderecha en México*—, era sobre todo el columnista más leído del país, el más influyente. Y es que el nombre de Manuel Buendía se dejaba ver en unos 60 periódicos gracias a esa columna, «Red Privada», que se publicaba en *Excélsior* y en la que hablaba de espías, de radicales y de políticos corruptos, pero sobre todo, a últimas fechas, de policías que estaban vinculados con un fenómeno que estaba a punto de volverse *el* tema de la seguridad pública en México: el narco.

¿Quién lo mató? La respuesta ha llegado por episodios. Episodios del bizarro mexicano.

El primero, el del *Chocorrol*, José Luis Ochoa, identificado más o menos rápidamente como el asesino material. También fue identificado Juan Rafael Moro Ávila, descendiente de la familia Ávila Camacho por la vía nada menos que de Maximino, poblano del 53, gustaba de uno de sus sobrenombres: *Serpico*, que paradójicamente es el de un personaje de Al Pacino consagrado a la lucha contra la corrupción de la policía. Sus varias novias, entre ellas la vedete uruguaya Princesa Yamal, aseguran que la cocaína lo ponía como búfalo. Se le conocía asimismo por su habilidad con las motos. Por eso, al ser detenido y acusado de abrir fuego contra Buendía, dijo que él se había limitado a ayudar al Chocorrol a darse a la fuga, justamente, en una moto. El Chocorrol, presumiblemente, lo hubiera refutado. Antes, lo asesinaron.

El segundo episodio bizarro es el de José Zorrilla, entonces director de la Dirección Federal de Seguridad, que se precipitó a incautarse de los archivos de Buendía, todavía perdidos. Nadie se explica aún, por otro lado, cómo logró trasladarse tan rápido al escenario del asesinato, en una época en que la teletransportación no estaba todavía debidamente desarrollada.

El tercero, la visita del presidente Miguel de la Madrid al velorio del periodista, y su anuncio de que las investigaciones no quedarían en manos del Ministerio Público, sino de... la Dirección Federal de Seguridad.

Cinco años después, el 89, durante la administración de Carlos Salinas de Gortari, el bizarro definitivo: Zorrilla era detenido como autor intelectual del crimen. Se entregó pacíficamente, aunque a los reporteros presentes les gritaba que necesitaba su ayuda, que era inocente. La Procuraduría del DF, en manos de Ignacio Morales Lechuga, decía otra cosa. Lo que decía era que Zorrilla estaba vinculado con varios de los narcotraficantes más connotados del país: con Miguel Ángel Félix Gallardo, con Ernesto Fonseca y desde luego con su socio Rafael Caro Quintero. Cómo no creerlo. La DEA, por ejemplo, estaba convencida de que el dinero del crimen organizado pasaba, vía Zorrilla, a varios políticos de alto rango, y de que a cambio el jefazo de la DFS les daba protección, al punto de que Caro Quintero tenía incluso una placa de la Federal de Seguridad, la que le permitió, por ejemplo, huir del país cuando la DEA estaba tras sus huesos por la tortura y asesinato de su agente Enrique Camarena (ver el primer volumen de *México bizarro*). Eran sus últimos días de gloria, a cargo del Cártel de Guadalajara, los del primer capítulo de la muy contemporánea infiltración del Estado mexicano por el narco.

Antes, Zorrilla se había acercado amistosamente a Buendía para ofrecerle una escolta. Demasiadas amenazas, entre la CIA, los políticos señalados, la ultraderecha furibunda. Pero la escolta era una escolta a la mexicana, o sea, un pelotón de espías dedicados a reportar hasta el último movimiento del columnista, al que Zorrilla tenía en la mira. La historia no para ahí. Periodistas de varias procedencias, Raymundo Riva Palacio, por ejemplo, dicen que Zorrilla fue el chivo expiatorio de un crimen de Estado. Según esta versión, estaba por publicar un artículo sólidamente documentado sobre la narcopolítica. Había que silenciarlo. Así que se decidió barrer la escalera, para usar una expresión de moda hoy en día, «de arriba para abajo», con el detalle de que se les olvidaron los escalones más altos. A Zorrilla lo acompañaron a prisión Serpico, el comandante Juventino Prado, jefe de la Brigada Especial de la DFS, y Raúl Pérez Carmona, como coautores intelectuales, y Sofía Anaya, coautora del homicidio. En cambio, nadie en las esferas políticas pareció recordar que su jefe directo era el secretario de Gobernación, un tal Manuel Bartlett, secundado por Jorge Carrillo Olea, que luego lo señalaría como el perpetrador del crimen.

Zorrilla dejó la Federal en el 85 para ser candidato a diputado por el PRI. Declarado culpable en el 93, fue puesto en prisión domiciliaria en 2013.

Carrillo Olea fue gobernador de Morelos entre el 94 y el 98. El 97, un reportaje del *New York Times* lo acusó de recibir dinero del narco. Fue fundador del Cisen. En 2018, cuando el gobierno electo de Andrés Manuel López Obrador anunció una transformación profunda de la inteligencia mexicana, incluida la desaparición del Cisen, le ofreció trabajo como asesor. No aceptó.

Bartlett fue secretario de Gobernación hasta el 88, cuando se le señaló como primer responsable del presunto fraude electoral contra Cuauhtémoc Cárdenas. También, gobernador de Puebla y congresista. En premio a su lucha por la democracia, López Obrador lo nombró director de la Comisión Federal de Electricidad. Sí aceptó.